60세 명퇴자의 지자체 3곳 합격 비결

임기제 공무원
재취업 성공전략

60세 명퇴자의 지자체 3곳 합격 비결

임기제공무원 재취업 성공전략

초판 1쇄 발행 2024년 11월 15일

지은이 박창희
펴낸이 장길수
펴낸곳 지식과감성#
출판등록 제2012-000081호

교정 주경민
디자인 정윤솔
편집 정윤솔
검수 김나현, 이현
마케팅 김윤길, 정은혜

주소 서울시 금천구 벚꽃로298 대륭포스트타워6차 1212호
전화 070-4651-3730~4
팩스 070-4325-7006
이메일 ksbookup@naver.com
홈페이지 www.knsbookup.com

ISBN 979-11-392-2223-4(03190)
값 19,800원

- 이 책의 판권은 지은이에게 있습니다.
- 이 책 내용의 전부 또는 일부를 재사용하려면 반드시 지은이의 서면 동의를 받아야 합니다.
- 잘못된 책은 구입하신 곳에서 바꾸어 드립니다.
- 본 저작물은 공공누리 제3유형으로 개방한 경기도청사 이미지를 이용하였으며, 해당 저작물은 경기도청 사이트(www.gg.go.kr)에서 무료로 다운받으실 수 있습니다.

지식과감성#
홈페이지 바로가기

60세 명퇴자의 지자체 3곳 합격 비결

임기제 공무원
재취업 성공전략

박창희 지음

**전체 공무원의 약 10%가 임기제,
성과 우수 시 임기 계속 재연장 가능!**

- 국내 최초
임기제공무원
취업 비결 및
실제 근무
종합 안내서

- 60세 명퇴자
지자체 6급·7급
3곳 합격
실전 노하우
전수

- 상시 채용
분야 집중탐구
'정책지원관'
'공보 업무'

지식과감성#

프롤로그

임기제공무원 합격…
문은 두드리는 자에게 열린다

2021년 7월 가족여행으로 들른 여수 바닷가 카페. 바다 전망이 아주 좋았지만 아름다운 전경이 눈에 들어오지 않았다. 경기도청 보도자료 작성 분야 임기제공무원 합격자 발표를 기다리고 있어서다. 두근거림 속에 확인한 발표 결과는 '합격자 없음'이었다.

최종 4명이 면접을 봐서 내심 기대를 했는데, 아예 합격자를 내지 않아 실망보다는 우울감이 더 묵직하게 밀려왔다. 경력과 실력을 떠나 나이에 대한 한계가 크게 느껴져서다. 내 의지로는 어쩔 수 없는 50대 후반의 많은 나이….

그런데 그로부터 4일 후 같은 보도자료 작성 분야로 응시했던 하남시 임기제공무원에 합격했다. 그 기쁨이란 말로 표현하기 힘들 만큼 컸다. 퇴직 후 7개월 동안 느꼈던 무직자로서의 불안감과 박탈감, 무력감 등이 봄볕에 눈 녹듯 한순간에 사라졌다.

저자는 농협중앙회 계열사인 농민신문사에서 30년 근무 후 2020년 12월 논설실장을 끝으로 명예퇴직했다. 당시 나이 만 57세. 이후 여러 대학교에 산학협력교수로 지원했지만, 번번이 떨어졌다. 박사학위 등 스펙은 좋아도 지자체·기업 등으로부터의 연구용역 수주 경력이 없는 것이 불합격의 주요인이었다. 그러다 우연히 알게 된 것이 '나라일터' 사이트였고, '임기제공무원'이었다. 마치 신세계를 본 것처럼 눈이 휘둥그레졌고, 인생 2라운드에 대한 장밋빛 희망이 보였다.

임기제공무원은 전문 분야에 채용하는 경력직 공무원이다. 모집 직군은 그 분야나 종류가 워낙 다양해 일일이 나열하기 힘들 정도로 많다. 따라서 각 분야 전문직 경력자들에게 유리한 블루오션 재취업 시장이다.

그러나 처음엔 관련 정보가 없어 맨땅에 헤딩하듯 좌충우돌하며 시행착오를 많이 겪었다. 그러다 임기제공무원에 대한 첫 합격의 기쁨을 맛보았고, 근무를 하면서 이런 좋은 제도를 널리 알려 나와 같은 시행착오를 줄여 주고 싶었다. 이 책, 임기제공무원 합격 안내서를 집필하게 된 가장 큰 이유다.

저자는 2021년 만 57세에 하남시에 첫 합격을 한 후 지금까지 경기도의회 정책지원관(제1기), 가평군청 보도자료 작성 분야로 3번의 합격을 했다. 신문사 명예퇴직 후에도 지자체에서 임기제공무원으로 4년째 근무하는 저자를 두고 흔히들 '운이 좋다'고 말한다. 그럴 것이다. 운도 많이 작용했을 것이다. 그런데 그 운도 노력하는 사람에게 더 자주 오는 것 같다. 저자는 지금까지 임기제공무원 채용 시험에 3차례 합격했지만, 그냥 덜컥 된 것은 결코 아니다. 합격은 3곳에서 했지만, 30곳 이상의 지자체에 응시 준비를 했고, 이 가운데 20곳 정도에 실제 지원을 하고 면접장에 갔다. 3번의 운 좋게 보이는 합격 뒤에는 이처럼 수십 차례의 불합격이 있었던 것이다.

또 다르게 많이 듣는 말은 "누구 아는 사람이 있어서 연줄로 들어갔는가?"이다. 그러나 이는 단연코 아니다. 저자는 지금까지 누구 '연줄'로 자리를 얻어 본 적은 한 번도 없다. 실제로 댈 만한 연줄이 없어서다. 그래서 어떤 때는 '나도 빽 좀 있어 봤으면 좋겠다'는 생각도 한다.

이처럼 이 책은 저자처럼 빽도 별로 없고, 나이가 좀 있는 중장년층에 더 많은 애정을 갖고 썼다. 그렇다고 30대 독자들이 서운해할 필요는 없다. 젊은 사람들은 채용 시장에서 40~50대에 비해 나이 자체만으로도 충분히 축복받고 경쟁력을 갖고 있으니까. 따라서 젊은 사람들에게는 임기제공무원에 대한 새로운 정보를, 나이 많은 사람에게는 이 나이에도 합격할 수 있다는 용기와 희망을 주는 책이 됐으면 좋겠다.

이 책은 다음과 같은 목적에서 준비했다.

첫째, 임기제공무원에 대한 종합적인 안내서가 되도록 했다. 이 책은 종이책으로서는 임기제공무원에 대한 국내 최초의 도서가 된다. 그래서 더욱 책임감과 사명감을 갖고 집필했다. 인터넷 등에 '임기제공무원'을 치면 수많은 정보가 뜬다. 하지만 임기제공무원에 대한 깊이 있고 종합적인 내용이 아니라 변죽만 울리는 단편적인 내용들이 대부분이다. 이 책은 임기제공무원의 제도부터 서류전형, 면접전형, 실제 근무 경험 및 복리후생까지 상세하게 종합적으로 다루고 있다.

둘째, 실제 수많은 응시 경험과 시행착오를 바탕으로 합격에 실질적인 도움이 되도록 했다. 앞서 소개한 것처럼 저자는 만 57세의 많은 나이에 첫 임기제공무원에 합격했고, 최종적으로는 만 60세에도 합격을 했다. 그리고 지자체와 의회라는 각기 다른 성격의 기관을 도 단위, 시 단위, 군 단위 모두에 지원해서 합격한 경험이 있다. 이런 다양한 응시 경험과 실제 근무 경험이 책 속에 생생하게 녹아 있다. 따라서 이 책은 취업을 위한 이론서가 아니라 임기제공무원 지원 시 곧바로 적용할 수 있는 핸드북에 가깝다.

셋째, 30~40대는 물론, 50대 중후반의 경력자에게도 재취업의 꿈을 이룰 수 있도록 희망의 안내서가 되게 했다. 은퇴 후 퇴직자들의 카페 등을 보면 전문 경력을 갖고 잘나갔던 직장인들도 반강제 또는 정년퇴직 후 재취업에 힘들어하는 글을 수없이 보았다. 실제 은퇴 후 현실은 이들의 경험담처럼 일단 50대에 접어들면 기업에서는 '최저 임금자' 수준의 대접을 하는 경우가 대부분이다. 기업에서 기존에 있는 사람도 구조조정으로 내보내는 판에 퇴직자를 반겨 줄 리 만무하다.

임기제공무원은 합격만 하면 임기 동안 정식 공무원으로서 적지 않은 연봉을 받으면서 일할 수 있다. 따라서 재취업 희망자에게 '블루오션 시장'과도 같은 좋은 기회다.

첫째, 60세라는 정년 제한이 없다는 점이다. 여건에 따라 70세 정도까지도 근무할 수 있고, 실제 그런 사람들이 있다.

둘째, 경쟁률이 생각보다 높지 않다. 모집 직류와 지자체에 따라 차이가 있기는 하지만 보통 3:1~8:1 정도 된다. 경기도의회 6급의 경우 경쟁률이 20:1이 넘기도 하지만, 그런 경우는 많지 않다.

셋째, 모집 인원이 꽤 많다는 점이다. 전국 공무원 가운데 임기제공무원이 차지하는 비율이 10% 정도나 된다. 이 좋은 기회를 정보를 몰라서 지원조차 못 해 보는 것이다.

넷째, 연봉이 생각보다 높다. 7급 일반임기제공무원의 경우 연봉이 각종 수당을 포함하면 임용 첫해 5,500만 원 내외, 2년 차에는 성과급까지 더해져서 6,000만 원 정도 된다. 3년 차 이후에는 연봉 인상 효과가 더욱 높아진다.

다섯째, 임기가 비교적 안정적이다. 첫해 임기 1년 또는 2년 계약 후 성실히 근무하면 특별한 사정이 없는 한 재계약을 통해 5년까지 근무할 수 있다. 특히 성과가 탁월한 경우 최장 10년까지도 근무 가능하다. 이후 해당 기관에 재응시하거나, 다른 지자체 등에 도전할 수 있다.

직장으로서의 안정성 여부, 채용 과정의 투명성 문제 등은 책 본문에서 상세히 소개하겠지만 크게 염려 안 해도 된다는 것을 미리 말해 둔다.

대학교 산학협력교수에 지원하면서 교수 임용 전문 카페에서 읽은 위로의 문구들이 생각난다. 교수 임용에 먼저 합격한 선배 교수들이 임용을 준비하는 후배들에게 해 준 말이다. "어느 구름에서 비 올지 모른다." 이는 어느 대학이 자신과 인연이 닿아 합격이 될지 모르니 힘들더라도 낙심하지 말고 계속 지원해 보라는 것이다. 또 다른 위로의 문구는 "합격은 주차장에서 빈자리 찾는 것과 같다."라는 것이었다. 차를 대기 위해 주차장을 돌다 보면 처음엔 없던 빈자리가 어느 순간 차가 빠져나가 자신을 위한 빈자리가 나온다는 것이다. 몇 번의 불합격으로 지레 안 된다고 포기하지 말고 지속적으로 시도하라는 것이다.

저자도 수없는 불합격을 통해 좌절하고 의기소침해하고 힘들어했다. 특히 가장 치명적인 문제인 나이가 많아 더욱 한계가 느껴지기도 했다. 하지만 그럼에도 불구하고 계속 도전해 합격해서 책까지 쓰게 됐다. 이 책을 읽는 독자들도 한두 번의 불합격으로 좌절하지 말고 계속 도전하기 바란다. '한 번의 불합격은 다음번 합격을 위한 좋은 경험이 될 수 있다'는 긍정적인 자세를 가졌으면 한다.

쓰고 나니 부족한 점이 많이 느껴진다. 하지만 이 책이 임기제공무원 합격을 위한 실용서인 만큼, 실질적인 정보 전달에 최우선의 목적을 두고자 했다. 부디 이 책이 임기제공무원을 준비하는 재취업자들에게 합격의 유용한 지침서가 되기 바란다. 포기하지 않는 한 언젠가 꼭 합격할 것이라 믿고 응원하겠다. 문은 두드리는 자에게 열린다. 건투를 빈다.

2024. 11.
박창희

목차

프롤로그 임기제공무원 합격… 문은 두드리는 자에게 열린다   4

제1부. 공무원의 또 다른 이름… 임기제공무원

[1] 임기제공무원이 뭐예요?   20

1. 임기제공무원의 세계   20

1) 임기제공무원이란?   20
2) 임기제공무원의 종류 및 직급   22
3) 신분 보장 및 안정성은?   23
4) 임기는 최대 몇 년까지 가능한가?   23

2. 임기제공무원 보수, 생각보다 많다   26

1) 기본연봉은?   26
2) 각종 기본수당 및 초과근무수당   28
3) 성과연봉   32
4) 결론적으로 임기제공무원 보수 얼마나 받나   33
5) 각종 자료(임용약정서, 보수표 등)   36

3. 합격 후 근무 환경은   38

1) 임기 재연장 잘되나?   38
2) 재연장 절차 어떻게 진행되나?   44
3) 어떤 사람들이 일하고 있나… 60세 이후에도 근무 가능   45

4. 현직자가 알려 주는 임기제공무원 매력 ... 47

1) 높은 연봉 ... 47
2) 다양한 후생복지 ... 47
3) 공무원연금제도 적용 대상(10년 이상 근무) ... 47
4) 임기제 경력 살려 다른 지자체에서 연속 근무 가능 ... 48
5) 여성 공무원의 경우 일반직과 동일한 출산휴가 및 육아휴직 ... 48
6) 공무원 조직과 국가 시스템 이해 경험 ... 48

5. 임기제공무원 증가 추세 ... 49

[2] 임기제공무원 합격 실속 정보 ... 50

1. 임기제공무원 채용 정보 어디서 얻나 ... 50

2. 나도 임기제공무원이 될 수 있을까? … 지원 자격 ... 53

1) 기본적인 응시 자격(공통요건) ... 53
2) 대표적인 응시 결격사유 ... 54

3. 모집 분야 및 요구되는 능력은? ... 55

1) 응시 자격은 큰 틀에서 해당하면 포용적으로 허용 ... 55
2) 전문분야만큼이나 모집 분야 다양 ... 57

4. 원서 접수는 어떻게 하나? ... 63

5. 경쟁률은 어떻게 되나? ... 65

6. 채용 과정 투명한가? 특정인 내정설 오해와 진실 ... 68

1) 채용 과정 공정하다고 보는 이유 ... 68
2) '내정설' 오해가 나올 수 있는 경우 ... 69
3) 소위 '들러리' 불운 피하려면? ... 71
4) 신규채용 내막을 알아보는 방법 ... 71
5) 그래도 기회는 도전하는 자에게 있다 ... 73

제2부. 좌충우돌하며 얻은 합격 꿀팁… 어떻게 준비하나

[1] 채용 전형 일반적인 프로세스   76

1. 응시원서, 이력서 등 준비   78

1) 경력 인정 유효기간… 현직 퇴직 후 3년 또는 10년 주의   78
2) 임기제공무원은 연령 제한 없어 60세도 응시 가능   79
3) 자기소개서, 직무수행계획서   80
4) 접수 방법   80

[2] 1차 시험: 서류전형   81

1. 시험 방법… 합격, 불합격 판단 기준은?   81
2. 서류전형 합격률은?   82
3. 자기소개서, 직무수행계획서의 중요성   85

1) 자기소개서   85
2) 직무수행계획서   96

[3] 2차 시험: 면접전형   105

1. 면접전형 기준과 방법   105

1) 합격, 불합격, 추가합격, 재공고 기준   105
2) 면접의 역할   107

2. 면접의 기본기를 갖추자   111

1) 면접의 기본   111
2) 질의응답 면접   115
3) 상황별 실제 면접 대응 꿀팁   122
4) 마지막 발언 어떻게 할까?   133

제3부. 상시 채용 분야 집중탐구…
'정책지원관' '공보 업무' 분야

[1] 전국 1,840여 명 수요 '정책지원관' 분야   140
1. 정책지원관이란?   140
    1) 도입 배경   141
    2) 법적 근거   141
    3) 정책지원관의 직무   142
    4) 정책지원관은 몇 급으로 모집하나   143
    5) 현재 전국 정책지원관 필요 인원 1,843명   145
    6) 향후 정책지원관 정원 3,600명대로 확대 가능성 높아   147
    7) 응시 자격인 '관련 분야 경력' 인정 범위 넓어   148
    8) 정책지원관 연령 제한 없어   150
    9) 정책지원관 충원 '빈익빈 부익부'   151
    10) 정책지원관 꿈 성사 위해 전략적 하향 지원도 고려   153
    11) 정책지원관, 의회 전문인력으로서 역할 막중   154
    12) 공적 업무 수행 및 신분의 독립성 철저히 보장   155

2. 서류전형과 면접은?   159
    1) 1차 서류전형 합격률   159
    2) 2차 면접전형   162
    3) 면접전형   164

3. 합격 후 정책지원관의 일상   168
    1) 업무량 많나?   168
    2) 주로 어떤 업무를 하나   169
    3) 업무 난이도는?   171
    4) 어떤 능력이 요구되나   171
    5) 휴가는 자유롭나   172
    6) 근무환경 등 기타 장점   172

[2] '보도자료 작성' 채용 분야 — 174

1. 보도자료 작성 전문가 채용 최근 분위기 — 174
  1) 왜 전문가가 필요한가 — 175

2. 직급별 채용 모집 요강 어떻게 되나 — 176
  1) 직급별 실제 채용 모집 요강 — 177

3. 자격요건 꼼꼼히 따져 보자 — 181

4. 일부 지자체는 보도자료 실기시험 실시 — 183

5. 최후의 합격 관문 면접전형 — 185
  1) 면접전형의 질문거리… 자기소개서와 직무수행계획서 — 186
  2) 실제 면접장에서 어떤 질문이 나올까? — 188

6. 공보팀 실제 근무 환경 — 190
  1) 광역지자체 공보 분야 구성 — 190
  2) 공보팀의 하루 — 191

제4부. 임기제공무원 3곳 실제 근무해 보니

[1] 하남시청 — 200

1. 지원 계기 — 200
2. 면접 에피소드 — 202
3. 실제 근무 경험 — 203
4. 그만두게 된 계기 — 206

[2] 경기도의회 — 209

1. 지원 계기 — 209

2. 면접 에피소드	210
3. 실제 근무 경험	212
4. 담당 의원에 따라 업무량은 '복불복'	214
5. 정책지원관 업무의 장단점	217
6. 의회 6급에서 군청 7급으로의 이직 계기	219
7. 경기도의회의 장점	222

[3] 가평군청 — 224

1. 지원 계기	224
2. 면접 에피소드	225
3. 실제 근무 경험	227
4. 광역지자체와 시군 단위 기초지자체의 장단점	229

제5부. 임기제공무원 적응 꿀팁

[1] 조직문화 및 근태관리 — 233

1. 전반적인 공직사회 분위기	233
2. 상명하복 관계, '한식구'라는 가족문화	234
3. 임기제공무원에 대한 인식	236
4. 공무원 최대 장점 '칼퇴근' 가능한가?	238
5. 근무제도	239
6. 겸직 금지	242

[2] 임용 및 임기 연장 — 244

1. 임용약정서 및 연봉협상 — 245
2. 근무기간 및 임기 재연장 — 246
3. 임기제공무원의 평가 — 246
4. 근무기간 연장 — 249

[3] 연봉 및 각종 수당 — 252

1. 기본연봉 — 252
2. 임기제공무원(일반·전문·시간선택제)의 각종 수당 — 254
3. 각종 공제 항목 — 258

[4] 휴가 — 260

1. 연가(휴가) — 260
2. 병가 — 262
3. 출산휴가 — 263
4. 육아휴직 — 263

[5] 각종 복리후생 — 264

1. 복지 포인트 — 264
2. 법인콘도 등 휴양 지원 — 266
3. 건강검진 지원 — 266
4. 상조서비스 등 — 267
5. 단체보험 — 267
6. 직장동호회 — 267

[6] 고용보험·연금 등   269
  1. 실업급여 수급을 위한 '고용보험'   269
  2. 시중 금융권보다 높은 복리 이율 '행정공제회'   270
  3. 공무원 퇴직연금   271
  4. 공적연금연계제도   273

에필로그 임기제공무원으로서 힘찬 날갯짓을 응원하며…   274

제1부

공무원의 또 다른 이름…
임기제공무원

임기제공무원이 뭐예요?

1. 임기제공무원의 세계

1) 임기제공무원이란?

아시다시피 공무원은 크게 속칭 '늘공'과 '어공'이 있다. '늘공'은 늘 공무원인 사람들, 즉 필기시험 중심의 공무원 채용 시험을 보고 들어온 일반직 공무원을 말한다. '어공'은 어쩌다 공무원의 줄임말로, 서류전형과 면접시험 중심으로 들어온 임기제공무원을 말한다.

사회가 다양화하고 전문화하면서 공무원 업무도 갈수록 전문직화돼 일반직이 담당하기 힘든 업무가 계속 늘고 있다. 전문적인 의료·법률·노무 분야, 공보 업무(보도자료 작성), 건설·토목·사회복지, 의회의 정책지원관 업무 등 수없이 많다. 실제 임기제공무원 모집공고를 보면 그 다양함에 놀랄 정도다. 전문성 면에서 일반직 공무원이 담당하기엔 한계가 있고, 효율성 면에서도 떨어져 해당 분야를 전문 경력자로 채용하는 것이기에 분야를 한정하기 힘들다. 즉 임기제공무원은 전문지식이나 경력, 전문기술 등이 요구되는 업무를 담당하도록 일정 기간 동안 임기를 정하여 임용하는 공무원인 것이다.

임기제공무원의 구체적인 법적 근거는 「지방공무원 임용령」, 「지방공무원 인사제도 운영지침」 등에서 확인할 수 있다.

「지방공무원 임용령」 제21조의3(임기제공무원의 임용절차 등)에서 "지방자치단체의 장과 지방의회의 의장은 정원(일반임기제공무원을 임용하는 경우만 해당) 및 예산의 범위에서 임기제공무원을 임용할 수 있다."라고 규정하고 있다.

임기제공무원 제도는 2013년 공무원 직종 체계가 일반직 중심으로 재편성됨에 따라 기능직과 계약직이 폐지되고 그 보완조치로 도입됐다. 임기제공무원이 종전의 계약직과 다른 점은 과거의 계약직은 보수 등급으로 구분될 뿐 명확한 호칭이 없었고, 계약 기간 중에서도 신분 보장이 되지 않아 업무 수행 능력이 부족할 경우 언제라도 계약을 해지할 수 있었다. 반면, 임기제공무원은 사무관(5급)·주사(6급)·주사보(7급) 등과 같은 일반직과 동일한 직급명칭이 부여되고, 임기 동안 법이 정한 사유에 해당되지 않는 한 면직되지 않는 등 신분이 보장된다(행정학용어 표준화연구회·하동석, 『이해하기 쉽게 쓴 행정학 용어사전』, 새정보미디어, 2019. 참고).

특히 일반임기제의 경우 일반직 공무원의 정원에 포함되기 때문에 승진 자리에도 영향을 미친다. 예를 들어 일반임기제 6급 1명이 들어오면 일반직 공무원의 6급 승진 자리 1개가 없어진다. 이 때문에 승진 면에서 일반직 공무원들의 불만이 일기도 한다. 그만큼 임기제공무원으로 채용되면 임기가 정해져 있다는 것을 제외하면 일반 공무원과 업무와 신분 면에서 거의 동일하다. 공무원증도 일반직 공무원과 똑같다. 그런 반면 보수는 전문성을 인정받아 연봉이 일반직 공무원보다 10호봉 정도 더 높게 책정돼 있다.

2) 임기제공무원의 종류 및 직급

임기제공무원은 「지방공무원 인사제도 운영지침」에 따르면 일반임기제, 전문임기제, 시간선택제임기제, 한시임기제 등 4가지로 나뉜다. 이 중 가장 일반적으로 많이 모집하는 분야가 일반임기제와 시간선택제임기제이다. 한시임기제는 출산휴가 등 휴직으로 빈자리를 일시 대체하는 것으로, 기간이 1년 6개월 이내의 단기간이고 재연장이 안 된다.

채용 직급은 일반임기제는 주로 5급~9급, 시간선택제임기제는 가급~마급까지 뽑는다. 시간선택제임기제 가급~마급은 일반직 공무원 기준으로 가급은 5급(전문임기제의 경우 4급), 나급은 6급, 다급은 7급, 라급은 8급, 마급은 9급에 해당된다.

이를 「지방공무원 인사제도 운영지침」 규정에 따라 구체적으로 보면 다음과 같다.

- 일반임기제공무원(제100조): 조직관계법령이나 조례·규칙에 따라 정원을 대체하여 임용되는 공무원
- 전문임기제공무원(제101조): 정책결정의 보좌 업무 또는 특정 분야에 대한 전문적 지식이나 기술이 요구되는 업무를 수행하기 위하여 예산의 범위에서 임용되어 상근하는 임기제공무원
- 시간선택제임기제공무원(제102조): 업무의 특성이나 기관의 사정을 고려하여 근무시간 또는 근무일을 신축적으로 적용하여 직무수행이 가능한 업무 분야에 통상적인 근무시간(주당 40시간)보다 짧게 근무(주당 15~35시간 범위)하는 임기제공무원

- 한시임기제공무원(제103조) 휴직 공무원, 병가 등 30일 이상의 휴가를 실시하는 공무원의 업무를 대행하기 위하여 1년 6개월 이내의 기간 동안 임용되는 공무원으로서 주당 15~35시간 범위 내에서 근무하는 임기제공무원

3) 신분 보장 및 안정성은?

앞서 언급한 것처럼 임기제공무원은 임기만 정해져 있을 뿐, 그 임기 동안에는 일반직 공무원과 동일한 신분 보장이 된다. 여성의 경우 임기 중에 임신하거나 출산을 하면 출산휴가가 주어져 휴직도 가능하다. 의무도 동일해 일반임기제는 숙직과 당직도 서야 한다. 따라서 계약 기간 동안에는 비위, 중징계 등 해고 사유가 없는 한 100% 임기가 보장된다.

4) 임기는 최대 몇 년까지 가능한가?

임기제공무원은 1차적으로 5년 범위(최고 10년) 내에서 임용할 수 있다. 채용공고문을 자세히 보면 "임기는 업무실적에 따라 총 근무년수 5년 범위 내 연장 가능"이라는 문구가 있을 것이다(다음 사진 〈표〉 하단 참고).

근무예정부서	채용예정분야	채용예정직	채용예정급	인원	계약기간	직무내용
영통구보건소	치매안심센터 사회복지사		시간선택제 임기제 마급 [주35시간]	2명	2년	• 치매상담 및 등록관리 • 치매환자 및 보호자 지원 프로그램 운영 • 치매환자 및 보호자 맞춤형 사례관리 • 치매인식개선 행사 및 예방 등 홍보사업 • 치매예방관리 사업
수원시립미술관 학예전시과	학예연구		지방행정주사보 (일반임기제)	1명	2년	• 국내외 전시기획 및 실행 • 학예연구 및 전시 프로그램 개발 운영 • 미술관련 국제교류 및 대외 협력사업 추진 • 학예팀 운영 관련 제반업무 수행
	미술전시관 시설운영		시간선택제 임기제 마급 [주35시간]	1명	2년	• 매표·전시 안내 및 현장관리 • 대관전시 운영 및 관리 • 자원봉사자 관리 • 시설관리 등 기타 운영에 필요한 사항
영통구 경제교통과	불법주정차단속		시간선택제 임기제 마급 [주35시간]	1명	1년	• 불법 주·정차 현장 단속 및 계도 • 단속민원 처리 및 상담 등

※ 임기는 업무실적에 따라 총 근무년수 5년 범위 내 연장 가능

보통 채용공고에 채용 직급과 계약 기간(임기)이 표기되는데 처음에는 1년 또는 2년이 제시된다. 이후 지자체에 따라 특별한 결격사유가 없는 한 총 5년의 범위에서 1+2+2년 또는 2+2+1년 등의 형식으로 임기를 재연장해 5년을 채우게 된다.

그런데 업무 능력이 탁월한 경우 최장 10년까지도 가능하다. 물론, 1차 계약 기간 종료 후 모두가 재연장되는 것은 아니다. 해당 지자체의 사정이나 임기제공무원의 업무 능력, 근무태도 등에 따라 재연장이 안 될 수도 있다. 특별한 사정이 없는 한 재연장 가능성이 높다는 것이지 100% 보장은 아니다.

최대 근무 연수 5년 또는 10년에 대한 법적 근거는 「지방공무원 임용령」 제21조의4(임기제공무원의 근무기간)에 있다.

① 임기제공무원의 근무기간은 다음 각 호의 기간으로 한다.

1. 한시임기제공무원의 근무기간: 1년 6개월 범위에서 업무를 대행하

는 데 필요한 기간
2. 정책결정 보좌를 위한 전문임기제공무원의 근무기간: 임용권자의 임기 만료일까지의 범위에서 필요한 기간
3. 그 밖의 임기제공무원의 근무기간: 5년의 범위에서 해당 사업을 수행하는 데 필요한 기간

또한 임기 5년 또는 10년 보장에 대한 규정은 「지방공무원 인사제도 운영지침」 제111조(임기제공무원의 근무기간 연장)에서도 확인할 수 있다.

이에 따르면 "임기제공무원(한시임기제공무원 및 정책결정 보좌를 위한 전문임기제공무원은 제외)의 근무기간은 횟수에 관계없이 총 5년의 범위 안에서 연장할 수 있다. 총 근무기간이 5년에 이른 임기제공무원(한시임기제공무원 및 정책결정보좌를 위한 전문임기제공무원은 제외)의 성과가 탁월한 경우에는 총 근무기간 5년을 초과하여 5년의 범위에서 횟수에 관계없이 근무기간을 연장할 수 있다."라고 규정하고 있다.

즉, 업무성과가 탁월한 경우 한 기관에서 총 10년까지 재연장이 가능하다는 것이다.

2. 임기제공무원 보수, 생각보다 많다

1) 기본연봉은?

임기제공무원의 기본연봉은 모집공고에 표기돼 있다. 여기에 각종 수당이 더해진다. 통상 모집공고에는 "신규 임기제공무원의 경우 직급별 연봉 하한액(「지방공무원 보수규정」 별표 13의 5호)을 원칙으로 하되, 특별한 자격과 능력이 인정되는 경우 협의 결정한다."라고 명시하는 경우가 많다.

그런데 임기제공무원은 특정 분야의 '전문성'과 '경력'을 요구하기 때문에 일반직 공무원보다 연봉이 훨씬 높다. 단순 비교를 하자면 임기제공무원은 같은 직급이 일반직 공무원에 비해 10호봉 정도 임금이 높게 책정돼 있다.

〈표〉에서 보면 알겠지만, 같은 직급의 일반직 공무원보다 연봉이 꽤 높다.

모집공고에 각 직급별 연봉이 상한에서부터 하한선까지 표기되는데, 원칙적으로 하한선을 적용받는다. 그래도 같은 직급의 일반직보다 훨씬 높다.

임기제공무원은 연봉제 계약직 공무원이기 때문에 일반직 공무원과 급여 체계가 다르다. 즉, 일반직 공무원은 호봉이 높아지면 급여가 올라가지만 임기제공무원은 연봉제로 임기 동안 동일하다. 7급 일반임기제를 예로 들면 2024년 기준 연봉 하한액이 4,715만 7천 원인데 이를 12개월로 나눠서 매월 받는다. 물론, 매년 일반직 공무원 임금이 인상되면 임기제공무원도 동일한 비율로 인상된다. 따라서 매년 기존 연봉에서

200만 원 내외로 인상된다고 보면 된다.

- ⟨표⟩ 지방임기제공무원의 연봉표 [일반임기제](2024년 기준)

구분	상한액	하한액
5급	-	65,346천 원
6급	81,239천 원	54,132천 원
7급	66,396천 원	47,157천 원
8급	58,248천 원	41,551천 원
9급	51,290천 원	-

※ 5급 상한액과 9급 하한액이 비워져 있는데, 이 부분은 기관의 재량이다. 9급 하한액의 경우 8급 하한액보다 낮은 선에서 결정된다고 보면 된다. 2024년 가평군의 경우 9급에 36,416천 원을 책정했다.

- ⟨표⟩ 지방임기제공무원의 연봉표 [시간선택제임기제](2024년 기준)

구분	상한액	하한액
가급(5급 상당)	-	57,178천 원
나급(6급 상당)	71,085천 원	47,366천 원
다급(7급 상당)	58,097천 원	41,263천 원
라급(8급 상당)	50,967천 원	36,358천 원
마급(9급 상당)	44,879천 원	기관에 따라 (31,087천 원 ~24,684천 원)

※ 시간선택제임기제도 가급 상한액과 마급 하한액이 비워져 있는데, 이 부분은 기관의 재량이다. 몇 군데 지자체에서 제시한 연봉을 보니 31,087천 원~24,684천 원이었다.

아래 ⟨표⟩는 A 지자체에서 내놓은 임기제공무원 연봉을 제시하면서, 임기제 1명을 채용할 경우 일반직 공무원 몇 명을 채용할 수 있는지를 비교 분석한 것이다.

〈표〉 내용은 7급의 경우 임기제공무원 1명의 연봉(2023년 기준)은 4,600만 원이고, 일반직 공무원(1호봉 기준)은 2,500만 원이라는 것이다. 따라서 연봉 기준으로 비교하면 임기제공무원 1명의 인건비로 일반직 공무원 1.8명을 채용할 수 있다는 의미이다.

이 문서의 요지는 전문성이 요구되는 곳은 당연히 임기제를 채용해야 하지만, 일반직 공무원이 할 수 있는 업무는 예산 절감 차원에서 임기제 대신 일반직 공무원을 배치하자는 권고 내용이다. 임기제공무원의 연봉이 일반직에 비해 그만큼 높게 책정돼 있다는 것을 알 수 있다.

[표 1] 임기제공무원 연봉 기준 일반직 채용 가능 인원

(단위: 백만원, %, 명)

직급	임기제 연봉 (하한액 기준) (A)	일반직 연봉 (1호봉 기준) (B)	임기제 연봉 대비 일반직 기준연봉 비율 (B/A)	임기제 연봉 기준 동일직급 채용가능 일반직 인원
평균	40.3	23.6	59.1	1.7
7	46	25	54.3	1.84
8	40	23	57.5	1.73
9	35	23	65.7	1.52

⇒ 직급별(7~9급) 임기제 하한액 기준 일반직 1호봉 채용 가능 인원 **평균 1.7명**

2) 각종 기본수당 및 초과근무수당

통상 각 모집 직급별 연봉액 표 밑에

○ 성과연봉: 성과 평가 결과 등에 따라 다음 연도부터 지급 가능

○ 수당: 「지방공무원 수당에 관한 규정」에 따라 별도 지급이라고 표기하고 있다.

임기제공무원이 받을 수 있는 수당은 임용 첫해부터 받을 수 있는 것은 5가지(시간선택제임기제는 6가지)가 있고, 다음 해부터 받는 성과급

(성과연봉)까지 포함하면 6~7가지라고 할 수 있다.

(1) 직급보조비

직급에 맞춰 활동할 때 사용하라고 주는 돈이다. 이는 공무상 활동할 때만 써야 되는 것이 아니고 그냥 통상적으로 주는 돈이다. 따라서 정액성 월급이라고 보면 된다.

※ 지방직 임기제공무원 직급보조비(2024년 기준)

구분	5급	6급	7급	8급	9급
금액(월)	400,000	250,000	185,000	180,000	175,000

(2) 정액급식비

한 달 점심 식비다. 일률적으로 정액으로 주는데 2024년 기준 월 140,000원이다. 이는 직급에 상관없이 모두 동일하게 책정돼 있다.

(3) 대민활동비

말 그대로 대민활동하면서 쓰라고 주는 돈인데, 실제로 대민활동하면서 이 돈을 쓰지는 않는다. 그냥 통상 받는 정액성 월급이다. 실제로 대민활동 나가서 비용을 쓰게 되면 별도로 청구를 한다.

(4) 초과근무(시간 외 근무)수당

하루 8시간 근무 후 초과로 근무했을 때 받는 수당이다. 즉 야근이나 주말 근무 때는 초과근무수당이 지급된다. 매월 초과근무를 안 해도 기본적으로 10시간 분을 지급한다. 7급의 경우 1시간당 초과근무수당이 11,600원이니까 1달 10시간 분인 116,000원은 기본으로 지급이 된다. 여기에 추가로 1달 57시간을 더 초과근무할 수 있다. 최대한 57시간을 초과근무하면 별도로 661,200원을 더 받는다. 따라서 7급의 경우 기본 10시간+초과 57시간을 합하면 한 달에 최대 777,200원을 초과근무수당으로 받는다. 그런데 실제 근무해 보면 1달 57시간을 초과근무하기가 쉽지는 않다. 1일 1시간씩 22일(1달) 동안 22시간 초과근무를 하면 255,200원을 수당으로 받게 된다.

참고로 1달 초과근무수당 10시간은 그냥 공짜로 주는 것은 아니고, 오전 9시 출근의 경우 오후 18:00~19:00까지 1시간을 서비스 시간으로 공제해 오후 19시부터 초과근무로 카운트 된다. 8시까지 출근하면 08:01~09:00는 서비스 공제시간이고 대신 18시부터 초과근무로 카운트된다. 즉, 7시 20분에 출근하면 07:20~08:00까지 40분간은 초과근무로 인정이 되고, 18시부터 오후 초과근무로 체크된다.

억울한 것은 8시 1분에 출근 등록을 했을 때다. 이때도 19시부터 초과근무로 카운트되기 때문에 08:01~09:00(59분), 18:00~19:00(1시간)이 서비스 공제시간이 돼서 약 2시간이 공제된다. 참고로 부족한 월급을 보충하고 업무도 보충할 겸 초과근무를 하는 사람도 적지 않다. 그리고 초과근무수당을 모으는 재미도 의외로 쏠쏠하다.

※ 지방공무원 초과근무수당 지급 기준(2024년, 10호봉 기준)

구분	5급	6급	7급	8급	9급
금액(시간당)	15,050원	12,840원	11,600원	10,401원	9,410원

(5) 가족수당

거주를 같이 하는 가족 중 다음에 해당하는 금액을 가족 1인당 금액을 지급한다.

- 배우자
- 본인이나 배우자의 60세(여자는 55세) 이상 부모님
- 60세 미만이지만 장애가 심한 부모님
- 본인이나 배우자의 20세 미만 자녀 또는 20세 이상의 장애인 자녀

※ 지방공무원 가족수당 지급 기준

구분	배우자	배우자 제외
금액(1인당)	40,000원	20,000원

- 부양가족 수는 4인 이내
- 자녀는 4인을 초과하더라도 가족수당을 지급하고, 셋째 자녀 이상에게는 가족수당 가산금 월 8만 원 지급

(6) 특수직무수당

이는 시간선택제임기제공무원에게만 지급한다. 일반임기제공무원은 해당이 안 된다. 일설에 의하면 시간선택제임기제공무원 연봉이 낮아 그것을 보충해 주기 위함이라는데, 정확치는 않다. 시간선택제는 하루 1시간씩 단축 근무하기 때문에 근무시간 비율로 계산하면 연봉이 낮은 것은 아니다.

저자의 경우 2022년 하남시청에서 7급 시간선택제임기제로 근무할 당시 특수직무수당을 월 15만 원씩 받았다.

(7) 복지카드 포인트

공무원들에게 지급되는 복지 포인트로 1년에 130만 원 정도 지급된다. 여기에 배우자(10만 원) 등 포인트가 추가된다. 이는 현금으로 지급되는 것은 아니고 복지카드로 물건 등을 구입하면 나중에 연간 130만 원(기본) 범

위에서 환원이 된다. 단, 사용한 만큼만 지급이 되기 때문에 1년에 100만 원만 사용했다면 나머지 30만 원은 소멸되고, 다음 해로 이월되지 않는다.

3) 성과연봉

성과연봉은 그동안의 근무성과를 S, A, B, C로 평가해 추가로 지급하는 급여이다. 전년도 성과를 평가해서 그다음 해에 지급한다. 따라서 2024년 5월에 채용되면 그해 12월경에 성과 평가를 해서 2025년 1월부터 매월 성과등급에 해당하는 금액을 12개월에 나눠서 지급한다. 성과연봉은 평가 기간 등이 소요되기 때문에 보통 다음 해 3월경에 결과가 확정돼 1~3월까지는 소급하여 한꺼번에 주고, 나머지는 4월부터 월별로 나눠서 지급한다.

성과연봉 평가등급은 기관에 따라 각 등급별 비율을 몇 %로 한 것인지를 설문조사 등을 통해 결정한다. 예를 들면 S등급은 상위 20%, A등급 30%, B등급 40%, C등급 10%인데, 이를 S등급은 상위 10%, A등급 40%, B등급 40%, C등급 10%로 조정하는 식이다. 이는 S등급 비율을 줄이고 A등급 비율은 늘린 경우다. 또한 등급별 비율은 고정하고 각 등급별 연봉액을 조정하는 경우도 있다.

성과연봉은 S등급은 받기 쉽지 않지만 A등급은 본인이 열심히 일했다고 생각되면 받을 수 있다. 다만 성과연봉은 상급자의 자의성과 해당 부서 상황에 따라 달라질 수 있어 근무를 잘했다고 해서 꼭 S등급이나 A등급을 받는 것은 아니다. 특히 일반직 공무원의 경우 아무리 일을 잘해도 전년도 승진자는 양보 차원에서 B등급을 주는 경우가 많다. 또 근무를 잘 못해도 선임자 또는 승진예정 대상자 예우 등을 하는 경우가 있어 내부적으로 불만이 일기도 한다. 그렇다고 공무원 조직상 대놓고 표시를 하는 경우는 거의 없다. 저자는 하남시에서 근무할 당시 2년 동안 부서에서는 계속 S등급으로 올렸으나 최종 평가(시청 전체 부서 대상으로 조정 절차 거침)에서는 A등급을 받았다.

행정안전부 기준 2024년 성과연봉 지급 예시를 들면 다음 표와 같다. 이를 기준으로 각 지자체마다 직원들 설문조사를 통해 지급 비율과 액수를 조정한다.

- **행정안전부 기준 2024년 성과연봉 지급 예시**

참고4. 2024년 임기제 성과연봉 등급별 지급예정액

□ 행정안전부 기준

○ 등급별 인원비율 – 지급률

구 분	S등급	A등급	B등급	C등급
인원비율(%)	20	30	40	10
지급률(%)	8	6	4	0

○ 지급기준액 및 지급액 (단위 : 원)

구 분		2024년 지급기준액	지급액(2024년 행안부 기준)			
			S등급 (8%)	A등급 (6%)	B등급 (4%)	C등급 (0%)
임기제	5급(상당)	97,177,000	7,775,000	5,831,000	3,887,000	-
임기제	6급(상당)	83,554,000	6,685,000	5,014,000	3,343,000	-
임기제	7급(상당)	71,038,000	5,683,000	4,263,000	2,842,000	-
임기제	8급(상당)	59,013,000	4,721,000	3,541,000	2,361,000	-
임기제	9급(상당)	50,178,000	4,015,000	3,011,000	2,008,000	-

4) 결론적으로 임기제공무원 보수 얼마나 받나

지금까지의 연봉과 수당 등을 총괄해 '7급 일반임기제' 기준으로 1년 차와 2년 차의 총연봉을 추산해 보면 다음과 같다. 지금부터 언급하는 연봉 계산은 지자체에 따라 약간의 차이가 있을 수 있으므로 100% 일치한다고는 장담할 수 없다. 이는 저자가 근무했던 하남시와 경기도의회, 가평군청을 기준으로 예시한 것이니 참고만 하기 바란다.

아래 〈표〉에서 보면 알겠지만, '7급 일반임기제' 기준으로 임용 첫해에는 초과근무를 1시간도 안 하고 정시퇴근하고, 1년에 15일 내외 부여되는 휴가를 모두 사용한다고 해도 기본적으로 연간 총 5,482만 원을 받는다.

그리고 임용 2년 차에는 성과연봉(최대한 낮게 잡아 B등급 시 284만 원) 추가 및 연봉 인상(약 115만 원) 효과가 더해져 6,000만 원에 육박하는 연간 총 5,881만 원을 수령하게 된다. 〈표〉에서는 언급을 안 했지만 별도로 초과근무를 하루에 1시간씩 하고(연간 306만 원), 그리고 못 다 쓴 휴가를 5일간 현금으로 보상(약 50만 원)받는다고 가정할 경우 연간 수령액은 6,237만 원이 된다. 또 근무성과가 좋아 성과 평가에서 A등급을 받아 성과연봉을 426만 원 받을 경우 B등급보다 142만 원이 늘어나 총 6,379만 원으로 올라간다. 근무 3년 차에는 여러 인상 효과에 의해 연봉이 이보다 더 높아진다. 본인의 나이와 각자 처한 상황에 따라 만족도는 다르겠지만, 공무원 신분이 보장되면서 이 정도 연봉이면 괜찮지 않은가?

뒷부분에서 언급하겠지만 금전적인 것 외에도 매년 건강검진비(30~40만 원)가 지원되고(현금 지급 아님), 연월차 휴가가 15~21일 주어진다. 또 공무원으로서 각종 복지혜택이 제공된다.

(1) 임용 첫해 기준 받을 수 있는 금액 예시(2024년 7급 일반임기제 12개월 근무 시)

구분 (만 원)	기본 연봉	직급 보조비	정액 급식비	대민 활동비	가족 수당	초과근무 수당	성과 연봉	복지카드
월	-	18.5	14	5	4	11.6	-	
연간	4,715	222	168	60	48	139	-	130
연간 총 5,482만 원									

① 기본연봉 4,715만 원

② 직급보조비 월 185,000원(연 222만 원)

③ 정액급식비 월 140,000원(연 168만 원)

④ 대민활동비 월 50,000원(연 60만 원)

⑤ 가족수당(아내) 월 40,000원(연 48만 원)

⑥ 초과근무수당 기본 월 기본 116,000원=연 139만 원

⑦ 복지카드 포인트 연 130만 원

(2) 임용 2년째 기준(성과연봉 B등급, 공무원 임금 소폭 인상 감안)

구분 (만 원)	기본 연봉	직급 보조비	정액 급식비	대민 활동비	가족 수당	초과근무 수당	성과 연봉	복지카드
월	-	18.5	14	5	4	11.6	-	
연간	4,715+ 약 115	222	168	60	48	139	284	130
연간 총 5,881만 원									

※ 2년 차 추가

⑧ 성과연봉(최대한 낮게 잡아 B등급 가정) 연 284만 원

⑨ 일반직 공무원 임금 인상 시 연봉 인상 효과 약 연 115만 원(7급 기준 2023년 대비 2024년 연봉 115만 원 인상 기준)

5) 각종 자료(임용약정서, 보수표 등)

- 임용약정서 어떻게 생겼나?(경기도의회)

임기제공무원 임용약정서

지방공무원임용령 제21조의3 규정에 의하여 임용되는 다음 임기제공무원의 근무기간, 보수 등 근무조건에 대해서 아래와 같이 약정한다.

1. 임용예정자 인적사항

소속 및 근무부서	직위	채용구분	성명	생년월일
농정해양전문위원실	정책지원관	일반임기제 6급	박 창 희	1964.
전문임기제공무원	✓ 정책 결정 보좌		□ 특정 업무 분야	

2. 담당예정업무
   - 위원회 소관 입법활동 지원
   - 위원회 의정활동 지원 및 홍보
   - 위원회 소관 정책분석 및 자료수집

3. 근무기간 : 2023년 5월 30일부터 2024년 5월 29일까지

4. 근무시간 : 주 40시간으로 하되, 특별한 사유가 발생하였을 경우 초과 근무할 수 있다.
   근무형태 및 요일별 근무시간 : 시간선택제 근무 □, 전일 근무 ☑

5. 월보수지급액 및 지급방법
   가. 월보수지급액 : 연봉은 62,811,000 원으로 하고, 매월 1/12의 금액을 균등 지급한다.
   나. 수   당 : 지방공무원 수당 규정에 준한다.

6. 임용예정자 고용보험 가입 희망 여부
   [○] 희망   [ ] 비희망

※ 채용 절차를 거쳐 신규 임용되는 경우만 기재, 임기 연장 등의 경우는 기재 불요

2023년 5월 30일

임용예정자   성 명 박 창 희 (인)

임용권자   경 기 도 의 회 의 장

- **임기제공무원 보수표(경기도의회 6급, 가평군 7급)**

보수지급명세서

2024년 04월분

소속: 경기도의회사무처 전문위원실 농정해양전문위원실
성명: 박창회
생년월일: 1964년
직급호봉: SA200

실 수 령 액: 4,888,170

보 수		공 제	
보수계	6,035,960	공제계	1,147,790
본봉	4,841,270	건강보험	168,920
성과연봉	278,000	건강보험연말정산	-211,190
가족수당	40,000	기여금	557,300
시간외근무수당	436,690	노인장기요양보험	21,870
정액급식비	140,000	노인장기요양보험연말정산	-27,020
직급보조비	250,000	고용보험	49,500
대민활동비	50,000	식비(의회사무처)	56,000
		공무원노조회비	15,000
		소득세	470,380
		지방소득세	47,030

보수지급명세서

2024년 06월분

소속: 경기도 가평군 기획예산담당관
성명: 박창회
생년월일: 1964년
직급호봉: SA300

실 수 령 액: 4,430,570

보 수		공 제	
보수계	4,882,330	공제계	451,760
본봉	3,929,750	건강보험	116,980
가족수당	78,700	기여금	471,450
시간외근무수당	498,880	노인장기요양보험	15,140
정액급식비	140,000	일반과미납기여금	-471,450
직급보조비	185,000	소득세	290,590
대민활동비	50,000	지방소득세	29,050

3. 합격 후 근무 환경은

1) 임기 재연장 잘되나?

임기제공무원에 도전하려고 마음먹었다면 1차적으로 최종 합격이 관건이겠지만, 그다음에는 '임기 재연장이 과연 잘될까?' 하는 궁금증이 클 것이다. 5년 내 임기 재연장은 누구도 장담할 수 없다. 사람 일이라는 것이 어디 100% 마음먹은 대로 되던가? 임기제공무원 재연장도 마찬가지다. 다만, 일반 사기업에서의 계약직 재연장과는 성격이 많이 다르다는 것은 분명하다. 긍정적인 면에서 그렇다는 것이다. 즉 업무 미숙이나 팀 내 불화 유발 등의 특별한 문제가 없는 한 재계약이 안 될 우려보다는 연장 가능성이 훨씬 높다는 것이다. 비율적으로 보면 본인이 희망하고, 문제를 일으키지 않은 경우 90% 이상 임기 연장 재계약이 된다고 보면 된다.

(1) 임기 만료 후 계약 연장 가능성이 높은 이유

첫째, 공무원들은 자기 돈 내고 사람을 채용하고 쓰는 것이 아니기 때문에 '좋은 게 좋다'는 문화가 강하다. 즉 본인 선에서 계약 연장을 안 하는 것은 자기 손에 피를 묻히는 것인데, 굳이 그런 일을 싫어한다는 것이다. 공무원들은 실적보다는 조직 내의 안정을 더 중요시한다. 공무원들의 업무 자체가 사기업과 같은 '이익추구'가 우선이 아니기 때문에 책임자 입장에선 '무탈'이 가장 중요한 요소 중 하나다. 그리고 실제 근무를 해 보면 일단 자기들 사람이 되었다 싶으면 무엇 하나라도 더 챙겨 주려고 노력하지 배타적으로 대하지 않는다. 임기제공무원이 열심히 하려 노력하고 성실성이 느껴지면 자기 식구로 껴안는다는 것이다. 공무원들 사이에서는 '우리'라는 동류의식과 조직문화가 꽤 깊다. 박봉에 민원인에게 시달리면서도 가슴 저변에는 '공무를 수행한다'는 책임감과 자부심이 있다. 일부 몰지각한 공무원들이 전체 공무원들의 이미지를 흐려 놓아서 그렇지, 아직도 대부분의 대한민국 공무원은 믿을 만하다. 공직문화가 안정을 추구하고 보수적이어서 튀는 것을 본능적으로 싫어한다. 그런 선상에서 임기 재연장도 큰 문제가 없으면 순조롭게 이루어진다.

둘째, '구관이 명관'이라고 익숙한 사람이 좋아 사람이 바뀌는 변화를 원치 않는다. 특히 임기제공무원 업무는 전문성이 최우선이기 때문에 현재 담당자가 무난하게 잘하고 있으면 그렇게 계속 유지되길 원한다. 굳이 기존 임기제를 자르고 인성과 업무 전문성이 검증되지도 않은 새로운 사람을 뽑을 이유가 없다는 것이다. 특히 업무적으로 서로 손발이 맞으려면 최소 6개월 정도 시간이 필요한데, 사람을 새로 뽑아 그런 피곤한 일을 자초하겠는가? 이는 입장을 바꿔 놓고 생각하면 쉽게 이해할 수 있을 것이다.

셋째, 임기제공무원 자리가 계약직이기는 하지만, 1차 임기 만료 후 재계약을 안 하는 것이 그렇게 자유롭지 않다는 것이다. 특별한 사유가 없는 한 재계약을 안 하는 것보다, 계약 연장을 해야 하는 쪽에 더 방점이 찍혀 있다. 즉, 계약 연장을 해 줘야 하는 것에 상당한 구속력이 있는 것 같다(사진 참고).

▪ 경기도의회 발간 「정책지원관 운영 매뉴얼」 중

③ 근무실적 평가
  ○ 평가시기 : 정기평가('24.1월), 최종평가('24.4월)
  ○ 평가방법 : 목표달성도에 따른 점수제 평가(성과연봉 및 계약연장의 기초자료 활용)
   - 근무실적평가 강화(다면평가 결과반영 및 정량평가), 부서내 갈등 조성 및 업무 능력이 부족한 정책지원관 대상 임기 미연장 조치 검토
     ※ **근무실적 평가시 저 성과자에 대해 하위등급(C~D) 부여로 성과관리 강화**
     (평가 등급 누적 C등급 2회, D등급 1회를 받으면 의무적 미연장 조치)
  ○ 부서장 평가 시 해당 상임위 도의원 평가의견 및 전문성, 추진실적 등 고려하여 실질적 평가(온정주의 배제)

사진은 경기도의회에서 발간한 「정책지원관 운영 매뉴얼」 중 일부인데, 형광색 부분을 보면 "평가등급 누적 C등급 2회, D등급 1회를 받으면 의무적 미연장 조치"라고 표기돼 있다. 이는 반대로 해석하면 '평가등급 누적 C등급 2회, D등급 1회'에 해당하지 않고, 특별한 사유가 없으면 재계약을 해 주겠다는 것이다. 통상 C등급은 경징계, D등급은 중징계에 해당하는 사유다. 그리고 성과 평가에서 C등급 비율은 하위 10%에 해당하고, 그것도 1회가 아니라 2번 누적이다. 본인이 성실하게 근무한 경우라면 이렇게 하위 10%인 C등급을 2회나 받기도 쉽지 않다. 또 D등급 중징계를 받을 정도면 사회통념상 계약 연장이 안 되는 것이 정상 아니겠는가? 위 내용을 100% 적용한다는 것은 다소 무리가 있지만, 재계약을 안 해 주는 사유가 그만큼 까다롭다는 것으로 이해하면 되겠다.

넷째, 일반 직장에서도 그렇지만 자기 밑에 데리고 있는 사람을 자르거나 승진에서 누락시키면 그 상사도 별로 좋은 평가를 받지 못해 웬만하면 데리고 있으려 한다. 포용력 부족 또는 통솔을 잘못했다고 인식되

거나 리더십이 부족한 것으로 오해받을 수 있어서다.

다섯째, 기존 임기제공무원을 내보내고 새로 뽑으려면 내부 방침 결재를 받고, 채용공고 하고, 서류전형, 면접전형, 건강검진, 신원조회 등을 거쳐야 해 기간이 최소 1개월 정도 소요된다. 또한 채용 비용은 물론, 나가는 직원 퇴직 처리, 신규 직원 입사 처리 등 부대 처리 등으로 인사담당 직원들도 행정 업무가 늘어난다. 기존 임기제 직원이 잘하고 있으면 굳이 신규채용으로 일을 만들 필요성을 느끼지 않는다.

이런 점들을 종합해 볼 때 본인이 해당 업무에 전문성이 있고, 조직과 잘 화합하고 성실성을 보여 준다면 재계약 미연장은 크게 걱정 안 해도 될 것이다. 그런 면에서 올해(2024년 5월) 경기도의회의 제1기 정책지원관 재계약 미연장이 많던 것은 아주 의외라고 생각한다. 도의회는 그동안 본인이 중징계 등 큰 사고를 치지 않는 한 재계약이 안 되는 사례가 거의 없었다. 일례로 경기도의회 공무원노조 위원장을 임기제공무원이 하고 있을 정도로 임기제들의 임기가 안정적으로 보장됐었다.

그런 면에서 경기도의회 제1기 정책지원관의 경우 의원들의 입김 등이 작용해 이번 재연장에서 약 17%가 탈락했는데, 이는 아주 예외적인 것으로 회자되고 있다. '카더라' 통신에 따르면 당초 의회사무처에서는 대부분 재계약으로 올렸는데 나중에 변수가 크게 작용했다고 한다. 일반 조직에서 이런 무모한 일을 하는 경우는 극히 드물다.

(2) 재계약이 되지 않는 경우

임기제공무원도 계약직임에는 분명하다. 따라서 계약 연장이 될지, 안 될지에 대해서는 불안할 수밖에 없다. 저자의 경우 정년이 보장되는 신문사에서 30년간 근무하고 퇴직했다. 그래서 신문사에서 계약직들을 대할 때는 그들의 애환을 온전히 이해하지 못했다. 저자 입장에서는 그들도 정규직과 똑같이 대했다. 하지만 그들 입장에서는 꼭 그렇게 생각하지만은 않았을 수도 있었겠구나 하는 생각을 하남시에서 임기제공무원으로 근무하면서 비로소 이해할 수 있었다. 임기제라는 것에 내 스스로 위축되고 언행에 제약이 따랐다. 곁에 일반직 공무원들이 잘해 주기는 했지만, 재계약에 대한 불안감이 있었다. 저자가 비로소 계약직이 돼 보니 그 심정을 온전히 이해할 수 있었다. 예기치 못한 상황이란 것이 있을 수 있기 때문이다.

 실제 민선 7기 하남시장은 인품이 깊어 직원들 이름을 거의 모두 외우고 있었다. 직원 한 사람 한 사람을 인격적으로 대우해 조직 전체 분위기가 아주 온화했다. 함께 일하던 공보팀장이 저자에게 입에 달고 하는 말이 '어디 다른 데 가지 말고 여기서 오래오래 함께 일해 달라'는 것이었다. 그건 그냥 하는 말이 아니라 진심이었다고 생각한다. 하지만 저자 입장에서는 1차 임기가 끝나고 재계약이 될 때까지는 안심할 수 없었다. 민선 7기 시장 밑에서는 정말 기우에 불과했는데도, 그런 생각이 들더라는 얘기다. 저자의 경우 민선 8기에 시장이 바뀌고 정권(민주→국힘)까지 바뀌면서 1차 임기가 끝나자 재계약이 안 됐다. 저자뿐만 아니라 그 전에 함께 일했던 공보담당관, 공보팀장도 모두 교체됐다. 이처럼 예기치 않는 상황이 발생해서 재계약이 안 되기도 한다는 것이다.

 본론으로 들어가 재계약이 안 되는 구체적인 몇 가지 경우를 들어 본다.
 첫째, 본인이 업무에 미숙하거나 조직원과 불화를 일으켜 재계약이 안 되기도 한다. 즉, 계약 미연장 사유가 타의에 의한 것이 아니라 본인에게 있는 경우다. 업무 미숙은 어쩌면 당연한 계약 미연장 사유다. 당초 일반직 공무원 대신 임기제공무원을 채용하는 이유가 해당 업무의 전문성 때문 아니던가. 그런데 그 전문성을 충족하지 못하면 서로가 힘들다. 실제 모 지자체에서 있었던 일이다. 해당 임기제공무원의 이전 경력을 보고 실력이 있다고 믿고 채용했는데 막상 일을 시켜 보니 별로였다. 그 임기제공무원도 본인이 부족하면 배워 개선하려는 노력을 기울였어야 하는데 그렇게 하지도 않았다고 한다. 그래도 한솥밥을 먹은 정으로 재계약 연장을 다시 2년간 해 줬다. 하지만 그 임기제공무원이 본인이 견디지 못하고 임기 1년 정도를 남기고 스스로 중도에 그만뒀다고 한다.

둘째, 임기제 자리가 해당 사업이 종료돼 더 이상 필요 없어지거나 직제 개편을 통해 임기제 자리를 일반직 공무원으로 전환하는 경우다. 해당 사업이 종료된 경우 임기 만료 후에 그 임기제공무원을 사업이 비슷한 다른 곳으로 전보해 재계약해 주는 배려를 하기도 한다. 그래서 항상 최선을 다해 일하고, 인간관계도 잘 맺어 놔야 한다. 인사도 결국은 사람이 하는 것이다. 그리고 임기제 자리를 일반직으로 전환하는 것은, 바꿔 말하면 임기제만이 할 수 있다는 전문성을 제대로 못 보여 줬다는 반증이기도 하다. 임기제는 전문성으로 평가받는 '프로'다. 자신의 업무에 대해서만큼은 항상 '최상', '최고'를 지향해야 한다. 그래야 임기 연장이 안 돼서 또는 개인 사정이 생겨 다른 지자체로 옮겨 갈 때도 무난하게 잘 갈아탈 수 있다.

셋째, 기관장이 바뀌면서 주요 부서의 임기제 자리를 물갈이하는 경우다. 이런 경우가 예기치 못한 상황이라고 볼 수 있다. 담당 공무원들은 임기제공무원을 계속 데리고 있고 싶어도 단체장이 방침을 내려 물갈이를 지시하는 경우가 있다. 이는 모든 임기제 자리가 그런 것은 아니고,

주로 지자체장 선거에 영향을 많이 미치는 자리가 그렇다. 그중 하나가 공보 또는 홍보 업무를 담당하는 자리다.

 지자체의 공보부서는 업무의 성격상 해당 자치단체를 외부에 홍보하면서 단체장의 업적도 미화해서 홍보하는 일이 많다. 이는 단체장의 소속 정당이 선거에 의해 바뀌는 경우 특히 심하다. 즉 민주당에서 국힘으로, 또는 국힘에서 민주당으로 바뀌면 이전 정권의 성과를 비판 또는 희석시키고, 새로운 정권의 치적을 부각시키고자 하는 의지가 강해 공보팀에도 개혁의 바람이 분다. 공보담당관과 공보팀장을 1차로 바꾸고, 여파가 크면 공보담당 임기제공무원도 임기 종료 후 물갈이가 된다. 물론 모든 지자체가 다 그렇다는 것은 아니고 이것도 단체장의 인품에 따라 '케바케'라 할 수 있다.

 넷째, 지자체장이 바뀌면서 자신이 그동안 신세 지거나 챙겨야 할 사람을 임기제공무원으로 심고자 하는 경우다. 소위 낙하산 인사다. 이는 정무직 자리는 당연히 허용이 되지만, 일반임기제 자리까지 넘보기도 한다. 이는 7급~9급 자리는 영향이 덜 미치고, 누구나 욕심을 많이 낼 만한 4급~6급이 주로 해당된다. 특히 4급, 5급 자리는 내정된 경우가 더러 있다고 한다. 이 또한 '카더라' 통신이고, 어떤 곳은 정말로 실력 있는 인재를 뽑기 위해 심사숙고하기도 한다.

2) 재연장 절차 어떻게 진행되나?

 다음 사진에서 보는 것처럼 임기제공무원을 고용하고 있는 해당 부서에서 본인에게 직간접적으로 계속 근무를 희망하는지 의사를 타진한다. 계속 근무하겠다고 하면 근무기간 연장계획을 수립하고 방침결재를 받아 임기 만료 2개월 전까지 인사팀에 통보를 해 준다. 그러면 인사심의위원회에서 근무실적 등을 고려해 연장 여부를 결정한다. 통상 연장 여부는 임기 만료 1개월 전에 결정돼 본인에게 통보해 준다. 공식 절차는 이렇게 되는데, 실무적으로는 임기제공무원이 근무하고 있는 부서의 의견을 최대한 존중해 대부분 재계약이 성사된다.

- 경기도의회 발간 「정책지원관 운영 매뉴얼」 중

④ 임용기간 연장
  ○ 시 기 : 1차 연장(임용후 12개월), 2차 연장(1차 연장 후 24개월 內)
    ※ 2차 연장시 최종 연장기간은 24개월 범위 내에서 추후 검토 결정
  ○ 연장절차
    - 근무기간 연장계획 수립 및 방침결재(해당 부서) 후 임기만료 2개월 전까지 인사팀으로 계약기간 연장 여부 통보
    - 상임위원 평가의견 및 근무실적 등을 고려하여 연장여부 결정
    - 다면평가 결과 반영 및 저 성과자에 대한 연장심의위원회 심의절차 강화
  ○ 제출서류 : 연장방침 결재서류, 성과목표 평가서(최종평가), 성과계획서(연장 기간) 첨부

3) 어떤 사람들이 일하고 있나… 60세 이후에도 근무 가능

임기제공무원의 장점 중 하나가 연봉이 높다는 것 외에도 정년이 없다는 것이다. 현행법상 일반직 공무원은 정년이 60세로 정해져 있다. 하지만 임기제공무원은 '경력직', '전문직'이라는 특성상 정년이 없다. 채용공고에 응시 연령이 하한선(보통 18세 이상)만 정해져 있고, 상한선 제

한은 없다. 공무원 정년은 만 60세이지만 60세 이상이어도 임기제공무원으로 지원할 수 있다는 것이다. 바로 저자가 올해 만 60세에 지원해서 현재 직장에 합격한 케이스이다.

실제로 60세 이상 임기제공무원들이 주변에 꽤 있다. 가까이에는 경기도의회에 정책지원관 1기 동기들이 저자를 포함해 4명이 만 60세 이상이었다. ○○시의 경우 70세 이상인데도 임기제 5급으로 현재까지도 근무하고 있다. 이곳 가평군청에도 현재 67세인데, 7급 일반임기제로 원만하게 잘 근무하고 있다.

반면 30대의 6급 임기제공무원들도 꽤 있다. 의사·변호사(주로 5급으로 모집), 공인노무사(6급) 등은 전문 자격사로서 6급 이상이 당연하다고 할 수 있겠지만, 그러한 전문 자격증 없이도 6급 이상으로 근무할 수 있는 것이 임기제공무원이다. 사실 대부분의 일반직 공무원들은 9급으로 시작해서 6급까지 가는 데 15년 내외가 소요된다. 25세에 9급으로 공무원에 입직했다면 40세 정도에 6급으로 승진할 텐데, 30대에 곧바로 6급으로 근무할 수도 있는 것이 임기제공무원이다.

공무원 7급 시험이 합격하기가 얼마나 힘든가. 그런데 경력직으로 임기제공무원에 응시해 7급으로 합격하면 일반직 7급에 10호봉 정도 더 얹혀서 연봉을 책정해 주는 매력도 있다. 임기제공무원의 경력과 분야는 정말 다양하다. 나이대도 20대에서부터 60대까지 천차만별이다. 그러한 임기제공무원들이 기관에 따라 다르기는 하지만 전체 공무원의 10% 정도 비중을 차지하고 있다. 적지 않은 비중이다. 특히 지방의회는 전체 공무원의 50~60%가 임기제공무원으로 채워져 있다. 저자가 근무했던 경기도의회 농정해양전문위원실의 경우 전체 인원 15명 가운데 임기제가 10명이었으니 비율로 보면 절반 이상인 67%인 셈이다.

4. 현직자가 알려 주는 임기제공무원 매력

1) 높은 연봉

앞에서도 자세히 설명했지만 같은 직급이면 일반직 공무원들보다 연봉이 훨씬 높다. 즉 연봉이 동일 직급 공무원보다 10호봉 이상 높은 선에서 책정돼 있다. 그리고 임기 동안에는 일반직 공무원과 동일한 신분이 보장된다. 그래서 공무원의 6대 의무와 4대 금지 의무 등도 똑같이 적용된다. 임기제공무원은 계약 기간이 정해져 있다는 것 외에는 거의 모든 것이 일반직 공무원과 동일하다고 보면 된다.

2) 다양한 후생복지

높은 연봉 외에 또 다른 좋은 점은 공무원이 누릴 수 있는 모든 후생복지를 동일하게 받을 수 있다는 것이다. 즉, 연간 130만 원 상당의 복지 포인트를 비롯해 건강검진비용 지원(30~40만 원), 전국 제휴 휴양시설 이용권, 공무원 제휴할인 등을 동일하게 받을 수 있다.

3) 공무원연금제도 적용 대상(10년 이상 근무)

특히 임기제공무원으로 10년 이상 근무 시(군대 복무 경력 포함) 공무원연금 적용 대상이 된다. 설령 10년이 못 되더라도 '공적연금연계제도'를 이용할 수도 있다. 공적연금연계제도는 국민연금 가입기간 및 직역연금(공무원연금 등) 재직기간 부족으로 연금 수급권을 취득하지 못하는 자에 대해 두 연금제도 가입기간을 연계해 최소 가입기간(10년, 단 군인연금은 20년)을 채우는 경우 수급권을 인정해 주는 제도다.

4) 임기제 경력 살려 다른 지자체에서 연속 근무 가능

임기제공무원에 합격하면 해당 기관에서 5~10년 근무하고, 임기 만료 후 그 같은 전문성과 경력을 살려 다른 지자체에 응시해 근무를 이어갈 수 있다. 다른 지자체에 응시할 때도 전문성이 있고 이전 기관에서 임기제공무원으로 근무했다면 상대적으로 합격 가능성이 더 높다. 공직 경험이 있다는 것은 공무원 조직에 대한 적응력이 검증됐다는 것을 의미해 같은 조건이면 초보보다 합격에 유리하다. 임기제라고 해서 5년의 기간으로 모든 것이 끝나는 것이 아니다. 전문성만 있다면 전국의 모든 지자체와 중앙정부가 후보 직장군이 될 수 있다.

5) 여성 공무원의 경우 일반직과 동일한 출산휴가 및 육아휴직

임기제공무원도 일반직과 동일하게 출산휴가 및 육아휴직이 보장된다. 실제 저자가 경기도의회 농정해양전문위원실에 근무했을 당시 6급 입법조사관이 임신을 하고 출산휴가 및 육아휴직을 했다. 그래서 그 빈자리를 채우기 위해 한시임기제공무원 채용공고를 했다. 그 빈자리를 한시직으로 채용한다는 것은 육아휴직 후 복귀했을 때 자리를 보장해 주기 위한 것이다. 눈치 안 보고 육아휴직을 할 수 있다는 것도 여성에게는 큰 메리트라고 할 수 있다.

6) 공무원 조직과 국가 시스템 이해 경험

공무원으로 근무해 보면서 정부 시스템이 어떻게 돌아가는지를 직접 경험해 볼 수 있다는 점도 큰 장점이다. 설령 공무원 조직문화가 본인의 적성에 맞지 않아 일정 기간 근무하고 나오더라도 공직 근무 경험은 어떤 일을 하든지 간에 많은 도움이 된다. 공무원의 마인드를 이해할 수 있고, 무슨 일을 처리할 때 어떠한 절차와 경로를 통해야 하는지는 그 조직에서 직접 경험해 본 사람이 훨씬 유리하지 않겠는가.

5. 임기제공무원 증가 추세

 민원 업무의 다양화와 공공사무의 전문성 강화 때문에 앞으로도 임기제공무원은 계속 증가하리라 본다. 현재 각 지자체에서 전체 공무원 가운데 임기제공무원이 차지하는 비중은 10% 정도이다. 아래 〈표〉는 경기도 A 지자체의 임기제공무원 숫자이다. 2018년부터 임기제공무원 숫자가 매년 증가해 5년간 98%가 증가했다.
 이곳 A 지자체 공무원 정원이 830명 정도인데 이 중 임기제가 103명을 차지해 비율적으로 12%가 된다.

[표 2] 지난 5년간 임기제공무원 증원 현황

(단위: 명)

구분	2018년	2019년	2020년	2021년	2022년	2023년
전체	52	62	74	81	96	103
증감	-	10	12	7	15	7
일반임기제	8	12	14	17	29	26
증감	-	4	2	3	12	△3
시간선택제	44	50	60	64	67	77
증감	-	6	10	4	3	10

⇒ 2023년 12월 말 기준 임기제공무원은 총 103명으로, **지난 5년간 총 51명(98%) 증가**

임기제공무원 합격 실속 정보

1. 임기제공무원 채용 정보 어디서 얻나

임기제공무원은 국가직과 지방직이 있다. 국가직은 행정안전부, 농림축산식품부 등 중앙부처에서, 지방직은 전국 각 지방자치단체(도청·시청·군청 및 구청)와 지방의회에서 채용한다. 지방의회는 인사권이 독립돼 있어 해당 지자체와는 별도로 뽑는다. 채용 횟수나 인원은 지방직인 지자체가 국가직보다 더 많다. 일률적이지는 않지만 지방직이 국가직보다 채용 과정에서 상대적으로 덜 빡센 것 같다.

채용공고는 인사혁신처에서 운영하는 '나라일터(www.gojobs.go.kr)'에서 확인할 수 있다. 정부에 물품을 납품하거나 정부가 물품을 구매할 때 '나라장터'를 통해 하는데, 임기제공무원 채용은 대부분 '나라일터'를 통해 공고하고 모집하는 것이다. 따라서 자신이 관심 있는 지자체나 정부기관의 모집공고를 일일이 확인하는 방법도 있지만 '나라일터'를 통하면 전 국가기관과 전국 모든 지자체의 모집공고를 알 수 있어 편리하다. 하지만 간혹 나라일터에 올리지 않는 지자체도 있으니 자신이 관심 있는 지자체라면 즐겨찾기를 해서 자주 방문하는 것을 추천한다.

특히 서울시 본청과 서울시의회는 모집공고를 '나라일터'에 올리지 않는 경우도 많으니 직접 해당 기관 홈페이지 '채용공고'란을 방문해 확인하기 바란다.

　채용 사이트 검색은 네이버 등 검색창에 '나라일터'를 입력하면 홈페이지를 확인할 수 있다. 해당 사이트에 접속해 '일반채용' 하단에 있는 '모집공고'를 클릭하면 곧바로 모집공고가 보인다. 이어 '모집공고'를 클릭하면 채용 기관 유형에 '국가기관', '지자체', '교육청', '공공기관'으로 분류해 놓고 있다. 또 그 밑에 채용 유형(모바일 창에서는 안 보임)에 '공무원 채용', '공무직 등 채용', '공공기관 채용', '교육청 채용'으로 나뉘어 있다. 1차적으로 '지자체', '공무원 채용'을 클릭해 자신의 지역 및 경력과 일치하는 곳을 매일 검색해 보고 종종 '국가직'도 검색해 보는 것이 좋다.

　아래는 〈나라일터〉 모집공고 창에 뜬 채용공고 예시다.

- **〈나라일터〉 홈페이지 검색창**

Total 13638 (1/1364)　　　　　　　　　　　　정렬순서: 최근 게시일 순 ▼　정렬

번호		공고명	기관명	게시일	공고마감일	조회
1	지자체	2024년 제2회, 제3회 통영시 임기제공무원 임용시험 재공고	경상남도 통영시	2024-08-23	2024-09-06	598
2	지자체	2024년도 제13회 광주광역시 임기제공무원 경력경쟁임용시험 시행계획 재공고	광주광역시	2024-08-23	2024-09-04	794
3	지자체	2024년 제8회 인천광역시미추홀구 지방임기제공무원 채용시험	인천광역시 미추홀구	2024-08-23	2024-09-30	559
4	지자체	2024년 제4회(재공고) 통영시 임기제공무원 임용시험 서류전형 합격자 및 면접일정 공고	경상남도 통영시	2024-08-23	2024-09-03	83
5	지자체	대구광역시의회 지방임기제공무원 임용시험 공고 [정책·재정분석(건축·주택 및 건설)]	대구광역시 의회 사무처	2024-08-23	2024-09-02	209
6	지자체	인천경제자유구역청 지방임기제공무원 채용시험 시행계획 공고[투자협력, 의료·바이오 투자유치, 소재·부품·장비 투자유치, 서비스산업 투자유치, 예술교육 및 공연기획, 홍보관 운영(중국어)]	인천광역시 경제자유구역청	2024-08-23	2024-09-06	247
7	지자체	2024년 제5회 울산광역시 중구 임기제공무원(기록물 관리 및 영상 촬영·편집) 임용시험 시행계획 재공고	울산광역시 중구	2024-08-23	2024-09-02	131
8	지자체	2024년 제3회(재공고) 및 제4회 광명시 지방임기제공무원 채용시험 시행계획 공고(노무사 등)	경기도 광명시	2024-08-23	2024-09-04	384
9	지자체	2024년 제10회 시흥시 지방임기제공무원 임용시험 시행계획	경기도 시흥시	2024-08-23	2025-08-22	763
10	지자체	2024년 제2회 양구군 지방임기제공무원 임용시험 시행계획 공고	강원특별자치도 양구군	2024-08-23	2024-09-04	451

《《 《 **1** 2 3 4 5 》 》》

2. 나도 임기제공무원이 될 수 있을까? … 지원 자격

1) 기본적인 응시 자격(공통요건)

```
ㄱㄱㄷ 경기도                          변화의 중심 기회의 경기

 3. 응시자격 (기준일 : 면접시험 시행 예정일)

 가. 공통요건
   ○ 「지방공무원법」 제31조의 결격사유에 해당되지 않고 「부패방지 및
     국민권익위원회의 설치와 운영에 관한 법률」 제82조 등 다른 법령에
     의하여 응시자격이 정지되지 아니한 사람
   ○ 주소지 · 성별 · 연령 제한 없음
   ○ 남자의 경우 병역을 필하였거나 면제받은 사람

 나. 응시요건 (다음 자격기준의 어느 하나에 해당하는 사람)
   ※ 경력요건으로 응시할 경우 관련 분야 최종경력을 기준으로 시험공고일 현재 퇴직 후 3년
     (시간선택제임기제는 10년)이 경과되지 않아야 함 (「지방공무원 임용령」 제17조 제5항)
```

위에 보이는 것처럼 응시 자격 공통요건은 주소지, 성별, 연령 제한이 없다는 것을 알 수 있다. 즉 60세 이상이라도 응시 자격이 있고, 주소지에 상관없이 전국 어디에나 지원할 수 있다는 것이다.

주의할 것은 경력요건으로 응시할 경우 관련 분야 최종경력을 기준으로 시험공고일 현재 '퇴직 후 3년(시간선택제임기제는 10년)'이 경과되지 않아야 한다(「지방공무원 임용령」 제17조 제5항).

관련 분야 경력 인정 범위는 경력증명서상 근무기간과 담당 업무가 명시된 경우에 한하여 인정한다(경력증명서를 제출하지 않거나 불명확할 경우 불인정될 수 있음). 또한 주 40시간 미만 근무 시 경력증명서에 주당 근무시간이 명기되어야 하며, 근무기간 산정 시 시간할로 계산된다

는 점도 유념해야 한다. 즉, 시간선택제임기제공무원(주 35시간)의 경우 1년을 근무했더라도 경력 1년에 미달된다.

2) 대표적인 응시 결격사유

「지방공무원법」 제31조(결격사유)
1. 피성년후견인
2. 파산선고를 받고 복권되지 아니한 사람
3. 금고 이상의 형을 선고받고 그 집행이 끝나거나(집행이 끝난 것으로 보는 경우를 포함한다) 집행이 면제된 날부터 5년이 지나지 아니한 사람
4. 금고 이상의 형을 선고받고 그 집행유예기간이 끝난 날부터 2년이 지나지 아니한 사람
5. 금고 이상의 형의 선고유예를 선고받고 그 선고유예기간 중에 있는 사람
6. 법원의 판결 또는 다른 법률에 따라 자격이 상실되거나 정지된 사람
6의2. 공무원으로 재직기간 중 직무와 관련하여 「형법」 제355조 및 제356조에 규정된 죄를 범한 사람으로서 300만원 이상의 벌금형을 선고받고 그 형이 확정된 후 2년이 지나지 아니한 사람
6의3. 다음 각 목의 어느 하나에 해당하는 죄를 범한 사람으로서 100만원 이상의 벌금형을 선고받고 그 형이 확정된 후 3년이 지나지 아니한 사람
  가. 「성폭력범죄의 처벌 등에 관한 특례법」 제2조에 따른 성폭력범죄
  나. 「정보통신망 이용촉진 및 정보보호 등에 관한 법률」 제74조제1항제2호 및 제3호에 규정된 죄
  다. 「스토킹범죄의 처벌 등에 관한 법률」 제2조제2호에 따른 스토킹범죄
6의4. 미성년자에 대한 다음 각 목의 어느 하나에 해당하는 죄를 저질러 파면·해임되거나 형 또는 치료감호를 선고받아 그 형 또는 치료감호가 확정된 사람(집행유예를 선고받은 후 그 집행유예기간이 경과한 사람을 포함한다)
  가. 「성폭력범죄의 처벌 등에 관한 특례법」 제2조에 따른 성폭력범죄
  나. 「아동·청소년의 성보호에 관한 법률」 제2조제2호에 따른 아동·청소년대상 성범죄
7. 징계로 파면처분을 받은 날부터 5년이 지나지 아니한 사람
8. 징계로 해임처분을 받은 날부터 3년이 지나지 아니한 사람

결격사유는 위 사진에서 보는 것처럼, 피성년후견인, 파산선고, 금고 이상의 징역형, 성범죄자 등이 아니라면, 즉 인생을 정상적으로 살아온 사람이라면 크게 신경 쓸 것 없다.

3. 모집 분야 및 요구되는 능력은?

임기제공무원은 워낙 다양한 분야를 모집하기 때문에 구체적인 응시요건은 채용 분야마다 직급마다 각각 다르다. 분야나 종류가 많아 일일이 나열하기 힘들다. 즉, 특정 분야 경력직 공무원이 필요하면 필요 경력과 능력을 제시하고 채용공고를 내는 식이다. 따라서 수시로 모집공고를 살펴보고 자신의 경력 분야와 맞다 싶으면 지원하면 된다.

1) 응시 자격은 큰 틀에서 해당하면 포용적으로 허용

각 분야별 모집 요강에서 제시하는 응시요건은 큰 틀에서 어느 정도 일치하면 된다. 이를테면 그 일을 하는 데 적합한 능력과 경력을 가지고 있으면 지원해 보라고 권하고 싶다. 좀 애매하면 해당 지자체 인사담당자에게 문의해 보는 것도 한 방법이다. 그러면 대부분 가능한 쪽으로 답변할 것이다. 즉, 특정 분야의 특정 세부 경력을 제시한 경우가 아니라면 일단 서류전형에서 합격시켜 준다. 왜냐하면 면접 과정에서 해당 능력을 다각도의 질문을 통해 검증할 수 있기 때문이다.

- **채용직급별 공통적인 실무요건(6급, 7급)**

도정 홍보영상 기획·제작 요원 〈언론협력담당관〉 일반임기제 행정6급	1. 학사학위 취득 후 3년 이상 관련분야 실무경력이 있는 사람 2. 5년 이상 관련분야 실무경력이 있는 사람 3. 7급 또는 7급상당 이상의 공무원으로 2년 이상 관련분야 실무경력이 있는 사람 ○ 관련분야 경력 : 홍보영상 기획·제작 관련 근무경력

리서치기획요원 〈정책홍보담당관〉 일반임기제 전산7급	1. 학사학위 취득 후 1년 이상 관련분야 실무경력이 있는 사람 2. 3년 이상 관련분야 실무경력이 있는 사람 3. 8급 또는 8급상당 이상의 공무원으로 2년 이상 관련분야 실무경력이 있는 사람 ○ **관련분야 경력** : 국가·지방자치단체·공공기관에서 여론조사, 홍보, 정책기획, 정책개발, 실행 등 근무경력

저자의 경우를 예로 들면, 경기도의회 정책지원관에 응시할 때 경력 분야 요건에 '홍보' 문구가 있었다. 의회 경력이 전혀 없는 저자가 '홍보'라는 단어 하나로 신문기자 경력을 이용해 응시 자격이 된 것이다. 즉 당시 모집 요강 '임용예정 관련 직무 분야 인정 범위'에 "국회, 지방의회, 국가 및 지방자치단체, 공공기관, 연구소, 사회단체, 기업 등에서 법제, 법률해석, 지방행정, 지방자치, 감사, 예산, 홍보 등 관련 입법조사·지원, 의원보좌 등 근무경력"이라고 돼 있었다. 여기 문장에서의 '홍보'는 국회·의회 등에서 의원을 보좌하는 과정에서의 홍보 쪽에 가깝다고 생각됐다.

실제 전국 대부분의 지방의회에서 정책지원관 모집공고를 낼 때 응시자격 조건에, 위 문장하고 거의 비슷하지만, '홍보'라는 단어만 쏙 빠져 있다. 저자가 발견을 못 했을 수도 있겠지만, 응시 자격에 '홍보'를 넣은 곳은 경기도의회 외에 용인시의회 등 한두 곳에 불과했던 것 같다.

그러나 업무의 성격상으로 볼 때 글 쓰는 능력이나 문장력이 필요하지, 그 일을 꼭 의회에서만 했어야 한다는 것은 아닐 것이다. 해석이 참 애매했다. 그래서 경기도의회 인사담당자에게 전화로 문의를 했다. 그 담당자도 딱 부러지게 답변을 못 하고, "될 것이다"라는 뉘앙스로 말했다. 그래서 용기를 가지고 지원했고, 결과적으로 합격을 했다.

여기서 이야기의 핵심은 제시하는 자격요건에서 명확하게 벗어나지 않는 한, 포용적으로 인정을 해 준다는 것이다. 채용하는 기관 입장에서는 가능하면 많은 인재가 응시할 수 있도록 특별히 결격사유가 없으면

서류전형에서는 합격시켜 준다. 적격자를 면접전형에서 면밀히 검증하면 되기 때문이다. 따라서 자격기준이 제시요건에서 크게 벗어나지 않으면 일단 지원을 해 보라는 것이다. 실무적으로도 서류전형 단계에서는 대부분 합격을 시켜 주고, 면접전형에서 날카로운 검증을 한다. 예외적으로 응시자가 너무 많을 때는 면접전형 편의를 위해 서류전형에서도 일정 수를 거르기도 한다.

2) 전문분야만큼이나 모집 분야 다양

일반직 공무원은 모집 분야가 크게 행정직, 재경직, 세무직, 사회복지직, 검찰직, 교정직, 법원사무직 등으로 대분류가 돼 있다. 실제 일반직 공무원은 합격 후 첫 발령을 받은 부서에서 일하다 2년 내외마다 새로운 부서로 옮겨 가며 일한다. 행정직이 기술직으로 가는 경우는 거의 없지만, 행정직 내에서는 다양한 분야에서 일하게 된다. 일반직 공무원들의 이야기를 들어 보면 분야를 옮겨 가며 일하는 것에 대해 매우 부담을 갖고 있다. 왜냐하면 그 업무에 대해 처음부터 새로 배워야 하기 때문이다. 공무원 생활을 1~2년 하다 보면 공문서 작성이나 문서기안 등은 익숙해지지만, 각 분야별 세부 업무는 각각 달라 새로 익혀야 한다. 이러한 애로가 여러 분야를 돌면서 10년 이상이 되면 어느 정도 업무 전반에 감이 잡혀 부담이 덜해진다고 한다.

그런데 임기제공무원은 이미 해당 분야 업무에 대해 전문성 면에서 능숙한 사람을 원한다. 임기제공무원의 모집 취지도 그렇다. 그래서 채용과정에서부터 특정 분야의 경력과 학력, 자격증 등을 요구하는 것이다. 그 특정 분야의 자격요건이 모집 상황에 따라 모두 달라서 일일이 열거하지 않고 모집 요강을 통해 예시를 드는 것으로 대신하려 한다.

예시한 모집 요강을 통해 '이러이러한 분야에서 이러이러한 자격요건을 요구하고 있구나' 하는 감을 잡는 정도로 만족하기 바란다. 구체적인 것은 '나라일터'를 수시로 들락거리면서 자신에게 해당하는 분야를 찾고, 도전하는 것이다.

▪ **채용 분야별 세부 모집 요강 예시**

번호	공고명	기관명	게시일	공고마감일	조회
51	2024년도 제5회 평택시 지방임기제공무원 채용 공고[국제비즈니스 전문가, 투자유치(기업), 외국인근로자 지원센터장, 농업기계 수리, 외국인근로자 지원센터 사무원, 방문간호사, 금연클리닉(간호사), 불법주정차 지도 단속, 재난안전상황실 전담인력, 영양사, 미술정책수립, 팽성생활사박물관 학예연구사]	경기도 평택시	2024-08-20	2024-08-30	1054
52	2024년 제6회 정읍시 임기제공무원 임용시험 시행계획 공고(보건지소장,약취감시,시설원예사,천사히어로즈)	전북특별자치도 정읍시	2024-08-20	2024-08-30	289
53	2024년도 제5회(재) 인천광역시 중구 지방임기제공무원 채용시험 서류전형 합격자명단 공고(치과의사)	인천광역시 중구	2024-08-20	2024-08-26	74
54	도봉구 인권분야 임기제 공무원 면접시험 합격자 및 임용후보자 등록 공고	서울특별시 도봉구	2024-08-20	2024-08-27	165
55	2024년도 제1회 고령군 시간선택제임기제공무원 임용시험 시행계획 재공고 (공공디자인/외국인계절근로자업무)	경상북도 고령군	2024-08-20	2024-09-13	163
56	2024년도 제2회 평택시의회 지방임기제공무원 채용 공고	경기도 평택시 의회사무국	2024-08-20	2024-08-30	816
57	2024년도 제10회 광주광역시 임기제공무원 경력경쟁임용시험(외국기업투자유치-중국어권) 시행계획 3차 재공고	광주광역시	2024-08-19	2024-09-04	210
58	서울특별시 영등포구의회 한시임기제공무원(속기) 채용 공고	서울특별시 영등포구 의회사무국	2024-08-19	2024-08-29	142
59	2024년 제7회(재공고) 전라남도 임기제공무원 임용시험 계획 공고	전라남도	2024-08-19	2024-08-22	1148
60	2024년도 제6회 전라남도 지방공무원(지방기록연구사) 경력경쟁임용시험 계획 공고	전라남도	2024-08-19	2024-08-29	594

《《 《 4 **6** 7 8 9 10 》 》》

임용분야 <근무부서> 임용직급	자 격 기 준

의정활동 지원요원
<의회운영전문위원실>
지방행정주사보(일반임기제)
	1. 학사학위 취득후 1년 이상 관련분야 실무경력이 있는 사람
	2. 3년 이상 관련분야 실무경력이 있는 사람
	3. 8급 또는 8급상당 이상의 공무원으로 2년 이상 관련분야 실무경력이 있는 사람
	○ **관련분야 실무경력 (각 호 어느 하나에 해당하는 사람)**
	  1. 국회, 지방의회, 국가 및 지방자치단체, 공공기관*, 연구소, 사회단체, 기업 등에서 의정활동지원 또는 법제사무 또는 정책조사 및 분석 업무
	   *공공기관 : 『2024년도 공공기관 지정 고시』에 따른 공공기관(기획재정부)
	  2. 변호사 자격을 소지한 자로 변호 업무 근무경력
	  3. 교원 자격을 소지한 자로 교사 업무 근무경력
	  4. 대학강사 또는 대학교수 업무 근무경력

민원관리요원 <의정정책담당관> 지방시간선택제임기제 다급	1. 학사학위를 취득한 후 1년 이상 임용예정 직무분야의 실무경력이 있는 사람 2. 3년 이상 임용예정 직무분야의 실무경력이 있는 사람 3. 8급 또는 8급상당 이상의 공무원으로서 2년 이상 임용예정 직무분야의 실무경력이 있는 사람 ○ **임용예정 직무분야** - 국회, 지방의회, 중앙부처, 지방자치단체, 공공기관 근무 경력 또는 민간 기업 등에서 감사, 법무 분야에서 근무한 경력 ○ **우대사항** - 민원 상담 근무경력

입법조사관
<의회운영전문위원실>
지방시간선택제임기제 다급
	1. 학사학위를 취득한 후 1년 이상 임용예정 직무분야의 실무경력이 있는 사람
	2. 3년 이상 임용예정 직무분야의 실무경력이 있는 사람
	3. 8급 또는 8급상당 이상의 공무원으로서 2년 이상 임용예정 직무분야의 실무경력이 있는 사람
	○ **임용예정 직무분야 (각 호 어느 하나에 해당하는 사람)**
	  1. 국회, 지방의회, 국가 및 지방자치단체, 공공기관*, 연구소, 사회단체, 기업 등에서 의정활동지원 또는 법제사무 또는 정책조사 및 분석 업무
	   *공공기관 : 『2024년도 공공기관 지정 고시』에 따른 공공기관(기획재정부)
	  2. 변호사 자격을 소지한 자로 변호 업무 근무경력
	  3. 교원 자격을 소지한 자로 교사 업무 근무경력
	  4. 대학강사 또는 대학교수 업무 근무경력

직무분야	자 격 기 준
정책지원관	○ 다음 각 호의 자격을 하나 이상 갖춘 자 1. 학사학위 취득한 후 1년 이상 관련분야 실무경력이 있는 사람 2. 3년 이상 관련분야 실무경력이 있는 사람 3. 8급 또는 8급상당 이상의 공무원으로 2년 이상 관련분야 실무경력이 있는 사람
	○ 관련분야 실무경력 인정범위 - 지방자치, 정책 기획·개발·분석, 조사·감사, 법제·법무, 예산·결산, 재무·회계, 홍보 관련 근무경력

채용예정 분야	채용예정 직급	자 격 기 준
의정홍보	지방시간선택제 임기제 다급	○ 다음 각 호의 어느 하나의 자격 기준에 해당하는 사람 1. 학사학위 취득 후 1년 이상 임용예정 직무분야의 실무경력이 있는 사람 2. 3년 이상 임용예정 직무분야의 실무경력이 있는 사람 3. 8급 또는 8급 상당 이상의 공무원으로서 2년 이상 임용예정 직무분야의 실무경력이 있는 사람 ▸ **직무분야 실무경력** - 국가, 지방자치단체, 공공기관, 언론사, 기업체 등에서 언론, 홍보, 기사, 보도작료 작성·편집 등 업무 경력

직위	자격요건
대기검체 전문요원 〈기후환경관리과〉 시간선택제임기제 나급	1. 학사학위 취득 후 3년 이상 관련분야 실무경력이 있는 사람 2. 5년 이상 관련분야 실무경력이 있는 사람 3. 7급 또는 7급상당 이상의 공무원으로 2년 이상 관련분야 실무경력이 있는 사람 ○ 관련분야 경력 : 대기 배출가스(대기오염물질) 시료채취(검체) 관련 근무 경력 ○ 추가 필수자격 : 대기환경기사 이상 자격증 소지자
인권조사 행정요원 〈인권담당관〉 시간선택제임기제 다급	1. 학사학위 취득 후 1년 이상 관련분야 실무경력이 있는 사람 2. 3년 이상 관련분야 실무경력이 있는 사람 3. 8급 또는 8급상당 이상의 공무원으로 2년 이상 관련분야 실무경력이 있는 사람 ○ 관련분야 경력 : 인권업무 관련 근무경력
정책조정 지원요원 〈기획담당관〉 시간선택제임기제 다급	1. 학사학위 취득 후 1년 이상 관련분야 실무경력이 있는 사람 2. 3년 이상 관련분야 실무경력이 있는 사람 3. 8급 또는 8급상당 이상의 공무원으로 2년 이상 관련분야 실무경력이 있는 사람 ○ 관련분야 경력 : 국회·중앙정부·지방자치단체 등에서 정책 기획·조정 관련 근무경력
지방세 고액체납자 징수 요원 〈조세정의과〉 시간선택제임기제 다급	1. 학사학위 취득 후 1년 이상 관련분야 실무경력이 있는 사람 2. 3년 이상 관련분야 실무경력이 있는 사람 3. 8급 또는 8급상당 이상의 공무원으로 2년 이상 관련분야 실무경력이 있는 사람 ○ 관련분야 경력 : 가택수색 및 동산압류 등 조세채권 체납징수 및 금융권 민사집행(가처분·가압류 등) 업무 관련 근무경력
대기환경진단평가시스템 운영 전문요원 〈보건환경연구원 미세먼지연구부〉 시간선택제임기제 다급	1. 학사학위 취득 후 1년 이상 관련분야 실무경력이 있는 사람 2. 3년 이상 관련분야 실무경력이 있는 사람 3. 8급 또는 8급상당 이상의 공무원으로 2년 이상 관련분야 실무경력이 있는 사람 ○ 관련분야 경력 : 대기질 모델링 분야 근무경력
영상뉴스 취재 요원 〈언론협력담당관〉 시간선택제임기제 라급	1. 고등학교를 졸업 또는 이와 같은 수준 이상의 학력이 인정된 후 1년 이상 관련분야 실무경력이 있는 사람 2. 2년 이상 관련분야 실무경력이 있는 사람 3. 9급 또는 9급상당 이상의 공무원으로 1년 이상 관련분야 실무경력이 있는 사람 ○ 관련분야 경력 : 방송기자 관련 근무경력
자치행정 지원요원 〈자치행정과〉 시간선택제임기제 나급	1. 학사학위 취득 후 3년 이상 관련분야 실무경력이 있는 사람 2. 5년 이상 관련분야 실무경력이 있는 사람 3. 7급 또는 7급상당 이상의 공무원으로 2년 이상 관련분야 실무경력이 있는 사람 ○ 관련분야 경력 : 홍보, 행정지원 또는 대외협력 관련 근무경력
자치발전 지원요원 〈자치행정과〉 시간선택제임기제 나급	1. 학사학위 취득 후 3년 이상 관련분야 실무경력이 있는 사람 2. 5년 이상 관련분야 실무경력이 있는 사람 3. 7급 또는 7급상당 이상의 공무원으로 2년 이상 관련분야 실무경력이 있는 사람 ○ 관련분야 경력 : 정책 기획·개발 또는 대외협력 관련 근무경력
건설업 실태조사 전문요원 〈건설정책과〉 시간선택제임기제 나급	1. 학사학위 취득 후 3년 이상 관련분야 실무경력이 있는 사람 2. 5년 이상 관련분야 실무경력이 있는 사람 3. 7급 또는 7급상당 이상의 공무원으로 2년 이상 관련분야 실무경력이 있는 사람 ○ 관련분야 경력 : 기업회계(재무관리·재무회계·세무회계·회계감사 등) 관련 근무경력 ○ 추가 필수자격 : 공인회계사, 세무사 또는 경영지도사 자격증 소지자

임용분야 〈근무부서〉 임용직급	자 격 기 준
메시지팀장 〈보도기획담당관〉 일반임기제 행정5급	1. 학사학위 취득 후 5년 이상 관련분야 실무경력이 있는 사람 2. 8년 이상 관련분야 실무경력이 있는 사람 3. 6급 또는 6급상당 이상의 공무원으로 2년 이상 관련분야 실무경력이 있는 사람 ○ **관련분야 경력 : 연설문·인터뷰 자료 등 작성 또는 언론·홍보 관련 근무경력**
감사심의팀장 〈감사총괄과〉 일반임기제 행정5급	1. 학사학위 취득 후 5년 이상 관련분야 실무경력이 있는 사람 2. 8년 이상 관련분야 실무경력이 있는 사람 3. 6급 또는 6급상당 이상의 공무원으로 2년 이상 관련분야 실무경력이 있는 사람 ○ **관련분야 경력 : 감사 또는 법무 관련 근무경력** ○ **추가 필수자격 : 변호사 자격 소지자**
정무소통 자문관 〈기획담당관〉 일반임기제 행정5급	1. 학사학위 취득 후 5년 이상 관련분야 실무경력이 있는 사람 2. 8년 이상 관련분야 실무경력이 있는 사람 3. 6급 또는 6급상당 이상의 공무원으로 2년 이상 관련분야 실무경력이 있는 사람 ○ **관련분야 경력 : 국회·중앙정부·지방자치단체 등에서 정책 기획·조정 관련 근무경력**
공약관리 전문관 〈기회전략담당관〉 일반임기제 행정5급	1. 학사학위 취득 후 5년 이상 관련분야 실무경력이 있는 사람 2. 8년 이상 관련분야 실무경력이 있는 사람 3. 6급 또는 6급상당 이상의 공무원으로 2년 이상 관련분야 실무경력이 있는 사람 ○ **관련분야 경력 : 정책 기획·개발 또는 언론·홍보 관련 근무경력**

임용분야 〈근무부서〉 임용직급	자 격 기 준
입법조사관 〈입법정책담당관〉 지방행정주사(일반임기제)	1. 학사학위 취득후 3년 이상 관련분야 실무경력이 있는 사람 2. 5년 이상 관련분야 실무경력이 있는 사람 3. 7급 또는 7급상당이상의 공무원으로 2년 이상 관련분야 실무경력이 있는 사람 ○ **관련분야 실무경력 : 법제사무 관련 근무경력** ○ **우대사항 : 법학 박사 학위 취득자 또는 국내 변호사 자격증 보유자**
아동보호 전담요원 지방시간선택제 임기제 마급 (주35시간)	「사회복지사업법」에 의한 사회복지사(2급 이상) 자격증을 취득한 자 중 다음 어느 하나에 해당되는 사람 1. 1년 이상 관련분야 실무경력이 있는 사람 【**관련분야 실무경력**】 국가·지방자치단체·공공기관 또는 법인 등에서 사회복지(사례관리 등) 관련업무 경력 【**우대사항**】 1. 사회복지사 1급 자격증 취득 후 사회복지분야 근무경력 2년 이상 2. 사회복지사 2급 자격증 취득 후 사회복지분야 근무경력 4년 이상 3. 정신건강사회복지사 2급 이상 자격증 취득 후 사회복지분야 근무경력 2년 이상

4. 원서 접수는 어떻게 하나?

　보통 모집공고 후 최종 원서접수 마감까지는 10일 이상 기간을 두기 때문에 매일 검색하면 기회를 놓치는 일을 없을 것이다. 한 예로 2024년 5월 17일 경기도에서 공고한 '2024년 제5회 경기도 임기제공무원 임용시험 재공고(일반모집)'는 17일 공고해서 30일 마감했다. 그런데 실제 원서 접수 기간은 5월 28~30일 오후 6시까지 3일간에 불과했다. 즉, 대부분의 기관에서 실제 접수 기간은 3일 정도로 짧으니 주의해야 한다. 따라서 공고가 뜨자마자 관련 서류를 준비해 두는 것이 좋다.

　접수는 일반적으로 현장접수와 우편접수가 있는데 현장접수는 마감날 오후 6시 안에 마쳐야 한다. 우편접수는 마감날 오후 6시 안에 우편소인이 찍히면 마감 다음 날 서류가 도착해도 마감 내 접수로 인정해 준다. 마감날 우편접수의 경우 인사담당자에게 접수했음을 전화로 알려 주는 것이 좋다. 또 그렇게 해 달라고 요구하는 곳도 많다.

　일부 지자체 또는 국가기관에서 대규모 인원을 모집하거나 응시자가 많이 몰릴 것으로 예상되는 경우 채용 사이트를 통해 온라인으로 서류를 접수하기도 한다. 이때는 오프라인 접수보다 양식이나 절차가 까다로울 수 있으니 미리 접속해 접수 방법이나 서류를 준비해 놓는 것이 좋다. 특히 온라인 접수는 마감일 및 마감시간이 있는데, 마감시간에 임박해 접수를 하면 매우 위험하다. 마감시간에 접수자가 많아 접수 사이트에 부하가 걸리거나 예기치 않은 실수로 접수가 안 될 수 있으니 특히 유의해야 한다. 마감시간이 임박하면 심리적으로 조급해지고 당황해 실수할 수 있다.

▪ 1차 서류전형 서류접수 시 제출 서류 예시

8. 제출서류

※ 서류 제출 시 스테이플러, 클립, 플래그(띠지) 등 사용금지, 양면인쇄 금지

구 분	내 용	비고
1. 응시원서 1부(별지서식 제1호)	응시 수수료 납부 후 제출 ※ 대한민국 정부수입인지는 사용 불가 - (방문접수) 인재채용팀에서 응시수수료 납부 후 원서제출 - (우편접수) 우편통상환 구입·동봉	필수
2. 이력서 1부(별지서식 제2호)	증명서류에 근거하여 객관적으로 기재(전일 또는 시간제 표시)	필수
3. 자기소개서 1부(별지서식 제3호)	A4용지 3매 이내	필수
4. 직무수행계획서 1부(별지서식 제4호)	A4용지 3매 이내	필수
5. 서류전형 제출서류 1부 (별지서식 제5호)	해당 사항만 작성(해당 없는 항목은 삭제 가능)	필수
6. 서류전형 자격요건 본인의견서 1부 (별지서식 제6호)	응시분야만 발췌 후 해당 자격기준 선택(해당 없는 항목 삭제)	필수
7. 동의서 각1부 (별지서식 제7호)	○ 자격요건 검증을 위한 동의서 1부 ○ 개인정보 제공 및 이용 동의서 1부 ○ 행정정보 공동이용 사전동의서 1부 (또는 초본 제출-병역사항 표기)	필수
8. 건강보험 자격득실 확인서 1부	○ 국민건강보험공단(https://www.nhis.or.kr)에서 발급 ※ 응시자가 직장가입자로 표기된 내역만 출력 ○ 미해당자는 고용보험 피보험자격 이력내역서 제출 가능	필수
9. 졸업증명서 또는 학위증명서	○ 고졸자는 고등학교 졸업증명서 제출 ○ 박사 또는 석사학위 보유자라더라도 학사 학위증명서 제출	필수
10. 경력증명서	○ **담당업무, 근무기간 등이 구체적으로 명시된 경우에만 인정** – 발행기관 직인, 발급담당자 서명 및 연락처 필수 ○ **시간제 근무**, 비상근직, 프리랜서, 자원봉사, 시민단체 등 근무형태나 근무시간이 불규칙적이거나 불분명한 경우 **반드시 보수내역 및 주당 근무시간이 구체적으로 명시된 증명서류를 제출해야 함** ※ 시간제 근무의 경우 근무시간에 비례해서 경력의 일부를 인정 (4년간 주 20시간 시간제 근무시 2년 인정) ○ 회사 경력증명서 양식 상 구체적인 업무 및 기간이 명시되지 않는 경우 반드시 **인사담당자의 자필 확인 또는 업무분장표** 등의 증명서류를 추가로 제출하여야 함 ○ 직장 폐업 등의 사유 발생 시 **사업자등록증, 법인등기부등본** 등 추가 증명서류 제출 가능	필수

5. 경쟁률은 어떻게 되나?

임기제공무원의 경쟁률은 누구도 예측하기 힘들다. 직급과 직류에 따라, 지역에 따라 각각 상황이 다르기 때문이다. 저자가 많이 지원했던 보도자료 작성 분야의 경우 5급은 수십 대 1에서부터 미달까지 천차만별이었다. 6급은 보통 5:1~10:1 정도였고, 7급은 5:1 내외였다. 때론 1명만 응시해서 재공고를 하는 경우도 있었다. 5급과 6급도 1명 모집에 1명만 응시해서 재공고를 하는 경우가 종종 있다. 실제 아래 경기도청에서 공고한 사례도 6급 3자리, 7급 1자리가 1회 공고 때 응시자 부족으로 재공고한 것이다.

응시자가 많은 것은 이해가 가는데 응시자 부족으로 재공고하는 것에 대해 독자들은 매우 의아할 것이다. 경기도 재공고 사례의 경우 근무지가 경기도청이고, 5급과 6급 정도면 괜찮은 자린데 왜 지원자가 많지 않은지···. 이는 저자도 매우 궁금하다.

▪ 응시자 부족으로 재공고한 경기도청 사례

2024년 제6회 경기도 임기제공무원 임용시험 재공고

경기도 임기제공무원 임용시험 시행계획을 다음과 같이 공고하오니 전문지식과 경력을 갖춘 유능한 인재들의 많은 응시 바랍니다.

2024년 6월 10일
경기도인사위원회위원장

1. 채용분야

구분	임용분야 〈근무부서〉	임용직급	인원	임기	근무시간	담당업무
일반임기제	개인하수처리시설 기술컨설팅 전문요원 〈보건환경연구원 물환경연구부〉 [제6회 재공고]	일반임기제 행정6급	1명	1년	주40시간	○ 개인하수처리시설 설치 및 변경 신고 설계도서 및 제반사항 기술검토 ○ 방류수 수질기준 초과 개인하수처리시설 현장 방문 기술지원 ○ 기술검토 및 지원 결과 보고서 작성 ○ 개인하수처리시설 담당 공무원 및 전문업체 종사자 전문교육
	옥외영상광고 지원요원 〈도민소통담당관〉 [제6회 재공고]	일반임기제 행정7급	1명	1년	주40시간	○ 옥외영상광고 콘텐츠 기획·제작·편집 ○ 실국 주요정책 옥외영상광고 컨설팅
시간선택제 임기제	홍보콘텐츠 제작 전문요원 〈도민소통담당관〉 [제6회 재공고]	시간선택제 임기제 나급	1명	1년	주35시간	○ 주요정책 홍보콘텐츠 기획 및 제작 ○ 지면광고 디자인 기획 및 제작 ○ 주요정책 광고물 디자인 제작 및 총괄 관리
	대기환경진단평가시스템 운영 전문요원 〈보건환경연구원 미세먼지연구부〉 [제6회 재공고]	시간선택제 임기제 나급	1명	1년	주35시간	○ 대기환경진단평가시스템 운영 및 유지관리 ○ 시스템 성능개선 및 고도화 ○ 경기도 대기질 예보제 운영

저자의 추측으로는 두 가지 이유에서인 것 같다. 하나는 모집 직종에 해당하는 전문가가 부족한 경우다. 실제 변호사(주로 5급 모집), 공인노무사(주로 6급 모집), 이공계 전문직(주로 6급 모집) 등 전문 자격사의 경

우 근무지가 지방이면 응시를 잘 안 해 미달인 경우가 많다. 이런 경우는 충분히 이해가 가는데, 공보담당 분야 5급, 6급도 응시자가 1명에 불과한 경우도 있다. 이는 이미 자리가 내정돼 있을 것으로 생각하고 괜히 들러리가 될까 봐 아예 지원을 안 하는 경우다. 실제 내정이 돼 있는지, 그렇지 않은지는 담당자 외에는 아무도 알 수 없다. 그런데 이런 특이한 사례가 아닌 경우에는 6급, 7급의 경우 3:1~10:1 정도로 보면 될 것 같다.

정책지원관의 경우 서울, 경기도·인천 광역의회 6급, 7급은 10:1~20:1 내외, 지방의회 7급은 3:1~8:1 정도이고, 농촌지역은 미달인 경우도 심심찮게 발생한다. 하지만 이는 정말로 경우에 따라 다르기 때문에 운도 상당 부분 작용한다고 보면 된다. 자기가 응시했을 때 7:1이라도 실력이 없는 사람들이 오면 합격 가능성이 높을 것이고, 비록 2:1로 낮더라도 실력이 쟁쟁한 사람이 지원을 했으면 불합격 가능성이 높은 것이다. 그러니 임기제공무원이 되기로 결심을 했으면 될 때까지 지역을 달리해서 계속 지원을 해 보는 것이다. 그러면 언젠가는 꼭 자신에게도 합격의 기회가 올 것이라 믿는다.

6. 채용 과정 투명한가? 특정인 내정설 오해와 진실

임기제공무원 채용과 관련해서 주변에서 가장 많이 듣는 말 중에 하나가 "채용 과정이 투명한가? 혹시 미리 내정해 놓고 형식적으로 면접 보는 것은 아닌가?" 하는 것이다. 이는 저자도 자신 있게 뭐라고 답할 수 없다. 100% 장담할 수는 없지만, 90% 정도는 공정하게, 투명하게 전형이 이루어진다고 본다. 만약 대부분 내정해 놓고 채용을 형식적으로 운영한다면 저자 같은 나이 많은 사람이, 특별한 연줄도 없는 사람이 세 번씩이나 합격을 했겠는가. 나머지 10%는 저자도 알 수가 없다.

1) 채용 과정 공정하다고 보는 이유

저자가 채용 과정에서 내정되는 경우가 거의 없다고 보는 근거는 다음과 같은 이유에서다.

첫째, 내정되는 경우는 해당 지자체장이나 고위간부가 자신이 아는 사람을 채용하기 위해 자리를 새로 만들거나 아니면 기존 자리에 채용하는 경우일 것이다. 그런데 이게 쉽지 않은 것이 주변에 보는 눈이 많이 있고, 만약 그렇게 했다가 발각이 되는 경우 치명적인 위험이 뒤따른다는 것이다. 단체장의 경우 선거에서 상대 후보 또는 경쟁자가 두 눈을 부릅 뜨고 무슨 문제가 없나 하고 감시를 하고 있다. 그리고 부정채용이 사실일 경우 해당 지자체장은 그 자리에서 물러나야 할 수도 있다. 인사 채용 비리는 관용이 없고 엄격하게 징벌을 내린다.

둘째, 부정채용에 연루된 인사담당자도 해직되거나 형사처벌 될 수 있다. 그래서 부정채용은 지시하는 사람이나 그 지시를 따르는 사람이나 위험부담이 너무 커서 쉽게 하지 못한다. 만약 부정채용을 하려고 하면 그 루트는 지자체장 지시 → 인사담당 국장 또는 과장 → 면접관 5명 모두에게 부탁의 과정이 순차적으로 이루어져야 한다. 지자체장 지시 → 인사담당 국장 또는 과장까지는 내부 과정이니까 가능할 수도 있겠다. 하지만 면접위원 5명 모두에게 특정인을 부탁하기란 쉽지 않다. 이러한 과정이 모두 순조롭게 이루어져 내정한 특정인이 합격할 수도 있겠지만, 외부에서 생각하는 것만큼 그렇게 쉽지가 않고 위험부담 또한 크다는 것이다.

물론 이런 경우는 있을 수 있다. 면접관들 5명 가운데 2~3명은 해당 지자체 내부 공무원이 참석한다. 따라서 면접 전 내부 공무원이 외부 면접관들에게 '이번 채용은 어떠어떠한 경력자나 능력이 있는 사람을 채용했으면 좋겠으니 면접 시 그 점을 좀 참고해 달라'고 요청해서 내정된 특정인에게 유리하게 작용하도록 유도할 수 있다. 또 면접 종료 후 면접관들끼리 의견을 조율하는 과정에서 특정 내정자에게 유리하게 분위기를 몰아갈 수는 있을 것이다.

2) '내정설' 오해가 나올 수 있는 경우

외부인들 입장에서는 '내정설'에 대한 오해가 충분히 있을 수 있다고 생각한다. 이는 보는 입장에 따라 내정으로 생각할 수도 있고, 아닐 수도 있다.

임기제공무원 자리는 해당 사업이 종료되거나 예산상의 문제 등으로 그 자리를 없애지 않는 한 계속 임기제공무원으로 채용을 해야 한다. 그래서 기존 임기제공무원이 개인 사정으로 사직을 하고 떠나면 신규로 임기제공무원 채용 절차를 거친다. 이런 경우는 거의 100% 투명한 공개경쟁이 된다.

그런데 기존 임기제공무원이 재계약 연장을 계속해 5년을 다 채우고, 그 자리를 다시 임기제로 채우기 위해 채용공고를 내는 경우에는 사정이 좀 다르다. 이런 경우 기존 임기제공무원이 다른 지자체로 아예 옮겨 가는 경우는 별문제가 없지만, 동일인이 다시 그 자리에 응시하는 경우는 '내정'에 대한 오해가 충분히 나올 수 있다. 단체장이나 인사담당자가 면접위원들에게 특별히 부탁을 하지 않더라도 내부 공무원 2~3명이 기존 임기제공무원을 잘 아는 경우 점수를 후하게 줄 수 있고, 최종 조율 과정에서도 우호적으로 발언을 할 수 있다. 그런데 이는 해당 임기제공무원이 평소에 근무 평가나 내부 평판이 좋아야 가능하다.

또 다른 경우는 해당 임기제공무원의 자기소개서나 직무수행계획서에 자신이 해당 지자체에서 5년 동안 해당 직무를 수행했고, 자신이 우수한 성과를 냈다고 기술해 소위 '홈그라운드' 이점으로 좋은 점수를 먹고 들어가는 경우다. 또한 기존 임기제가 5년 동안 우수한 근무성적으로 계약 연장이 계속됐다는 것은 그 자체로서 적임자라는 것이 간접적으로 증명된 것이다. 이는 면접관들이 우호적인 점수를 줄 가능성이 매우 높다. 그리고 면접 과정에서도 해당 지자체 사정이나 그 직무를 가장 잘 알고 있기 때문에 면접도 잘 볼 것이다. 이런 경우는 100m 경주에서 기존 임기제가 이미 출발 선상에서 다른 경쟁자보다 10m 정도 앞서가는 것이다.

상식적으로 이런 상황에서는 외부 경쟁자가 기존 임기제보다 업무 등 다방면에서 월등하게 뛰어나야 하지 않겠는가? 불행히도 이런 경우는 기존 임기제가 다시 합격할 가능성이 상대적으로 높다. 이런 경우 외부에서 볼 때는 이미 내정돼 있고, 자신들은 소위 '들러리'였다고 생각할 수 있을 것이다. 이는 관점의 차이라고 본다. 그리고 이런 채용에 응시한 것 자체가 처음부터 운이 없었다고 생각된다. 이런 사정을 미리 알면 아예 지원을 하지 않았겠지만, 그런 사정을 잘 알 수 없다는 것이 문제다.

3) 소위 '들러리' 불운 피하려면?

기존의 내부 임기제공무원 재응시에 따른 소위 '들러리' 피해를 피하려면 어떻게 해야 할까? 가장 좋은 방법은 해당 모집 분야 채용이 어떤 사유에 의해 채용하는 것인지를 알아보는 것이다. 즉 △새로 직제가 만들어져서 원시적으로 처음 채용하는 것인지 △아니면 기존에 일반직 공무원이 담당했던 업무를 전문직인 임기제공무원으로 대체하는 것인지 △기존 임기제공무원이 다른 곳으로 이직해 새로 채용하는 것인지 △기존 임기제가 5년이 다 돼서 그 직원을 포함해 다시 채용 절차를 거치는 것인지를 알아보는 것이다. 이 가운데 가장 마지막 케이스인 기존 임기제가 5년이 다 돼서 그 임기제가 응시한 가운데 다시 채용 절차를 거치는 경우에는 피하는 것도 하나의 방법이다. 이 경우 소위 '들러리'로 이용될 가능성이 높기 때문이다.

4) 신규채용 내막을 알아보는 방법

적을 알고 나를 알면 백전백승이라는 말이 있다. 따라서 응시 전에 미리 해당 지자체에 채용 내막을 알아보는 것이 좋다. 하지만 안타깝게도 그 지자체에 잘 아는 공무원이 있지 않는 한 이를 자세히 알기란 쉽지 않다. 그래서 대부분 '이미 내정자가 있겠지' 하고 지레짐작해 응시를 포기하는 경우가 적지 않다. 실제 채용공고에 '재공고'가 심심찮게 올라오는 것도 이런 사정과 무관치 않다. 그래도 어쩌겠는가. 아쉬운 것은 본인인데, 어떤 식으로든지 알아보거나 아니면 찜찜한 마음으로 응시하는 수밖에…

찜찜한 마음을 피하고 싶다면 내부에 아는 직원이 없더라도 알아보는 방법이 없지는 않다. 기회는 용기 있는 자에게 온다.

지자체 채용공고를 자세히 보면 마지막 부분쯤에 모집 직종마다 궁금한 사항을 문의하라고 관련 부서 전화번호가 있다. 대부분 그 채용 직종에 해당하는 부서 실무자이거나 팀장 전화번호이다. 예를 들면 보도자료 작성 분야 임기제공무원 채용공고라면 공보팀장 또는 공보팀 주무관 전화번호가 표기돼 있다. 그곳에 전화해서 자신을 간단히 소개(너무 자세히 소개하는 것은 지양)한 다음, 어떤 사정으로 임기제공무원을 새로 채용하는지 문의하는 것이다.

문의할 때 '기존 임기제 직원이 다른 곳으로 이직해 새로 채용하는 것인지, 아니면 기존 임기제가 5년이 다 돼서 채용하는 것인지?'를 물어보는 것이다. 질문의 요지는 이렇더라도 너무 직접적으로 물어보면 즉답을 피할 수 있으므로 요령껏 이런 내용을 포함해 간접적으로 물어보는 것이 좋다. 그렇다고 너무 두루뭉술하게 물어보면 돌아오는 답도 두루뭉술해 전화한 보람이 없을 것이다.

만약 기존 임기제가 재응시하는 경우 재응시하는 것이라고 알려 줄 가능성은 많지 않다고 보면 된다. 그런 경우 답변을 대충 얼버무리거나 해당 직무에 관한 것만 알려 줄 수 있다고 말할지도 모른다. 그러면 본인이 답변 내용이나 말의 뉘앙스 등을 감안해서 상황을 잘 판단해야 한다.

주의할 것은 인사담당자에게 물어봐서는 안 된다는 것이다. 인사담당자는 해당 근무할 부서의 내부 사정을 잘 모르거니와 설령 알아도 채용 절차 등에 대한 공식적인 답변만 하고 잘 알려 주지 않으니 헛수고하지 말기 바란다.

5) 그래도 기회는 도전하는 자에게 있다

기존 임기제가 재응시하더라도 경험 삼아 응시해 보거나 아니면 본인의 능력이 특출해 경쟁력이 높다고 생각되면 도전해 보는 것도 괜찮다고 본다. 이와 유사한 좋은 성공 사례가 있다.

이는 실제 저자가 임기제공무원으로 근무하면서 직접 듣거나 목격했던 사례이다. B 지자체는 기존에 해당 업무를 담당했던 임기제공무원이 개인 사정으로 임기 종료 전에 사직해 그 자리를 채우기 위해 채용공고를 냈다. 그런데 사직을 했던 기존 임기제가 사정이 생겨서 다시 자신이 근무했던 기존 직무에 응시를 했다. 결과적으로 앞서 소개한 마지막 케이스와 유사한 사례가 된 것이다. 기존 임기제의 근무 평가가 좋았고 근무 연수도 오래돼 가장 유리한 상황이었다. 그런데 기존 임기제보다 경력과 능력이 더욱 화려한 사람이 응시해 결국 기존 임기제는 탈락하고 새로운 사람이 합격했다.

또 다른 사례는 기존 임기제 직원이 5년간 근무하고 계약이 모두 종료돼 해당 직무에 대한 채용공고를 냈다. 이 경우 내부 인사위원회를 열어 외부 채용공고를 하지 않고 기존 임기제에 대해 다시 처음부터 1년 또는 2년간 채용 계약을 할 수 있다. 그런데 그런 과정 없이 외부 채용공고를 냈는데, 기존 임기제공무원이 그 직무에 다시 응시를 했다. 이에 기존 임기제 지원자와 외부 지원자들이 함께 면접을 봤는데, 결과는 기존 임기제가 탈락하고 외부 지원자가 합격했다. 내부에서는 기존 임기제가 탈락한 것에 대해 좀 의아해하는 분위기였다.

이런 경우 첫째, 기존 임기제가 5년을 채우기는 했지만 업무성과가 썩 좋지 않았을 수 있다. 둘째는 기존 임기제의 업무성과가 좋았다고 해도, 윗선에서 인원 교체를 통해 해당 업무에 대해 획기적인 변화를 원한 경우다. 일반직 공무원의 경우 인사이동을 통해 업무의 변화를 꾀하는 것과 같다. 위 두 사례를 보면 기존 임기제가 응시한 경우 그가 합격할 가능성이 상대적으로 높기는 하지만, 반드시 그렇지는 않다는 것이다.

이처럼 재취업에 대한 강렬한 열망이 있고, 본인의 경쟁력이 충분하다고 생각되면 부딪혀 보는 것도 나쁘지 않다고 본다. 어떤 인연으로 그 지자체에서 본인을 기다리고 있을지 모르니까…. 기회는 용기 있는 자에게 온다.

제2부

좌충우돌하며 얻은
합격 꿀팁…
어떻게 준비하나

채용 전형 일반적인 프로세스

임기제공무원 채용 시험이 일반직 공무원 시험과 가장 다른 점은 채용 과정에서 필기시험이 없다는 것이다. 물론 임기제공무원도 지자체에 따라서는 기사 작성 등 필기시험을 치르거나 사진, 영상 촬영, 디자인 분야 등은 포트폴리오를 요구하기도 한다. 하지만 국어, 영어, 헌법 등 일반적인 필기시험이 없다. 특정 분야의 전문 경력을 요구하기 때문에 어쩌면 당연한 것이기도 하다.

임기제공무원 채용 시험의 전형적인 프로세스는 1차 서류전형, 2차 면접전형이다. 필기시험이 없는 대신 1차 서류전형에서 요구하는 사항이 많다.

- **임기제공무원 채용 방법**

> **4. 시험방법**
>
> ○ **1차 시험(서류전형)** : 응시자격 요건의 적합성(학력, 경력요건 등) 심사
> ⇒ 해당 직무수행에 관련된 응시자의 자격·경력 등이 공고된 응시자격의 기준에 대한 적합여부 및 담당예정 직무의 수행적합 여부, 경력 관련 정도 등을 서면심사 하여 합격자 결정
> ※ 응시인원이 <u>**선발예정인원의 3배수 이상인 때에는 3배수 이상의 범위에서 서류전형 합격자를 결정할 수 있음**</u> (지방공무원임용령 제55조 제4항)
>
> ○ **2차 시험(면접시험)** : 1차시험(서류전형) 합격자에 한함
> ⇒ 직무수행에 필요한 능력, 전문지식과 그 응용능력, 공무원으로서의 정신자세 등의 적격성을 상중하로 종합평가

서류전형에서 일반적으로 요구하는 사항은 다음과 같다. 지자체에 따라 여기에 일부를 추가하거나 삭제하는 경우도 있다.

① 응시원서 1부(붙임1/필수) ② 이력서 1부(붙임2/필수) ③ 자기소개서 1부(붙임3/필수) ④ 직무수행계획서 1부(붙임4/필수) ⑤ 서류전형 제출 서류 1부(붙임5/필수) ⑥ 서류전형 자격요건 본인 의견서 1부(붙임7/필수) ⑦ 자격요건 검증을 위한 동의서 및 개인정보 제공 이용동의서 각 1부(붙임8/필수) ⑧ 최종학교 졸업(학위)증명서 1부(필수) ⑨ 경력(재직)증명서(필수) ⑩ 건강보험자격득실확인서 1부(필수) ⑪ 자격증 사본(필수 자격인 경우, 해당자에 한함) ⑫ 각종 대회 수상, 상훈, 우대 사항 등 증빙자료 1부(해당자에 한함)

여기서 요구하는 12가지 사항 중에서 가장 공을 들여 작성해야 하는 것이 '이력서', '자기소개서', '직무수행계획서'이다. 이 중에서도 특히 직무수행계획서는 생소하기도 하고, 어떻게 작성해야 할지 당황스럽기도 할 것이다. 하지만 일정 형식이 있고, 처음 작성할 때가 힘들지 한번 작성해 놓으면 첫 모델을 토대로 지원하는 지자체에 따라서 조금씩 변형하면 된다. 따라서 자기소개서와 직무수행계획서는 처음에 좀 힘들더라도 심혈을 기울여 작성해야 한다.

1. 응시원서, 이력서 등 준비

응시원서와 이력서는 지자체에서 시험공고 때 제시하는 양식에 맞춰 작성하면 된다. 대부분 작성 요령을 제시해 준다.

1) 경력 인정 유효기간… 현직 퇴직 후 3년 또는 10년 주의

임기제공무원 채용 목적은 일반직 공무원이 하기 힘든 '전문 분야', '경력자'를 채용해 실무에 곧바로 투입하기 위한 목적이 가장 크다. 따라서 채용하려는 자의 업무 전문성과 숙련도가 무엇보다 중요하다. 그래서 경력이 있더라도 경력 단절로부터 너무 오래되면 숙련도 등이 떨어지기 때문에 경력 인정 기간에 제한을 두고 있다. 즉, 퇴직 후 일정 기간이 지나면 경력으로 인정되지 않는다는 것이다. 이는 유효기간이 일반임기제는 '퇴직 후 3년', 시간선택제임기제는 '퇴직 후 10년'으로 각각 다르다. 시간선택제임기제는 경력 인정 기간이 일반임기제의 3년에 비해 10년이나 인정해 좀 의아하긴 하다. 그런데 일반임기제는 일반직 공무원과 동일하게 정식 티오(정원)에 포함되고, 일반직 공무원의 승진 자리도 잡아먹어 요건을 강하게 하는 것으로 보인다. 시간선택제임기제는 예산만 편성되면 일반직의 정원이나 승진에는 전혀 영향을 미치지 않는다.

또한 시간선택제임기제로 응시할 경우 자격요건의 '기간'도 주의해서 계산해야 한다. 시간제 근무 경력일 경우(주당 근무시간이 40시간 미만인 경우), 주 40시간을 기준으로 경력기간을 산정해 인정한다. 이는 본인의 근무기간이 4년이라 할지라도 실제 근무시간이 주 20시간이었을 경우 경력 인정 근무기간은 2년으로 밖에 인정받지 못한다는 것이다.

실제로 성남시에서 2023년 2월 모집 요강에서 제시한 경력에 대한 '응시 자격' 기준을 다음과 같이 제시하고 있다. 이는 성남시뿐만 아니라 전국 지자체가 동일하게 이런 기준을 요구하고 있다.

□ **개별 요건**
- ○ 경력요건으로 응시할 경우 관련 분야 **최종경력을 기준으로** 시험공고일 현재 퇴직 후 3년이 경과되지 않아야 함. 단, 시간선택제임기제공무원 및 한시임기제공무원은 퇴직 후 10년이 경과되지 않아야 함 (「지방공무원 임용령」 제17조 제5항)
- ○ 관련분야 경력 인정: **경력증명서상 근무기간과 담당업무가 명시된 경우에 한하여 인정**(경력증명서를 제출하지 않거나 불명확할 경우 불인정될 수 있음)
- ○ 응시자격 기준의 우대사항 증빙자료 제출은 응시자 선택사항이며 증빙자료에 따라 우대할 수 있음
- ○ 시간제 근무자의 경력 인정은 근무시간에 비례하여 경력을 인정함
  예) 4년간 주20시간 시간제 근무: 2년으로 인정 (근무시간 8시간을 1일로 인정)

2) 임기제공무원은 연령 제한 없어 60세도 응시 가능

임기제공무원은 공무원의 정년 제한을 받지 않는다. 즉, 일반직 공무원은 정년이 60세이지만, 임기제공무원은 60세를 넘어서도 근무할 수 있다. 따라서 채용 당시에 60세가 넘어도 응시할 수 있고, 60세 이후에도 정년과 관계없이 근무 가능하다. 저자도 현재 만 60세이지만 현직에 근무 중이고, 계약 연장 시 계속 근무 가능하다. 실제 저자가 2021년 하남시에 재직 당시 나이 70세인데도 5급 임기제공무원으로 근무 중인 분이 있었다. 다음은 행정안전부에서 제시한 정책지원관의 연령 제한 문답풀이에 대한 답변이다. 이는 정책지원관뿐만 아니라 모든 임기제공무원에 공통되는 것이다.

> Q. 정책지원관의 **연령제한**은 없는지?
>
> ○ 임기제가 아닌 일반직 공무원의 경우 법령상 **정년**이 적용되고, 임기제 공무원의 경우 **연령제한을 받지 않음**
>
> ※ (예시) 「지방공무원법」 제66조에 따라 정년은 60세임

3) 자기소개서, 직무수행계획서

자기소개서와 직무수행계획서를 작성할 때 필수적으로 작성해야 하는 키워드를 제시하는 경우도 있고, 아예 작성 틀만 제공하는 경우도 있다. 이때 글씨 크기와 분량을 제시하는 경우가 많다. 보통 자기소개서와 직무수행계획서 모두 각각 2매 또는 3매를 요구한다. 자기소개서와 직무수행계획서 작성 방법은 뒤에서 다시 자세히 설명하겠다.

4) 접수 방법

대부분 방문접수와 우편접수를 병행한다. 우편접수의 경우 원서접수 마감일 18시까지의 우편 소인이 찍힌 것은 마감날 다음에 우편물이 도착해도 마감 전에 접수한 것으로 인정해 준다. 하지만 이를 인정하지 않는 경우도 있을 수 있으니 사전에 확인하는 것이 좋다.

1차 시험: 서류전형

1. 시험 방법… 합격, 불합격 판단 기준은?

 응시자의 자격·경력 및 구비 서류 등에 대해 형식요건을 심사해 합격, 불합격을 결정한다. 즉, 응시자의 자격·경력 등이 채용자격요건에 적합한지 등을 서면으로 심사하여 적격 또는 부적격을 판단하는 것이다. 구체적으로는 임용 예정 분야와 관련성, 경력기간, 직무 관련 자격증, 기타 업무실적을 나타낼 수 있는 객관적인 자료를 기준으로 판단하게 된다.

 다만, 지자체에 따라 응시 인원이 선발 예정 인원의 3배수 이상인 때에는 3배수 이상의 범위에서 서류전형 합격자를 결정하기도 한다(「지방공무원 임용령」 제55조 제4항). 이는 응시자가 많을 경우 적정 면접 인원을 고려해 서류전형 합격자 배수를 결정하는 것이다.

2. 서류전형 합격률은?

처음 임기제공무원에 응시하는 사람은 서류전형에서부터 합격 여부가 불안할 것이다. 일반 대기업의 경우 서류전형에서 과반수 또는 70~80%를 탈락시키기 때문에 면접 대상자가 된 것만으로도 감지덕지하는 경우가 많다. 하지만 임기제공무원의 경우 서류전형에서는 위에서 설명한 것처럼 자격요건만 맞으면 대부분 합격시킨다.

다만, 응시자가 많을 경우 면접전형의 편의를 위해 응시 인원이 선발 예정 인원의 3배수 이상인 때에는 3배수 이상의 범위에서 서류전형 합격자를 결정하기도 한다. 이때는 서류전형에서도 탈락자가 많이 나올 수 있는데, 이런 경우는 매우 드물다. 저자의 경우 수십 군데의 전형에서 서류전형은 단 1곳을 빼고는 모두 합격했다. 그 1곳이 2024년 1월 발표했던 헌법재판소 홍보 분야 일반임기제공무원 5급(사무관) 서류전형 합격자 발표 때였다. 보도자료 작성 분야로 5급 사무관 1명을 채용하는 공고였는데, 서류전형 합격자 5명 중 가장 마지막 응시번호가 34번인 것을 보면 전체 35명 내외가 응시했던 것으로 추정된다. 응시 인원이 35명이라고 가정했을 때 경쟁률이 35:1이었던 셈이다. 이런 경우는 설령 저자가 서류전형에서 합격했다 하더라도 최종 합격자 1인에 들어갈 가능성은 거의 없다고 봐야 할 것이다. 차라리 1차에서 불합격시켜 준 것이 괜한 기대감 안 갖게 하고, 2차 면접시험 응시의 수고를 덜어 준 셈이다.

헌법재판소의 경우 우리나라 최고의 사법기관이고 서울에서 근무하는 데다, 채용 직급도 5급이어서 경쟁률이 높을 수밖에 없었다. 모르기는 해도 응시자들 또한 스펙이 쟁쟁했을 것으로 추측된다. 이런 특이한 케이스가 아니고는 서류전형에서는 자격요건상 결격사유만 없다면 거의 100% 합격한다.

실제 서류전형 합격자 발표 사례를 보면 대부분 100% 합격한다는 것을 알 수 있다. 그 사례를 실제 서류전형 합격자 발표 공고문을 통해 살펴본다(응시번호 끝자리가 최종 접수자라고 추정함).

아래 합격자 발표 공고문에서 보는 바와 같이 서류전형은 △광주시의회 '정책지원관' 및 '사진 촬영 및 편집' 100% 합격 △부산광역시 '사서직' 100% 합격 △대구광역시 달서구는 5개 분야는 100%, '미디어홍보'는 4명 지원 3명 합격이란 것을 알 수 있다. '주택관리사' 분야는 1명이 지원해 1명이 합격했는데, 이는 응시자 부족(1명 채용 시 최고 2명 이상 응시해야 함)으로 추후 재공고하게 된다.

반면, 서울시 종로구의 '학예 분야'는 전체 10명이 지원해 6명이 합격했다. 서류전형에서 대부분 합격하지만, 응시자가 많을 경우 면접 편의를 위해 합격자를 조정하기도 한다. 이는 응시 인원이 선발 예정 인원의 3배수 이상인 때에는 3배수 이상의 범위에서 서류전형 합격자를 결정할 수 있다는 「지방공무원 임용령제(55조 제4항)」에 따른 것이다. 따라서 서류합격에서 불합격할 것이라는 불안은 떨쳐 버리고, 2차 면접전형에 전력투구하는 것이 현명한 처사라고 할 수 있다. 응시 자격이 됨에도 불구하고 서류합격자 발표에서 탈락한 것은 응시자가 많고, 스펙들 또한 좋아 면접전형에 가더라도 탈락할 확률이 높으니 너무 아쉬워할 필요는 없다.

▪ 서류전형 합격자 발표 사례

2024년 6월 5일
광주시의회인사위원회위원장

1. 서류전형 합격자 17명 [면접시험 대상자 17명]

○ 정책지원관 [지방행정주사보(일반임기제7급)]
  01 김○미 02 오○은 03 고○혁 04 오○길 05 유○창 06 이○호
  07 이○훈 08 최○영 09 진○혁 10 김○재 11 지○주 12 이○우
  13 양○석   - 이상 13명 -

○ 사진촬영 및 편집 (지방시간선택제임기제 라급)
  01 강○윤 02 임○훈 03 원○일 04 백○윤   - 이상 4명 -

2024년 5월 31일
부산광역시 사상구인사위원회위원장

1. 서류전형 합격자

응시분야	합격자 명단(응시번호 순)		
사서 (어린이북합 문화공간)	101 김○현	102 정○나	103 김○윤
	104 강○정	105 오○애	106 정○에

□ 서류전형 합격자 명단

임용분야(직급)	응시번호
천체과학관 (지방행정주사보)	2024-05-01, 2024-05-02, 2024-05-03, 2024-05-04, 2024-05-05, 2024-05-06 2024-05-07 (7명)
주택관리사 (지방행정주사보)	2024-06-01 (1명)
사회복지사 (지방시간선택제임기제 마급)	2024-07-01, 2024-07-02, 2024-07-03 (3명)
작업치료사 (지방시간선택제임기제 마급)	2024-08-01, 2024-08-02 (2명)
간호사 (지방시간선택제임기제 마급)	2024-09-01, 2024-09-02 (2명)
미디어 홍보 (지방행정주사)	2024-10-01, 2024-10-02, 2024-10-04 (3명)

1. 서류심사 합격자 명단 서울특별시 종로구 인사위원회위원장

○ 시간선택제임기제'라'급 : 6명   2024년 6월 4일

응시분야	응시번호	성 명	면접시간
시간선택제임기제 라급 (학예분야)	2024-1	신 O	
	2024-2	정OO	
	2024-5	조OO	10:00~12:00
	2024-6	김OO	
	2024-9	최OO	
	2024-10	신OO	

3. 자기소개서, 직무수행계획서의 중요성

자기소개서와 직무수행계획서는 1차 서류전형에서 합격을 좌우하는 요소는 아니지만, 2차 면접전형에서 가장 큰 영향을 미치므로 많은 공력을 들이고 신중하게 작성해야 한다. 이는 면접위원들이 피면접자에게 질문을 할 때 자기소개서와 직무수행계획서를 중심으로 질문 소재를 찾기 때문이다. 따라서 자기소개서와 직무수행계획서를 작성할 때는 면접장에서의 질문까지도 염두에 두고 작성해야 한다. 즉, 자기소개서와 직무수행계획서를 통해 자신의 강점과 전문 경력 등을 강하게 어필하되, 한편으로는 그 속에 면접장에서 면접위원들의 질문거리까지도 함축하고 있으면 가장 좋겠다.

그리고 지원자가 많아서 1차 서류전형에서 일정 수를 걸러 낼 경우에는 자기소개서와 직무수행계획서를 어떻게 잘 작성했느냐가 판단 기준이 될 수도 있다. 그런 면에서 자기소개서와 직무수행계획서는 최상의 노력을 기울여 정성껏, 전략적으로 작성해야 한다.

1) 자기소개서

(1) 자기소개서의 역할

자기소개서는 말 그대로 자신을 짧게 소개하는 글이다. 자신이 해당 지자체에서 필요로 하는 가장 적합한 인재임을 어필하고, 그 직무에서 요구하는 역량과 최상의 성과를 낼 수 있음을 강조해야 한다. 아울러 해당 지자체의 발전을 위해 함께 일하고 싶다는 확고한 의지를 나타내야 한다.

인터넷 쇼핑몰에 비유하자면 자기소개서는 일종의 제품설명서 역할을 한다. 입장을 바꿔 생각해 보자. 여러분이 인터넷 쇼핑몰에 들어가서 특정 상품을 고르려고 하는데, 수많은 물건이 있다고 하자. 그때 어떤 상품에 구매 의욕이 가겠는가? 소비자가 원하는 니즈를 파악하고, 그에 맞는 제품 설명을 하고, 다른 제품과 차별화해서 이 상품만의 특장점을 잘 설명해 줘야 선택을 받지 않겠는가. 그런데 설명이 너무 장황하고 핵심이 없다면 바쁜 소비자는 다른 상품으로 눈을 돌리고 말 것이다. 따라서 상품설명서는 소비자의 니즈를 정확히 파악해서 간결하면서도 핵심적인 내용으로 소비자의 구매 욕구를 충족시켜 줘야 할 것이다.

자기소개도 이와 마찬가지다. 면접위원들은 면접장에서 여러 피면접장 중 1명을 선택해야 한다. 그러기 위해서는 자기소개서를 통해 피면접자의 △성장 과정 및 성품 △공직 적합성 △주요 경력 △업무 능력 등을 자세히 파악하고자 할 것이다. 그런데 자기소개서만으로는 잘 알기 힘드니까 면접장에서 질문을 통해서 자기소개서의 진실성 유무, 실제 성품, 업무 전문성 등을 구체적으로 파악하고 확인하고자 하는 것이다.

(2) 자기소개서 작성 기본 수칙

앞서 설명했듯이 자기소개서는 면접장에서 질문의 근거자료가 된다. 따라서 호기심을 유발하고, 읽기 쉽게, 간결하게 작성해야 한다. 그리고 추상적이고 두루뭉술한 표현보다는 구체적인 사항을 중심으로 서술해야 한다. 다른 피면접자와 자신만의 차별화 요인도 중요하다. 반면, 과장하거나 허위 사실을 표기해서는 절대 안 된다. 면접위원이 과장 또는 허위 사실을 의심하고 면접장에서 확인 질문을 했을 때 면접자가 당황하거나 사실과 다른 대답을 할 때는 심각한 불합격 요인이 된다. 이는 다른 면접위원(전체 5명)의 과반수가 동일한 평정요소에 대해 '하'로 평정한 때에는 '불합격' 기준이 된다는 점을 명심해야 한다.

고용노동부 워크넷에서 제시한 자기소개서 작성 시 준비 과정 및 점검 사항을 소개하니 참고하기 바란다. 이는 주로 사회 초년생인 대학생 대상의 자기소개서 작성 기준인데, 임기제공무원 취업자들도 자신의 상황에 맞춰 참고하면 많은 도움이 될 것이다.

자기소개서 준비하기

1. **정보 탐색** 지원 직무의 필요 역량과 비전, 회사 주력 제품(상품, 서비스) 및 최근 뉴스 등 정보 수집
2. **보유한 직무 역량 정리** 교육 및 자격증 취득, 직무 수행을 위한 노력과 성과 정리
3. **직무 및 인성 경험 정리** 활동 기간, 활동 내용, 담당업무, 관련 역량 등을 연대기로 정리
4. **직무 비전 세우기** 직무 비전과 입사 후 단계별 성장 목표 세우기

자기소개서 작성 시 점검 사항

점검 항목	
01. 자기소개서는 **면접의 근거자료**가 되는 것을 기억하자.	☐
02. 원하는 **직무를 먼저 이해**해야 한다.	☐
03. **기업이 원하는** 성향과 역량 파악은 필수이다.	☐
04. 경험에 대해 **구체적**으로 작성하자.	☐
05. 부풀린 내용 없이 **진정성** 있게 작성하자.	☐
06. **인사담당자가** 읽기 편하게 문장의 길이가 길어지지 않도록 하자.	☐
07. 다른 지원자와 차별화된 **나만의 이야기**를 쓰자.	☐

(3) 어떻게 작성해야 할까

자기소개서 분량은 대부분 A4 용지 기준으로 2매 또는 3매 이내로 작성할 것을 요구한다. 글씨 크기는 12~15포인트로 각각 다른데, 특별히 언급하지 않으면 12포인트 또는 13포인트 정도가 적당하다고 본다. 쓸 내용이 아주 많으면 12포인트, 그렇지 않으면 13포인트가 가독성 측면에서 좋다고 생각한다. 면접위원 중에는 50대도 많다는 것을 감안하면 13포인트가 적당하다.

면접위원들이 면접장에 들어오기 전에 피면접자의 이력서, 자기소개서, 직무수행계획서를 미리 보는 것은 아닌 것 같다. 이는 저자가 면접장에 일찍 도착해서 시간이 남아 해당 지자체 카페에서 차를 마시고 있는데, 일찍 도착한 면접위원들로 추정되는 사람들이 차를 마시며 이야기하는 것을 보았기 때문이다. 이후 면접장에서 마주한 사람들이(카페에서 정확한 얼굴은 못 보았지만) 느낌상 그들인 것으로 보였다. 실제 저자가 신문사 근무 당시 면접위원으로 참여했을 때도 피면접자를 대면하기 10분 전쯤에야 해당 면접자의 면접자료를 받아 볼 수 있었다.

이는 면접위원들도 면접자료를 검토하는 시간이 불과 10분 정도밖에 안 되기 때문에 짧은 시간에 내용을 파악할 수 있도록 자기소개서 작성 시 가독성을 높여야 한다는 것을 의미한다.

그리고 유의할 것은 이력서에 표기한 내용과 자기소개서에 기술하는 내용이 일치해야 한다. 그렇지 않으면 사실과 다른 내용으로 오해를 살 소지가 있다. 경력 및 직무성과의 경우 이력서에 기재한 경력별로 구분해 세부적으로 작성해야 한다.

특히 자기소개서 작성 시 학교명, 출생지, 부모 직업 등 개인 신상을 직

·간접적으로 알 수 있도록 기재할 경우 불이익(감점)을 받을 수 있다는 점도 명심해야 한다. 이는 각 지자체마다 자기소개서 작성 요령에서 주의 사항으로 밝히고 있기도 하다.

각 지자체에서는 자기소개서 양식을 제공하기도 하고, 자유 양식으로 작성하도록 하기도 한다. 자기소개서 양식을 제공하는 경우 △지원동기 △성장 과정 △경력 및 직무기술 △기타 사항 등으로 제시하는 경우가 많다. 이를 기반으로 해당 항목에 자신을 어필할 수 있는 내용을 핵심 내용 위주로 간결하게 작성해야 한다.

자기소개서를 작성할 때 문체를 경어체로 해야 할지, 아니면 개조식 문체로 해야 할지 궁금할 수가 있다. 정답은 없지만, 저자의 경우 자기소개서는 겸손하게 자신을 소개하는 차원에서 경어체로, 직무수행계획서는 간단명료하게 보고서 형식의 개조식 문장으로 작성했다.

고용노동부 워크넷 홈페이지에 올라와 있는 자기소개서 작성 시 핵심 구성요소를 소개하니 참고하기 바란다.

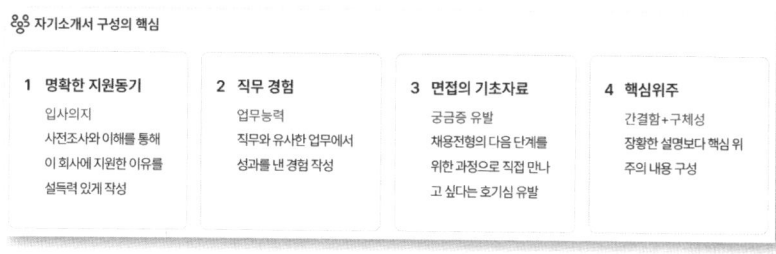

※ 출처: 고용노동부 워크넷 홈페이지

(4) 실제 작성 사례

지금까지 자기소개서 작성 요령에 대해 자세히 설명했다. 하지만 막상 자기소개서를 작성하려면 어떻게 해야 할지 막막할 수 있다. 저자도 처음에는 자기소개서 작성이 힘들었다. 하지만 여러 기관에 응시하면서 계속 다듬어 가다 보니 일정 틀이 형성됐다. 여기에 주변 사람들에게 자문을 구하면서 현재의 틀을 갖추게 됐다.

하지만 저자의 자기소개서는 어디까지나 저자에 국한된 것이다. 저자의 자기소개서를 사례로 제시하기는 하지만, 부끄러운 점이 많다. 완벽하지도 않고 모델로 삼을 만한 수준도 아니다. 하지만 처음 자기소개서를 작성하는 이들에게 나침판이 되도록 하고자 부끄러움을 무릅쓰고 소개하는 것이니 단지 참고만 하시기 바란다. 이를 토대로 자신에 맞는 자기소개서를 만들어 나가면 될 것이다.

다음에 소개하는 자기소개서는 저자가 각 지자체의 [보도자료 작성] 분야와 경기도의회 [정책지원관] 모집 임기제공무원 채용에 제출했던 것을 소개한다. 실제 체감 효과를 위해 특정 사실만 '○○' 처리하고, 당시 제출했던 양식과 내용 그대로 복사해서 첨부한다. 하나의 사례로 참고해서 이보다 더욱 훌륭하게 각자 자신이 응시하는 분야에 맞춰 수정·보완해 나가기 바란다.

참고로 먼저 소개하는 '보도자료 작성' 분야는 2024년 저자 나이 만 60세에, 다음에 소개하는 '정책지원관' 분야는 2023년 만 59세에 지원해 서류전형과 면접전형 모두 최종 합격한 것이다.

▪ 가평군청 임기제공무원 [보도자료 작성] 분야 제출 자기소개서(2024. 3.)

자 기 소 개 서

응시분야	보도자료 작성	응시직급	행정7급(일반임기제)	성명	ㅇㅇㅇ

지원동기

ㅇㅇ신문사에서 <ㅇㅇ신문> 기자로 30년 동안 사명감을 갖고 보람 있게, 즐겁게 일했습니다. 저의 이러한 30년 기자경력과 ㅇㅇ시청 공보팀 실무경력, 그리고 현재 ㅇㅇ도의회 공직 경력을 ㅇㅇ군에서 적극 펼치고자 보도자료 작성 임기제 공무원에 지원합니다.

주요경력 및 특기사항

■ 성실과 신의는 제 인생의 모토 … 대학 '학보사(學報社)'에서 기자 꿈

저는 10여 년 전 작고하신 아버님을 세상에서 가장 존경합니다. 비록 초등학교 학력이 전부였지만 지혜롭고, 신의를 생명처럼 여긴 분이셨습니다.

아버님의 성실한 인생관은 지금도 제 인생의 모토가 되고 있습니다. 그 덕에 학창시절은 물론, 직장에서도 성실한 직원으로 인정받을 수 있었습니다.

대학시절 '학보사'에서 학생기자로 활동하면서 기자를 꿈꿨습니다. 이에 19ㅇㅇ년 ㅇㅇ 전문기자직 공채에 합격해 계열사인 ㅇㅇ신문사로 발령 받았습니다. 이후 ㅇㅇ신문사에서 기자로 30년 동안 근무한 후, 20ㅇㅇ년 12월 31일 논설실장을 끝으로 명예퇴직 했습니다.

ㅇㅇ신문사는 1964년 ㅇㅇ회 계열사로 출범했고, <ㅇㅇ신문>은 국내 160여개 일간신문 중 유료 발행부수 ==위의 종합언론입니다.

[경력 및 직무성과]

■ '주경야독' 하며 쉼없이 노력 … 2개의 석사 및 박사학위 취득

기자로 근무 중 주경야독해 2개의 석사학위(언론학 석사, 사회복지학 석사)와 경영학 박사 학위를 취득했습니다.

기자로서도 열심히 활동해 농산업 발전에 기여한 공로로 **국무총리 표창**(ㅇㅇ년)과 **농림축산식품부장관 표창**(ㅇㅇ년)을 받았습니다. 대학생 때 받은 **법무부장관 표창**(ㅇㅇ년)도 법률봉사활동을 성실하게 수행해 받은 것입니다.

■ 기자생활 중 농어촌문제 심층취재 … '타조사육' 분양업자 사기 고발

본인의 대표적인 탐사보도는 1990년대 후반 타조 분양이 과열 붐을 이룰 때 이를 심층취재해 분양업자들의 사기를 고발한 것입니다. 당시 잠입취재까지 하면서 분양업자들의 과장광고와 '함정'을 속속들이 파헤쳐 농가당 1억원 이상의 피해를 예방하는데 기여했습니다.

사회부장 시절에는 4명의 기자로 기획취재팀을 꾸려 '떴다방'의 노인상대 사기 행태를 <ㅇㅇ신문>에 20ㅇㅇ년 2월 10회에 걸쳐 심층 보도했습니다. 이 보도는 한국기자협회 '이달의 기자상' 후보로 올라가는 등 사회적 반향을 크게 일으켰습니다.

■ ㅇㅇ군 '정책자문위원' 활동 … 경기도 공공기관 ㅇㅇ군 유치 총력 지원

본인의 터전인 ㅇㅇ군 발전을 위해 20ㅇㅇ년 5월 ~ 20ㅇㅇ년 4월까지 2년 동안 ㅇㅇ군 '정책자문위원'으로 위촉돼 활동하면서 지역사회에 일익을 담당했습니다.
특히 20ㅇㅇ년 3월 경기도 주요 공공기관 이전 방침 발표 이후 이들 **공공기관을 ㅇㅇ군에 유치하기 위해** 수차례 논리와 당위성을 강조한 호소문을 작성하며 **언론활동에 앞장섰습니다.**

■ 퇴직 후 30년 기자경력 살려 'ㅇㅇ시청 공보팀'에서 근무

언론사 퇴직 후 20ㅇㅇ년 8월부터 ㅇㅇ년 동안 ㅇㅇ시청 공보팀에서 **보도자료를 통해 시민들과 소통을 강화하고 시정을 효과적으로 알리는 업무를 수행했습니다.** 저의 30년 기자 경력을 활용해 소위 '읽히는 보도기사' 작성으로 최상의 '맞춤형' 홍보에 최선을 다했습니다.
일례로 주민과 시장님이 직접 만나는 '이동시장실'이나 중요한 '현장설명회' '토론회' 등은 **직접 취재하고 보도자료를 작성해 현장성을 높였습니다.** 특히 『ㅇㅇ시장, MZ세대와 '치맥'으로 허심탄회하게 소통』 보도자료의 경우 현장성 있는 생생한 기사로 언론의 주목을 받았습니다.

■ 보도자료도 '상품' … 소비자인 시민과 언론사 니즈 반영 중요

보도자료가 생명력을 얻으려면 언론사가 이를 채택하고, 독자가 읽어줘야 합니다. 그러려면 보도자료도 매장 판매대의 제품처럼 소비자 니즈에 맞춰 '상품성'을 높여야 합니다.
이를 위해 저는 해당 부서에서 올라 온 평범한 보도자료를 중요 논점 위주로 재가공해 언론사가 선호하는 '정보성'과 시민들이 필요로 하는 '실생활에 유익한' 보도자료 제공에 주력했습니다.
일례로, 보건소의 '건강증진 프로그램'이나 도서관의 '명사 특강' 등의 경우 담당자는 사업이 끝난 후 성과보고 차원에서 보도자료를 올리는 경우가 많습니다. 저는 이를 개선해 행사 전 자료를 받아 시민 입장에서 궁금증을 추가 취재해 보도자료를 작성·배포함으로써 시민참여율을 높였습니다.

■ 보도자료 제목 차별화, 공직자 글쓰기 특강 큰 호응

특히 보도자료 작성 후 제목과 부제를 신문사 편집기자처럼 세련되게 뽑아 보도자료의 상품성을 높였습니다. 일례로 시청 월례 조회에서의 '토크 쇼'를 『ㅇㅇ시의 '톡톡' 튀는 이색 토크 쇼』라는 제목으로 관심을 부각시켜, **시장님도 보도자료 내용과 제목이 좋다고 칭찬했습니다.**

또한 ㅇㅇ시청 공보팀 재직시 보도자료 작성에 애로를 느끼는 실무자들을 위해 ㅇㅇ시청에서 2시간에 걸쳐 '보도자료 작성 및 글쓰기 기본'이란 주제로 특강을 했습니다.
특강은 110여명이 참석하고, 하반기에도 강의를 요청하는 등 큰 호응을 얻었습니다.

■ **현재 'ㅇㅇ도의회 정책지원관' 근무 … 의정홍보 차별화 '선도'**

지난해 5월부터는 ㅇㅇ도의회 정책지원관(일반임기제 6급)으로 근무중입니다. 의회에서도 의원의 의정활동에 필요한 **각종 보도자료와 연설문, 질의자료, 기고문 등을 기자적 감각으로 논리적이고 설득력 있게 제공**해 큰 호응을 얻고 있습니다.

정책지원관의 주요 직무는 의원의 ▲각종 의정활동 보도자료 및 연설문·질의자료 등 작성 ▲조례 제·개정안 초안 작성 및 입법정책 검토 ▲의원의 행정사무감사 질의 및 예산·결산 심의자료 수집·분석 지원 등입니다.

의회에서 의정활동 지원 업무는 글로 제공해야 하는 일이 80% 이상을 차지합니다. 저의 가장 큰 강점인 글쓰기 능력을 적극 활용해 효과적인 의정지원으로 큰 호응을 얻고 있습니다.

기 타 사 항

■ **ㅇㅇ군 공보업무 전국 최고수준으로 '격상' 약속**

저는 영화 『인턴』을 좋아합니다. 주인공은 고위직으로 정년퇴직 후 인턴으로 다시 회사에 입사해 젊은 직원들과 함께 성장해가며 조직의 활력소가 됩니다. 저 또한 영화 속 주인공처럼, 30여년의 전문성과 경륜으로 언론 및 군민과의 소통에 적극 앞장서겠습니다.

ㅇㅇ군은 수도권 최고의 청정지역으로서 특별한 문화와 아름다움을 지니고 있습니다. 그리고 **현재는 물론 미래에도 제가 살아갈 터전**이기도 합니다. 이러한 ㅇㅇ군을 위해 저의 30여년 언론사 기자 및 ㅇㅇ시 공보팀에서의 실무경력이 소중하게 쓰일 기회를 주시기 바랍니다. **ㅇㅇ군의 홍보 및 공보업무를 전국 최고 수준으로 격상시키겠습니다.**

20ㅇㅇ. ==. ==. 작성자 : ㅇㅇㅇ   (인/ 서명)

※ 분량은 A4 용지 3매 이내로 작성
※ 경력 및 직무성과의 경우 이력서에 기재한 경력별로 구분하여 세부적으로 작성
※ **(유의사항)** 작성 시 학교명, 출생지, 부모직업 등 개인 신상을 직·간접적으로 파악할 수 있도록 기재할 경우 불이익(감점)을 받을 수 있습니다.

▪ 경기도의회 임기제공무원 [정책지원관] 분야 제출 자기소개서(2023. 4.)

자 기 소 개 서

지 원 동 기	
■ 30년 기자경력+시청 공직 경력…도의회와 도민 소통에 앞장
기자 생활을 하면서 사회문제를 취재하고 대안을 제시해 문제점이 개선되는 것에 **큰 보람**을 느꼈습니다. **정책지원관**도 의회에서 의원님을 도와 **지역사회 문제를 발굴**하고 조례제정 등을 통해 문제를 **개선**해 나갈 수 있다는 점에서 **보람이 크다**고 생각합니다.
이에 30년의 기자경력과 현직 ○○시청에서의 공직 경력 등을 의미 있게 활용하고, 도의회와 지자체·도민이 유기적으로 소통하는데 기여하고자 정책지원관에 지원합니다.	

성 장 과 정	
■ 성실과 신의는 제 인생의 모토…대학 학보사에서 기자 꿈 키워
저는 10여 년 전 작고하신 아버님을 세상에서 가장 존경합니다. 비록 초등학교 학력이 전부지만 세상 그 누구보다 지혜롭고, 신의를 생명처럼 여긴 분이셨습니다. 아버님의 성실한 인생관은 지금도 제 인생의 모토가 되고 있습니다. 그 덕에 학창시절은 물론, 직장에서도 성실한 직원으로 인정받을 수 있었습니다.
대학시절 **학보사**에서 **학생기자**로 활동하면서 기자를 꿈꿨습니다. 이에 19○○년 ○○회 전문기자직 공채에 합격해 계열사인 ○○신문사로 발령 받았습니다. 이후 ○○신문사에서 기자로 30년 동안 근무하다 20○○년 논설실장을 끝으로 명예퇴직 했습니다.
○○신문사는 1964년 ○○회 계열사로 출범해 올해 창사 59주년이 됩니다. 국내 160여개 일간신문 중 유료 발행부수 ==위인 <○○신문>과 <○○방송>을 운영하는 종합언론사입니다.	

경력 및 직무기술	※ 최대한 구체적으로 작성
■ 부족함 채우려 '주경야독' 하며 끊임없이 노력
　기자로 근무 중 주경야독 하면서 **언론학 석사와 사회복지학 석사, 경영학 박사 학위**를 받았습니다.
　기자로서도 열심히 활동해 농산업 발전에 기여한 공로로 **국무총리 표창(20○○년)**과 **농림축산식품부장관 표창(20○○년)**을 받았습니다. 국무총리 표창은 20○○~20○○년 정부과천청사 출입기자 활동 당시 출입기자단의 공동추천으로 받아 더욱 기뻤습니다. 대학생 때 받은 **법무부장관 표창(19○○년)**도 법률봉사활동을 성실하게 수행해서 받은 것입니다.

■ 심층취재·보도 주력…정책지원관으로서 지역현안 파악·대안제시 '적합'
　본인의 대표적인 탐사보도는 19○○년대 후반 타조 분양이 과열 붐을 이룰 때 이를 **심층취재** 해 **분양업자들의 사기를 고발**한 것입니다. 분양업자들의 과장광고와 '함정'을 속속들이 파헤쳐 **농가당 1억원 이상의 피해를 예방**하는데 기여했습니다.
　20○○년 사회부장 시절에는 4명의 기자로 기획취재팀을 꾸려 **'떴다방' 내부에서 벌어지는 노인상대 사기를** <○○신문>에 10회에 걸쳐 생생하게 **심층 보도**했습니다. 이 보 | |

- 1 -

도는 한국기자협회 '이달의 기자상' 후보로 올라가는 등 사회적 반향을 크게 일으켰습니다.
특히 20ㅇㅇ년 'ㅇㅇ군 정책자문관'으로서 서울로 출퇴근하는 ㅇㅇ군민들이 잠실역 노상 버스승차장에 승객 편의시설이 없어 수십년 째 겪는 불편을 생생하게 조사하고, 군에 적극 건의해 대책을 마련했습니다. 이는 ㅇㅇ군의회에도 전달돼 **의원의 '5분 자유발언'** 등을 통해 2,000만원을 들여 **잠실역 버스 승차장 쉘터를 설치하는 데 주도적인 역할을** 했습니다.
기자로서의 이 같은 **탁월한 문제 파악 능력과 취재 및 대안제시 능력**은 정책지원관으로서 의원님의 지역구 현안문제를 파악하고 이를 조사해 조례제정 및 개정 등을 통해 대안을 제시하는 데 큰 도움이 될 것입니다.

■ **30년 기자경력과 ㅇㅇ시청 공보팀 실무…최상의 '맞춤형' 정책지원 가능**

저는 현재 ㅇㅇ시청 공보팀에서 보도자료를 통해 시민들과 소통을 강화하고 시정을 효과적으로 알리는 업무를 하고 있습니다.
저의 30년 기자 경력을 활용해 소위 '읽히는 보도자료' 작성에 최선을 다하고 있습니다. **나이를 떠나 겸손과 실무능력을 강점으로 젊은 직원들과 조화를 이뤄 최상의 성과를** 내고 있습니다.

■ **팀원과 화합하며 업무성과 높여 성과연봉 평가 'A등급' 받아**

부서에서 직원간의 화합은 물론 업무면에서도 높은 성과와 능력을 인정받아 **올해 성과연봉 평가에서 상위등급인 'A등급'**을 받았습니다.
저는 **영화 『인턴』**을 감명 깊게 보았습니다. 정년퇴직 후 다시 회사에 입사한 영화 속 주인공 벤처럼 30년 언론사 전문지식과 인생경험을 바탕으로 **직장 후배들의 따뜻한 동료이자 길잡이**가 되고자 노력하고 있습니다.

■ **국회 출입기자 및 공직 경험…광역의회와 공직사회 이해도 높아**

20ㅇㅇ~20ㅇㅇ년까지 2년 동안 국회 출입기자를 하면서 국회의 운영 시스템과 역할, 국회의원들의 활동상을 잘 이해하고 있습니다. 이에 앞서 20ㅇㅇ~20ㅇㅇ년까지 3년 동안 ㅇㅇ부 출입기자로 활동하고, 현재는 ㅇㅇ시청에서 임기제 공무원으로 근무하고 있어 공직사회 시스템에 대한 이해도가 높습니다.
따라서 본인은 국회의 축소판이라고 할 수 있는 경기도의회에서 의원님들의 의정자료 수집·조사·연구 지원 등 정책지원관 업무에 최적화 돼 있다고 자부합니다.

■ **경기도의회 도약발전에 발맞춰 최상의 정책지원 다짐**

경기도는 대한민국의 성장동력을 견인하는 국내 최고·최대의 핵심 광역지자체입니다.
이에 경기도와 도의회의 무한한 성장 잠재력에 걸맞게 30년 기자경력과 현직 공보팀 실무경력을 통해 정책지원관으로서 최상의 업무 지원을 약속드립니다.

기 타 사 항	

2023. ㅇㅇ. ㅇㅇ. 응시자: ㅇㅇㅇ

2) 직무수행계획서

(1) 직무수행계획서란?

임기제공무원 채용 서류를 준비할 때 가장 막막하고 두려운 게 직무수행계획서일 것이다. 직무수행계획서는 말 그대로 본인이 해당 기관에 들어가서 ○○직종에서 ○○업무에 대해 어떻게 일을 할 것이고, 그 결과 어떠한 성과를 낼 것인가를 기술하는 것이다. 그런데 해당 업무에 대한 경력과 전문적인 지식은 있지만, 실제 그 기관에서 근무해 본 경험이 없는 상황에서 이를 구체적으로 기술한다는 것은 애초부터 힘든 일이다. 그럼에도 불구하고 면접위원들이 피면접자에게 질문을 할 때 자기소개서와 직무수행계획서를 중심으로 질문 소재를 찾기 때문에 대충 작성할 수도 없다. 힘들지만 면접장에서의 질문까지도 염두에 두고 최대한 정성껏, 그리고 전략적으로 작성해야 한다.

(2) 직무수행계획서의 종류

직무수행계획서는 성격상 두 가지가 있다. 하나는 기관의 임원급, 책임자급으로 가는 사람들이 작성하는 것이고, 다른 하나는 우리 같은 임기제공무원에 채용되기 위해 작성하는 것이다.

첫째 유형, 즉 기관의 임원급이나 책임자급들이 작성하는 직무수행계획서는 매우 디테일하게 작성해야 한다. 예를 들면 삼성전자 반도체 사업부 ○○분야 책임자급 임원에 지원하는 경우다. 이런 경우 높은 연봉과 지위가 보장되는 만큼, 그 기관에 들어가서 책임자로서 특정 사업을 수행하면서 실제로 가시적인 사업성과를 창출해 내야 한다. 채용자 입장에서도 이 사람이 들어와서 실제로 그 사업을 수행할 능력이 있는지, 그리고 실제로 높은 성과를 낼 수 있는지를 직무수행계획서를 보고 판단하는 것이다. 따라서 그런 경우의 직무수행계획서는 언제까지 어떠한 방법으로 얼마의 성과를 낼 것인지에 대해 구체적이고 계량화된 수치로 제시해야 한다.

둘째는 우리 같은 임기제공무원들이 내는 직무수행계획서이다. 첫째 유형의 직무수행계획서와 가장 큰 차이점은 영업이익을 목적으로 하지 않는다는 것이다. 그리고 특출난 사업성과를 요구하는 것도 아니다. 왜냐하면 공무원으로 채용되는 것이고, 우리가 지원하는 직급이 보통 6급 또는 7급이기 때문에 엄청난 책임성이 요구되는 것도 아니다. 그저 본인의 전문성을 바탕으로 일반직 공무원들이 잘하지 못하는 업무를 성실하게, 잘 수행해 내면 되는 것이다. 따라서 기업체에서 임원급을 뽑을 때 제출하는 직무수행계획서와 같은 엄청난 수준을 요구하는 것이 아니라는 점에서 너무 부담을 가질 필요는 없다.

(3) 어떻게 작성해야 할까

직무수행계획서는 앞서 설명한 대로 본인이 해당 기관에 들어가서 ○○직종에서 ○○업무에 대해 어떻게 일을 할 것이고, 어떠한 성과를 낼 것인가를 기술하면 된다. 그것을 그냥 막연하게 기술하는 것이 아니고, 본의의 경력 및 역량, 전문성을 바탕으로 해당 업무를 수행하고 성과를 높이겠다는 것을 적시하면 된다.

직무수행계획서를 잘 작성하려면 본인의 경력과 역량도 중요하지만, 해당 기관의 조직문화와 현안 사항, 본인이 담당할 업무의 특성, 지금까지의 업무 방식 등을 정확히 파악하고 분석해야 한다. 이 같은 정보를 바탕으로 자신의 경력과 전문성을 활용해서 지금보다 더 나은 성과를 어떻게 달성할 것인지를 설명하면 된다. 공무원 조직은 무슨 혁신적인 방법을 동원해서 기상천외한 성과를 내는 것을 바라지는 않는다. 오히려 조직 친화적이고 무난한 인재를 원한다.

따라서 앞서 언급한 것처럼 해당 업무에 대해 경력과 전문성을 바탕으로 실무적인 일을 다른 경쟁자보다 본인이 더욱 훌륭하게 잘 해낼 수 있다는 것을 강조하면 된다. 중요한 것은 자신의 경력과 전문성을 해당 업무와 유기적으로 접목시켜 실제적으로 업무성과를 높일 수 있는 비전을 제시하고, 확신시켜 줘야 한다는 점이다. 그냥 추상적으로 두루뭉술하게 해서는 설득력이 없어, 면접 과정에서 다른 후보자에게 밀릴 수밖에 없다.

지자체에 따라서는 '채용 분야 직무기술서'를 제시하기도 한다. 이는 채용이 되면 어떠한 업무를 하게 되니, 그 직무에 자신이 적합한지를 판단하고 직무수행계획서 작성 시 참고하라는 것이다. '채용 분야 직무기술서'에는 '주요 업무', '필요역량', '필요지식', '자격 및 경력요건' 등을 제시하고 있다.

결론적으로 직무수행계획서는 해당 업무를 정확히 분석해서 자신의 경력과 전문성을 접목시켜 어떻게 성과를 높일 것인지에 대한 비전을 제시하는 것이다. 즉, 가장 좋은 직무수행계획서는 해당 직무수행계획과 기대되는 성과가 그림을 보듯 명료하게 그려지는 것이다. 직무수행계획서는 자신의 전문성과 역량이 해당 직무를 수행하는 데 충분하다는 것과, 어떻게 차별화해서 성공적으로 수행할지를 보여 주면 된다. 그리고 전략적으로 자신의 직무수행계획서를 보고 면접위원들이 자신이 원하는 질문을 해 준다면 훌륭한 직무수행계획서라고 본다.

(4) 직무수행계획서 작성 실제 사례

이론적으로는 알겠는데, 구체적으로 어떻게 작성해야 할지 모르겠다는 독자들을 위해 저자가 제출했던 직무수행계획서를 예시로 소개한다. 직무수행계획서를 작성할 때는 먼저 해당 지자체 홈페이지에 들어가서 지자체장의 취임사, 신년사, 기자회견문, 의회 시정연설, 보도자료, 신문기사 등을 종합적으로 파악해 둬야 한다. 이를 바탕으로 큰 그림 속에서 자신의 경력과 해당 직무와의 연관성, 성공적인 직무수행계획을 제시해야 한다. 직무수행계획서가 나무만 보고 숲을 보지 못하는 근시안적이어서는 안 된다는 이야기다.

소개하는 저자의 직무수행계획서는 앞서 소개한 자기소개서와 마찬가지로 '보도자료 작성' 분야는 2024년 저자 나이 만 60세에, '정책지원관' 분야는 2023년 만 59세에 지원할 때 제출한 것이다. 두 분야 모두 서류전형과 면접전형까지 최종 합격한 것이다. 저자의 직무수행계획서가 롤모델은 결코 아니다. 많이 부족함에도 불구하고, 이렇게 해서도 최종 합격을 했으니 참고삼으라는 것이다. 독자들을 이것을 참고로 해서 더욱 훌륭한 자신만의 특화된 직무수행계획서를 작성하기 바란다.

▪ 가평군청 임기제공무원 [보도자료 작성] 분야 제출 직무수행계획서(2024. 3.)

직무수행 계획서

응시분야	보도자료 작성	응시직급	행정7급(일반임기제)	성명	○○○

Ⅰ. 서론

군민들과의 양방향 소통을 중시하는 지방자치단체 시정홍보는 중요 정책사업 등의 정보를 널리 알려 군민들의 군정 참여를 높이는 것을 목적으로 합니다.

이 같은 군정홍보의 중요성을 바탕으로 민선8기 ○○군 주요 정책목표인 "자연을 경제로 꽃피우는 도시, ○○", "힐링과 행복, 하나되는 ○○특별군" 구현을 위한 직무수행계획서를 작성하였습니다.

1. 시정홍보 분야 최근 동향

- 민선8기 들어 전국 지자체의 언론홍보 수준이 이전에 비해 크게 높아졌음. 기존의 단순한 지자체 및 단체장의 행사 홍보를 뛰어 넘어 전략적인 홍보 추구.
- ○○시의 경우 기존 각 과별 및 동사무소 행사를 대부분 수용해 하루에 8~10건의 보도자료를 생산했음. 하지만, 민선 8기 들어 전략적이고 정책적인 보도자료 위주로 선별해 하루 3건 내외로 대폭 축소하고, 언론사 기획보도 등에 주력함.
- 특히 보도자료도 중앙지 언론에 채택되도록 '기획력'을 더욱 높이고 있음.

2. 향후 전망 및 시사점

- 앞으로 일방적인 시정홍보는 외면당하고, 쌍방향성을 추구해 '군민과의 소통'에 무게를 두는 군정홍보가 대세를 이룰 것임.
- 이에 ○○군의 군정홍보 보도자료도 수요자인 군민을 염두에 두고 '정보성'과 '홍보성', '흥미성'을 고민하면서 생산해야 함.

Ⅱ. 직무수행 계획

1. ○○군 홍보추진 비전과 전략목표

☐ 군정홍보 비전

군민의 군정참여를 높이고, 민선8기 "자연을 경제로 꽃피우는 도시, ○○", "힐링과 행복, 하나되는 ○○특별군" 조기 구현

☐ 전략 목표

- 실사구시적인 적극행정이 효과적으로 전달되도록 전략적인 홍보 강화
- 보도자료를 연성화하고 정보성 강화해 '읽히는 보도자료' 추구
- 특집·기획보도를 통해 주요 정책소개 및 군정에 대한 지역민 공감대 향상
- 언론보도의 선택과 집중으로 민선8기 ○○군의 핵심가치와 메시지 효과적 전달

2. 추진전략 및 방법
1) 군정 홍보에 수요자 니즈를 적극 반영해 양방향 소통 추구
- 군정홍보의 주요 목적은 사업성과와 현안사항을 널리 알려 군민과 소통하고, 군정참여 효과를 높이는 것임.
- 이에 ㅇㅇ군에서 생산되는 각종 정보의 옥석을 가리고, 이를 임팩트 있게 재가공해 전략적인 홍보를 강화하겠음. 또한 민선8기 ㅇㅇ군이 지향하는 "힐링과 행복, 하나되는 ㅇㅇ특별군" 조기 구현을 위해 관련 시책을 중점 보도하고, 관심 이슈를 적극 발굴해 홍보하겠음.
- 특히 2025년 경기도 체육대회와 2026년 도 생활체육 대축전을 앞두고 대회 전 준비사항을 대외적으로 적극 알리고 관심을 고조시켜 성공적인 대회 운영에 앞장서겠음.

2) 30년 기자경력 살려 기획취재 통한 전략적 홍보 앞장
- 본인의 현장취재 기자경력을 바탕으로 보도자료의 수요층인 군민과 언론의 니즈를 적극 반영하는 보도자료 생산에 역점을 기울이겠음.
- 부서에서 제공하는 보도자료는 물론, ㅇㅇ군의 월간·주간행사 계획 등에서 소재를 발굴하고, 기자 시각에서 보완 취재해 '정보가 있는' 보도자료 생산에 힘쓰겠음.
- 특히 민선 8기 ㅇㅇ군이 추진하는 주요 현안사업을 중심으로 기획보도와 전략적 홍보를 통해 군민의 협력을 이끌어 내고 소통을 강화해 나가겠음.

3) 홍보 담당자 글쓰기 교육 및 '업무 매뉴얼' 마련
- 보도자료나 말씀자료, 기고문 등은 내용 못지않게 쉽고 흥미롭게 표현하는 것이 중요함. 상품이 아무리 좋아도 소비자의 관심을 끌지 못하면 사장됨.
- 이에 군청 각 과는 물론, 읍면 홍보 담당자를 대상으로 보도자료 작성 요령을 지속적으로 교육하겠음.
- 실제 20ㅇㅇ년 5월, ㅇㅇ시청에서 공직자 110여명을 대상으로 보도자료 작성 글쓰기 교육을 하고, 보도자료에 대한 '문제의식'을 심어 준 결과 큰 효과가 있었음.
- 홍보팀 자체적으로도 글쓰기 스터디 및 '홍보자료 작성 업무 매뉴얼'을 만들어 ㅇㅇ군 보도자료를 정형화하고 품격을 더욱 높이도록 하겠음.
- 비주얼 시대에 보도자료 사진의 중요성이 더욱 커지고 있음. 이에 보도자료에 생동감 있는 '현장사진'을 확대하고, 친절한 사진 설명을 달도록 하겠음.

4) 언론사별 맞춤형 보도자료 제공으로 전략적 홍보 강화
- 언론사에서 원하는 보도자료는 일방적인 군정 홍보가 아니라 '뉴스성'과 '정보성'은 물론, 독자의 '호기심'을 끌 수 있는 것을 원함.

- 이에 1달에 2~3건은 ㅇㅇ군의 이색적인 사업이나 주민생활과 밀접한 주제를 '기획보도' 형태로 메이저 신문에 차별적으로 제공해 크게 보도되도록 하겠음.

5) 군수님과 주요 간부 등의 언론매체 기고 활성화
- ㅇㅇ군의 주인은 바로 ㅇㅇ군민이라는 차원에서 '소통'과 '공감'이 더욱 필요한 때임.
- 이에 군수님과 국·과장, 사업 실무자 등이 ㅇㅇ군의 주요 현안과 정책을 군민들에게 적극 설명하고 공감대를 형성할 필요성이 높음. 언론 기고 등을 통해 군에서 추진하는 현안사업을 소개하고 의미 등을 적극 알리면 『군민과 적극 소통하는 열린 ㅇㅇ군』이라는 이미지 제고에도 효과가 클 것임.
- 따라서 정책 실무자들의 언론 기고를 권장하고, 기고문 작성을 적극 돕도록 하겠음.

Ⅲ. 30년 기자경력, 공보팀 실무 + 정책지원관 … 최고의 업무성과 약속
- 본인은 지난 30년 동안 기자생활을 했고, ㅇㅇ시청 공보팀에서 보도자료 및 인터뷰, 기획특집 보도자료 작성 실무 경험이 있습니다.
- 이 같은 전문경력을 적극 살려 ㅇㅇ군의 홍보수준을 대한민국 최고 수준으로 끌어 올릴 것을 자신 있게 약속드립니다. "힐링과 행복, 하나되는 ㅇㅇ특별군"의 조기 구현을 위해 함께 일할 기회를 주시기 바랍니다.

2024. ㅇㅇ. ㅇㅇ. 작 성 자 : ㅇ ㅇ ㅇ (인/ 서명)

※ 특별한 양식 없이 응시자가 자유롭게 기술하되 주요업무내용을 참고하여 서론, 정책(사업)목표, 추진전략, 수단, 방법, 추진일정 등이 포함되도록 작성
※ A4용지 3매 이내로 작성
※ (유의사항) 작성 시 학교명, 출생지, 부모직업 등 개인 신상을 직·간접적으로 파악할 수 있도록 기재할 경우 불이익(감점)을 받을 수 있습니다.
※ 매장마다 쪽번호 부여(1부터)

• 경기도의회 임기제공무원 [정책지원관] 분야 제출 직무수행계획서(2023. 4.)

<별지 제4호 서식>

직무수행 계획서

☐ 개요

경기도의회는 '자치분권 2.0 시대'를 여는 지방자치법 전부개정을 선두에서 이끄는 등 자치분권을 선도하고 있습니다. 1390만 경기도의 대의기관 수장으로서 의장님의 의정철학은 "모든 현안 해결의 출발점을 민생현장에 두겠다"는 것으로, 모든 것의 해결점에 '현장 의견'과 '도민'을 중심에 두겠다는 것입니다.

이는 현장에서 도민들의 목소리에 적극 귀 기울이고, 의정에 반영해 살기 좋은 경기도를 구현하겠다는 의지로 해석됩니다.

제가 경기도의회에서 정책지원관으로 활동하게 되면 30년 기자 경력을 적극 살려 다음과 같은 직무에 초점을 맞춰 의원님들의 정책보좌 역할에 충실하도록 하겠습니다.

☐ 정책지원관 주요 직무
○ 의원의 의정자료 수집·조사·연구
○ 조례 제정·개정·폐지, 예산·결산 심의 등 의정활동 지원
○ 의원의 서류제출 요구서 작성 및 관련 자료 지원
○ 행정사무 감사 및 시정 질의서 작성, 자료 지원
○ 의원의 공청회·세미나·토론회 등 개최 및 자료 작성 지원

☐ 추진 계획
■ 30년 기자경력 활용한 뛰어난 '취재력'으로 최상의 의정활동 지원
- 의원님들이 가장 큰 역할은 지역구 주민들의 민원과 여론을 파악하고, 관련 조례 제정·개정 등을 통해 제도적으로 해결하는 것임.
- 이는 기자가 사회 문제를 파악하고 취재해 신문에 보도함으로써 문제를 개선해 나가는 역할과 일맥상통함.
- 따라서 30년간의 기자 활동에서 쌓은 취재력과 전문가적인 문제 파악 능력을 적극 발휘해 의원님들의 의정자료 수집 및 조사·연구에 최상의 정책적인 지원을 하겠음

■ 정책지원관으로서 폭넓은 지역현안 파악과 정책 대안 제시
- 본인은 1990년대 후반 타조사육 분양이 과열 붐을 이룰 때 이를 **심층취재 해 분양업자들의 사기를 고발해 농가당 1억원 이상의 피해를 예방**하는데 기여했음.
- 20○○년 사회부장 시절에는 기획취재팀을 꾸려 **'떴다방' 내부에서 벌어지는 노인상대 사기를 10회에 걸쳐** 생생하게 **심층 보도**해 주의를 경각시켰음.
- 특히 20○○년 '○○군 **정책자문관**'으로서 서울 잠실역 노상 버스승차장에 승객 편의시설이 없어 ○○군민들이 겪는 불편을 생생하게 조사하고, 군에 건의해 **승차장 쉘터 설치**에

주도적인 역할을 했음.
- 이 같은 **탁월한 문제 파악 및 취재 능력**을 적극 발휘해 조례제정 및 개정 등에 **맞춤형 정책지원**을 하겠음.

■ 법학·언론학·사회복지학·경영학 전공…전문적이고 차별화된 정책지원 가능
- 도민들의 민원은 각계각층, 다양한 분야에 걸쳐 있어 각 분야의 융·복합적인 전문지식과 경력이 필요한 경우가 많음.
- 이에 본인은 정책지원관으로서 기자적인 취재력과 함께 본인의 전공인 '법학' '언론학' '사회복지학' '경영학'과 국가전문 자격인 '경영지도사' '사회복지사(1급)' 등의 전문지식을 융복합해 수준 높은 정책자료를 제공 하겠음.

■ 도·농 복합도시의 균형발전과 농촌사회 및 복지문제에 독보적인 전문가 역할
- 경기도는 신도시 개발이 확대되면서 원도심과 신도심 지역간의 불균형 발전이 큰 문제가 되고 있음. 특히 경기 남부지역의 경우 농업 및 농촌지역이 상대적으로 큰 비중을 차지함.
- 이에 30년간 농업·농촌 현장을 누빈 농업 전문가로서 ▲안심 먹거리 생산 ▲청소년과 시민들의 정서적 안식처 제공 기능 ▲농촌사회·복지문제 등에 전문적이고 차별화된 정책지원을 하겠음.

■ 글쓰기 전문가로서 최상의 정책자료 및 '5분 자유발언' 등 말씀자료 제공
- 의원님들은 각종 공청회를 개최하고, 세미나 및 토론회 등에서 발언할 기회가 많음.
- 이에 본인의 자료 수집 및 글쓰기 능력을 적극 발휘해 적확하고 명료한 데이터와 말씀자료를 제공해 의원으로서의 품위와 전문성을 높일 수 있도록 지원하겠음

■ 의원님의 기고문 작성 지원 및 언론과의 매개자 역할 강화
- 의원님들은 도민의 대리인으로서 다양한 현안을 지역구민들에게 적극 설명하고 이해를 구할 필요성이 높아지고 있음.
- 특히 언론을 통한 '기고문'은 현안 조례에 대한 소개와 의미 등을 적극 알려 '움직이는 의회' '일하는 의회' 이미지 제고에도 효과가 큼. 이에 언론 기고를 희망하는 의원님을 대상으로 기고문 작성을 적극 돕고, 언론사와 연결하는 매개자 역할을 하겠음.

■ 30년 기자경력과 전문지식 통해 '프로 정책지원관' 다짐
- 저는 **30년간의 기자경력**과 현직 공직경험, 그리고 **법학을 비롯한 4개** 학문을 융복합한 전문성을 살려 최상의 의정활동을 지원하겠습니다.

국내 최대의 선진의회인 경기도의회에서 제 능력을 최대로 발휘할 기회를 주시기 바랍니다.

2023. ○○. ○○. 응시자: ○○○   (인/서명)

2차 시험: 면접전형

1. 면접전형 기준과 방법

지금까지 응시원서와 이력서, 자기소개서, 직무수행계획서 등을 준비해 제출하고, 서류전형에 합격했다면 이제 최대 관문인 2차 면접전형이 기다리고 있다. 모집 분야와 응시자 수에 따라 다르기는 하지만, 사실 서류전형은 90~100% 합격한다. 자기소개서와 직무수행계획서를 세심하게 그리고 전략적으로 작성한 것도 결국은 면접전형을 염두에 두고 한 것이라 해도 과언이 아니다. 면접장에서 일전을 불사르기 위한 것이다.

면접전형에서는 서류전형 합격자를 대상으로 면접을 통해 해당 직무수행에 필요한 능력 등 평정요소를 상·중·하로 종합 평가해 합격자를 결정한다. 지방공무원 임용령 제44조에서 제시하고 있는 '평정요소'는 △공무원으로서의 정신자세 △전문지식과 그 응용능력 △의사 표현의 정확성과 논리성 △예의·품행 및 성실성 △창의력·의지력 및 발전 가능성이란 5가지다.

1) 합격, 불합격, 추가합격, 재공고 기준

합격자는 면접 결과 위에 제시한 5가지 평정요소마다 각각 '상(우수)',

'중(보통)', '하(미흡)'로 평정해 불합격 기준에 해당되지 아니하는 사람 중에서 '상'의 개수가 많은 순으로 합격자를 결정한다. '상'의 개수가 동일할 경우 '중'의 개수가 많은 순으로 합격자를 결정한다.

불합격 기준은 위원의 과반수가 평정요소 5개 항목 중 2개 이상을 '하'로 평정하였거나, 위원의 과반수가 어느 하나의 동일한 평정요소에 대하여 '하'로 평정한 때 '불합격' 처리한다.

그리고 '상', '중', '하'의 개수가 동일할 경우에는 지방공무원 임용령 제50조의3 제5항에 따라 △전문지식과 그 응용능력(5점) △공무원으로서의 정신자세(4점) △의사 표현의 정확성과 논리성(3점) △예의·품행 및 성실성(2점) △창의력·의지력 및 발전 가능성(1점)으로 점수를 차등 부여하여 상(2점), 중(0.5점), 하(0점)로 평정 성적 환산 후 우수한 성적순으로 합격자를 결정한다.

여기서 유추해 볼 수 있는 것은 5가지 면접 평정요소 가운데서도 '전문지식과 그 응용능력(5점)', '공무원으로서의 정신자세(4점)'가 가장 중요하다는 것을 알 수 있다.

면접결과를 공개해 달라고 면접자가 요청한 경우 평가 결과를 종합한 상·중·하의 개수는 공개하도록 하고 있다. 다만, 평가요소별 상·중·하는 비공개 대상이므로 면접자의 요청에도 불구하고 공개하지 않는다.

그리고 정말 운이 좋게 추가합격자로 결정될 수도 있다. 추가합격자는 면접시험 결과에 따른 최종 합격자가 임용되는 것을 포기하거나 임용된 후 퇴직하는 등의 사정으로 결원을 보충할 필요가 있는 경우 발생한다. 이는 합격자 발표일로부터 6개월 이내에 면접시험 결과 불합격 기준에 해당되지 아니한 자 중에서 차순위로 평정 성적이 우수한 자를 추가합격자로 결정할 수 있다.

재공고는 응시 인원이 선발 예정 인원과 같거나 선발 예정 인원보다 적을 경우 1회 이상 재공고하여야 한다. 서류전형 합격 인원이 선발 예정 인원과 같거나 적은 경우에도 재공고하여야 한다.

- 면접시험 응시자 대기실 및 면접시험장 안내 표시

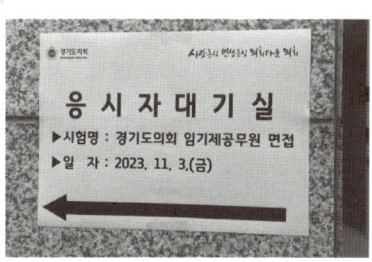 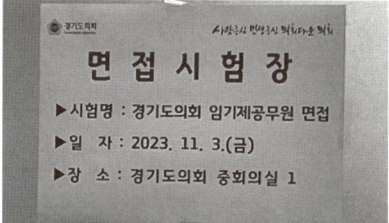

2) 면접의 역할

요즘은 물건을 구입할 때 인터넷을 통해서도 많이 구매한다. 하지만 그 물건의 실물을 가까운 곳에서 볼 수 있다면 먼저 실물을 보면서 실제 디자인이나 색깔, 사이즈, 무게 등을 살펴본 다음 구입하고 싶을 것이다. 실물을 보다 보면 인터넷상에서 사진과 설명서만 보고 판단했던 것과 많이 다른 경우가 있을 것이다. 물건도 그런데 하물며 전문가를 채용하면서 어떻게 서류만으로 그 사람의 진면목을 온전히 파악할 수 있겠는가.

면접을 통해 전문성을 재검증하고, 그 사람의 인성이나 표정, 언어 표현력, 태도 등을 종합적으로 판단하고자 하는 것이 면접전형의 주요 목적이다. 또한 면접을 통해 자기소개서나 직무수행계획서에서 소개한 내용의 사실관계를 확인하고, 응용력이나 창의성, 조직 친화력, 발전가능성 등을 종합적으로 파악하고자 함이다.

따라서 면접은 나를 채용하려는 지자체에게 나라는 상품을 제한된 시간(보통 15분) 안에 최대한 진솔하게, 그러면서도 구매 의욕을 일으킬 수 있도록 효과적으로 설명해야 한다. 그래서 답변을 잘하면 즉, 상품설명서(자기소개서와 직무수행계획서 등)에 적힌 내용과 일치하거나 상품설명서에서 미처 발견하지 못했던 강한 매력을 느끼면 구매(합격)로 연결되는 것이다. 반면, 상품설명서에서는 그럴듯했는데, 실제 면접 질문을 통해 살펴보니 설명과 다른 경우 구매하려는 마음을 먹었다가도 망설이고, 다음 피면접자를 보고 그 면접자가 더 마음에 들면 그를 고르는 것, 즉 합격시키는 것이다.

그럼 피면접자 입장에서는 어떻게 해야 할까? 면접위원의 궁금증을 속 시원하게 해소해 주고, 더 나아가 서류상으로는 표현하지 못한 자신의 진면목을 보여 줘야 한다. 즉, 면접위원의 질문에 응답하면서 최대한 자신의 장점과 전문적인 능력을 피력해 최종적으로 선택받을 수 있도록 해야 한다.

면접위원은 피면접자를 면접장에서 처음 본다. 피면접자에 대한 소개자료인 이력서와 자기소개서, 직무수행계획서도 불과 5분 전쯤에 넘겨받아 급히 훑어본 정도일 것이다. 따라서 일반적인 질문을 제외하고 피면접자 개인에 대한 질문거리는 이력서와 자기소개서, 직무수행계획서가 기본이 된다. 면접질문의 예상 문제가 그 속에 들어 있는 것이다. 앞서 자기소개서, 직무수행계획서를 꼼꼼하게 전략적으로 보기 쉽게 작성할 것을 누누이 강조한 것도 이 때문이다.

따라서 피면접자에 공통되는 일반적인 질문과 자신에게 해당하는 예상 질문을 미리 만들어서 간략하게 답안을 작성해 수없이 예행연습을 해 보아야 한다.

여기서 중요한 것은 실전을 가상하고 직접 말로 표현해 봐야 한다는 것이다. 휴대폰 녹음 기능을 이용해 실제 자신의 답변을 들어 보면서 발음과 억양, 말의 속도 등을 체크해 봐야 한다. 답변이 너무 길면 면접위원에 의해 중간에 제지당할 수 있다. 그러면 당황도 하고 자신이 하고자 하는 말을 다 못함으로 인해 불리할 수밖에 없다. 이로 인해 멘탈이 흔들려 다음 질문에까지 영향을 미치니 주의해야 한다.

다음에 소개하는 사진은 실제 임기제공무원 면접을 볼 때 면접위원들이 작성하는 '면접시험 평정표' 양식이다. 평정요소 ① 공무원으로서의 정신자세 ② 전문지식과 그 응용능력 ③ 의사표현의 정확성과 논리성 ④ 예의·품행 및 성실성 ⑤ 창의력·의지력 및 발전가능성 항목이 각각 가, 나, 다, 라, 마로 표기돼 있고, 그 옆에 '상', '중', '하' 점수표가 있다. 면접위원들이 이곳에 어떻게 표시하느냐에 따라 합격의 당락이 결정된다.

용지 상단 '필적감정용 기재란'은 피면접자가 대기장에서 면접 전에 작성해서 제출한다. 면접위원들은 각자 질문을 하면서 이 평정표에 각각의 항목에 대한 점수를 매기는 것이다.

• 면접전형에서 사용하는 실제 면접시험 평정표

2024년도 제1회 지방임기제공무원 면접시험 평정표

필기재정용란	본인은 우측응시자와 같은 사람임을 서약합니다.		분야	보도자료 작성
	본인필적 : 본인은 우측응시자와 같은 사람임을 서약합니다		응시번호	임2401-보도-01
	주민등록번호	////// 년 12월 08일	성명	(한글) 김행정 (한자) 金行政

※ 파란색 글씨 부분만 직접 작성

평 정 요 소	위 원 평 정		
	상(우수)	중(보통)	하(미흡)
가. 공무원으로서의 정신자세			
나. 전문지식과 그 응용능력			
다. 의사표현의 정확성과 논리성			
라. 예의·품행 및 성실성			
마. 창의력·의지력 및 발전가능성			
계	개	개	개
위 원 서 명	성명 (서명)		

타 위원이 "하"로 평정한 항목		판정	합격	
타 위원이 "하"로 평정한 항목의 개수			불합격	
		팀장확인		

□ **시험위원 유의사항**

1. 불합격 : 위원의 과반수가 5개 평정요소 중 2개 항목 이상을 "하"로 평정한 경우와,
   위원의 과반수가 어느 하나의 동일 평정요소에 대하여 "하"로 평정한 경우.
2. 위원은 굵은 선 안의 "상", "중", "하" 해당란에 O표로 평정하시고, 그 개수를 기재하십시오

☞ 합격자중 점수가 높은 자 순으로 최종합격자 인원이 될 때까지 채용
   [※ 상(우수) 2점, 중(보통) 1점, 하(미흡) 0점]

2. 면접의 기본기를 갖추자

1) 면접의 기본

(1) 면접 시 신경 써야 할 사항

면접은 소개팅이나 맞선을 보러 가는 것과 같다. 그런데 소개팅이나 맞선과 다른 점은 상대방에게 선택의 전권이 주어져 있다는 것이다. 나는 상대가 정말 마음에 드는데, 나를 선택해 줄지 여부는 전적으로 상대방에게 달려 있는 것이다. 그럼 어떻게 해야 할까? 상대방의 마음에 쏙 들도록 외모에서부터 복장, 말투, 답변 등에 최선을 다해야 하지 않겠는가.

면접에서 신경 써야 할 사항을 고용노동부 워크넷에서 그림으로 친절하게 잘 설명해 놓았다. 유의할 점은 임기제공무원 면접은 아래 그림처럼 여러 명이 한꺼번에 보는 것이 아니라 피면접자 1명이 들어가고 면접위원 5명이 나를 평가한다는 것이다.

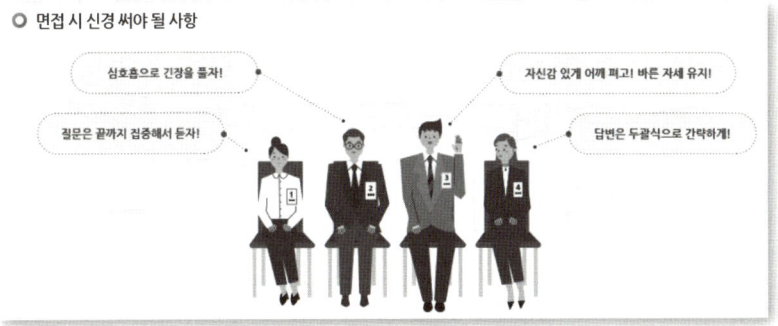

※ 출처: 고용노동부 워크넷

(2) 100% 질문하는 '1분 자기소개'

면접 대기실에 앉아 있다가 인사담당 직원의 안내에 따라 면접실에 들어가면 5명의 면접위원이 입구 정면에 앉아 있다. "안녕하십니까, ○○○입니다." 하고 인사가 끝나면, 중앙에 있는 면접위원장이 앉으라고 하고 이어 "1분 동안 자기소개를 해 보세요."라고 말할 것이다. 그런데 그 1분 자기소개가 참 짧으면서도 어렵다. 1분 안에 자신의 모든 것을 농축해서 말해야 하기 때문이다. 그래서 준비를 더욱 철저히 해야 한다.

1분 자기소개는 1분 안에 자신을 강하게 어필하는 일종의 '필살기'다. 많은 사람들이 첫인상이 중요하다고 말한다. 특히 면접장에서는 더욱 그렇다. 면접에서의 첫인상은 바로 1분 자기소개이다. 자기소개에서 좋은 인상을 심어 주면 이어지는 질문에서도 우호적일 가능성이 매우 높다.

혹자는 1분 자기소개를 형식적인 절차라고 생각하는 사람도 있을 것이다. 이런 오해를 사는 것은 1분 자기소개를 할 때 대부분의 면접위원들이 잠깐 피면접자의 얼굴을 한번 본 다음에는 고개를 숙이고 서류를 보고 있는 경우가 많기 때문이다. 이를 피면접자의 자기소개를 별 관심 없이 듣는 둥 마는 둥 하고 서류만 본다고 생각하는 것이다. 물론 그럴 수도 있다. 그런데 그런 경우는 자기소개가 평이해서 관심을 끌지 못하기 때문이다. 목소리나 내용 면에서 뭔가 획기적이고 신선하면 고개를 숙이고 있어도 호감을 갖고 '어? 좀 괜찮은데?' 하고 관심을 보일 것이다. 이는 인터넷에서 물건을 고를 때 구입 후보군으로 일단 장바구니에 넣어 놓는 것과 같다. 15분 동안의 면접을 통해 계속 마음에 들면 각각의 항목마다 '상'에 체크해 결국 합격으로 이어질 것이다.

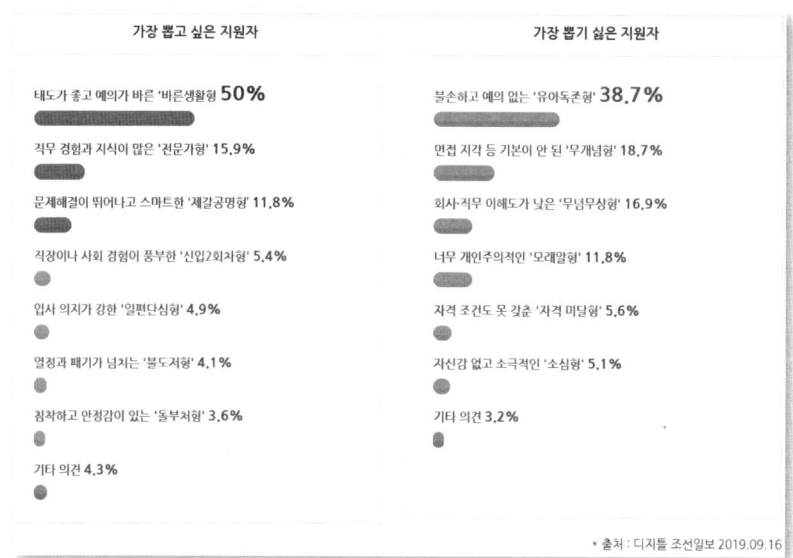

① 15초짜리 방송 광고처럼 흥미롭고 강렬하게

1분 자기소개를 시키는 이유는 물론 그동안에 피면접자의 서류를 빠르게 훑어보면서 면접 질문거리 찾을 시간을 벌자는 취지도 분명 있다. 그런데 그보다는 1분 자기소개를 통해 피면접자의 진짜 모습을 보고 싶기 때문이다. 자기소개를 하는 동안 지원자의 발표 능력이나 전문성, 가치관 등을 생생한 목소리를 통해 듣고 싶어서다. 따라서 1분 자기소개는 정말 자신에 대한 엑기스만을 골라 임팩트 있게 해야 한다. 즉, 1분 자기소개는 15초 분량의 방송 광고 멘트와도 같다. 자기소개서에 있는 구구절절한 평범한 자기소개가 아니라 면접위원의 눈길을 확 끌어당길 정도로 강렬해야 한다. 자기소개서를 작성할 때보다도 원고를 더욱 완벽하게 준비하고, 말하는 연습도 해 봐야 한다.

1분 자기소개의 내용은 '내가 이렇게 잘났다'는 식의 나의 일방적인 자기 자랑이어서는 안 된다. 나의 강점을 어필할 수 있는 자랑이기는 하되, 면접위원의 입장에서 관심을 이끌어 내고 확신을 심어 줄 수 있는 내용이어야 한다.

1분 동안의 짧은 내용 속에서도 맥락이 있고, 메시지가 확실해야 한다. 즉, 전체적으로 보이지 않는 가운데서도 서론, 본론, 결론이 있어야 한다.

② 대사 준비하고 키워드 중심으로 이미지화해서 연습해야

우선 1분 분량으로 완벽하게 자기소개서 원고를 작성한다. 다음으로는 계속 말로 연습하고 이를 녹음해 들어 보면서 부정확한 발음이나 목소리 톤 등을 조정한다. 이어 대본을 안 보고도 자연스럽게 술술 나올 정도로 연습한다. 다음으로는 키워드를 중심으로 대본의 내용이 아닌, 나의 이야기로 소화시켜 자연스럽게 대화하듯 이야기할 수 있을 정도가 돼야 한다. 1분 자기소개만 준비가 완벽하게 돼도 면접장에 들어갈 때 심리적으로 상당히 안정이 된다.

주의할 것은 1분 자기소개는 처음에는 대본을 외우되 절대 외운 티가 나서는 안 된다는 것이다. 앵무새처럼 달달 외워서는 면접장에서 티가 나고 면접위원에게 감동을 주기 힘들다. 무엇보다도 면접장에서 긴장하거나 당황하면 외운 내용이 생각이 잘 안 나거나 말이 꼬여 면접을 망치게 된다는 것이다. 그래서 최종적으로는 키워드 중심으로 내용을 그림처럼 이미지화해서 자신의 말로 풀어 나가는 것이 좋다. 절대로 토씨까지 틀리지 않게 외우려고 해서는 안 된다. 키워드 중심으로 중요 내용은 담되, 스토리텔링하듯 자신의 언어와 말로 자연스럽게 풀어 내야 한다.

그리고 분량도 1분이라고 해서 꼭 60초에 맞출 필요는 없다. 저자의

경험상 분량이 60초에 꽉 차는 것보다는 50초나 55초로 시간이 약간 남는 것이 좋다. 그래야 심리적으로 여유가 있어 차분하게 대화하듯 말할 수 있다. 시간이 너무 60초에 꽉 차면 그 시간 안에 맞추려고 말이 빨라지고, 그러면 발음도 부정확해진다. 또한 말을 속사포처럼 빠르게 하면 외운 티가 나고 진정성도 떨어져 보인다.

저자는 운전하면서 차 안에서 큰소리로 말하면서 연습을 했다. 다른 사람 신경 안 쓰이고 시간 활용도 할 수 있어 좋았다.

③ 1분 자기소개에 담긴 내용에 대한 질문에도 대비해야

면접위원들은 1분 자기소개를 들으면서 지원자의 자기소개서와 직무수행계획서를 보면서 질문거리를 찾는다. 그런데 첫 번째로 질문해야 하는 면접위원의 경우 짧은 시간에 전체 4~6페이지 분량의 자기소개서와 직무수행계획서를 읽어 보면서 질문거리를 찾기란 쉽지 않다. 그래서 첫 번째 차례 면접위원의 경우 지원자가 1분 동안 자기소개를 하는 가운데 그 속에서 질문을 할 가능성이 높다. 따라서 1분 자기소개는 단순히 자기소개를 하는 것으로 끝내지 말고, 그것이 질문으로 이어진다는 것까지 염두에 두고 준비를 해야 한다.

2) 질의응답 면접

1분 자기소개가 끝나면 이제 본격적인 면접이 시작된다. 면접의 전체 프로세스는 보통 맨 왼쪽 면접위원부터 차례로 질문을 하고 답변을 하는 식으로 진행된다. 그리고 모두 질문이 끝나고도 시간이 남으면 면접위원장이 보충 질문을 하는 경우도 있다. 최종적으로는 면접위원장이 "마지

막으로 하고 싶은 이야기가 있으면 짧게(또는 30초 안에) 해 보세요."라고 하고 면접을 끝낸다.

(1) 면접 시간 15분, 간단명료하게 답변

보통 면접은 안내자의 안내에 따라 면접장에 들어가면 앞에 면접위원 5명이 앉아 있다. 보통 가운데 앉아 있는 사람이 면접위원장으로 면접을 진행한다. 따라서 면접은 5:1로 보고, 1인당 면접 시간은 15분으로 정하는 곳이 가장 많다. 면접자가 아주 많은 경우 10분으로 줄여서 하는 경우도 있다. 면접 시간은 다른 면접자와의 형평성 때문에 정해진 시간을 꼭 지킨다. 그리고 5명이 돌아가면서 질문을 해야 하기 때문에 자신이 잘 아는 분야라고 특정 질문에 너무 장황하게 답변하면 제지를 당할 수 있다. 즉, 답변하는 중에 질문을 한 면접위원이나 면접위원장이 "짧게 요점만 말하세요."라고 주의를 주게 된다.

이럴 경우 당황하고 서둘러 답변을 마치게 돼 정작 자신이 하고 싶은 말을 못 할 수도 있다. 또 논점을 정확히 짚지 못하고 횡설수설하는 것으로 비춰질 수도 있다. 따라서 질문 요지를 잘 파악해 간단명료하게 답변해야 한다. 자신이 잘 아는 분야라도 정리를 잘해서 핵심 위주로 답변해야 한다.

(2) 밝은 표정으로 또렷하게 답변해야

답변 내용도 중요하지만 밝은 표정과 곧은 자세, 자연스러운 몸짓 또한 면접의 중요한 요소다. 특히 공무원 면접은 정부에서 일하는 공직자를 채용하는 것이기 때문에 조직적응력과 인성을 매우 중요하게 본다.

이익창출이 최대목표인 사기업은 '능력'과 '인성' 중에서 능력을 더 우선시할 수도 있겠지만, 공무원은 인성이 가장 중요하다. 아무리 전문성을 우선시해서 뽑는 임기제공무원이라도 인성이 의심이 되면 탈락시킨다고 보면 된다.

따라서 면접에서 좋은 인상을 심어 줄 수 있도록 밝은 표정과 바른 자세로 답변하는 것이 중요하다. 시선 처리는 질문하는 면접위원을 자연스럽게 보면서 대답을 하는 것이 좋다. 이는 사전에 모의 면접을 통해 연습하고 본인의 모습을 영상으로 촬영한 후 교정해 나가야 한다. 영상을 통해 다리를 떨거나 손을 요란스럽게 움직이지는 않는지, 시선 처리가 불안정하지는 않는지 등을 파악하여 미리 고치는 것이 필요하다. 여기서 손은 무릎에 자연스럽게 올려놓는 것이 좋지만, 중요한 대목이나 강조하는 부분의 경우 가볍게 제스처를 취하는 것은 괜찮다.

(3) 자기소개서·직무수행계획서와 답변 일치해야

면접위원들은 기본적으로 피면접자가 제출한 자기소개서와 직무수행계획서를 보면서 질문하는 경우가 많다. 만약 자기소개서의 내용과 면접 시 답변 내용이 다르다면 면접위원은 지원자를 신뢰할 수 없을 것이다. 따라서 면접 준비 시 이력서와 자기소개서·직무수행계획서를 충분히 숙지하고 그것을 바탕으로 면접위원이 물어볼 만한 예상 질문과 답변을 준비해야 한다.

(4) 질문은 끝까지 주의 깊게 듣고 두괄식으로 답변하자

면접장에서 질문의 핵심에서 벗어난 엉뚱한 답변을 하지 않도록 면접위원의 질문을 끝까지 주의 깊게 들어야 한다. 면접에서 긴장을 하거나 집중하지 못하다 보면 동문서답을 하는 치명적인 실수를 할 수 있다.

특히 질문에 대해 두괄식으로 답변하는 연습은 꼭 필요하다. 말하고자 하는 핵심 내용을 먼저 말하고 부연 설명을 나중에 덧붙여 말하는 식이다. 그래야 면접위원이 답변의 요점을 빨리 알아차릴 수 있고 의사전달도 분명해진다. 요점 없이 너무 장황하게 말하다 보면 전문성과 논리성이 없어 보이고, 답변 중간에 제지를 당할 수 있다.

(5) 반드시 답변을 말로 표현해 볼 것

면접장에 피면접자 입장으로 들어가 보면 느끼겠지만 혼자 연습할 때와는 긴장도가 훨씬 다르다. 저자도 회사 생활을 하면서 직급이 올라가며 면접위원으로 여러 번 참여를 해 보고, 면접에 대한 책도 집필했다. 그래서 어떻게 해야 면접위원에게 좋은 인상을 보이고 높은 점수를 얻을 수 있다는 것을 잘 안다고 생각했다. 하지만 피면접자로서 느끼는 압박감과 긴장도는 직접 체험해 보지 않으면 모른다. 면접장에서 긴장할 수밖에 없는 것이 나의 답변 태도와 내용에 따라 그 자리에서 당락이 결정되기 때문이다.

우호적인 면접에서는 그나마 낫지만, 압박면접의 경우 긴장하면 아는 것도 머리가 하얘지면서 생각이 안 날 수가 있다. 긴장을 심하게 하면 입술과 침이 바짝 마르고, 그러면 발음까지 꼬이게 된다. 이러면 발음이 잘 안돼 답변을 제대로 못하거나 버벅거릴 수 있다. 저자도 압박면접에서 침이 바짝 말라 발음이 잘 안될 때가 있었다. 그런 때는 더욱 천천히, 그리고 최대한 발음을 또박또박 명확하게 하려고 노력했다. 그래도 면접이다 끝나고 나올 때는 미소를 지으며 인사하고 퇴장했다. 긴장을 하기는 했지만 침착성은 잃지 않았다는 것을 간접적으로나마 보여 주자는 의도였다.

관용적인 면접위원은 피면접자가 알고 있음에도 긴장해서 대답을 못 하는지 여부를 헤아려서 판단을 할 수도 있겠지만, 경쟁자가 많을 때는 긴장해서 답변을 못 한 것도 감점 요인이 된다. 논리적인 답변 태도나 의사소통 능력도 면접 점수에 중요하게 포함되기 때문이다. 따라서 충분한 예상 문제를 만들어서 실전처럼 수없이 예행연습을 해 보는 방법밖에 없다. 물론, 임기응변이 강하고 실전에 강한 사람들은 예외겠지만…. 보통 사람들은 '유비무환'이 면접에 임하는 최고의 자세다.

(6) 면접장에서는 긴장돼 아는 내용도 답변 정리해 둬야

면접장에 들어가기 전에 자신이 제출한 자기소개서와 직무수행계획서에서 질문으로 나올 만한 사항을 미리 체크해서 답안을 간략하게 준비해 둬야 한다. 아무리 자신에게 해당되는 사항이라 해도 면접장의 긴장되는 분위기에서 질문을 받으면 즉시 대답하기 힘들다. 면접장에서 힘든 점은 면접위원 5명이 자신을 응시하고 있고, 한순간의 잘못된 답변으로 당락이 좌우될 수 있다는 압박감 때문에 매우 긴장이 된다는 것이다.

그리고 오래 생각할 시간도 없다. 잠깐 생각한 다음 곧바로 답변해야 하기 때문에 아는 것도 잘 생각이 안 난다. 그래서 잘 아는 내용이라도 반드시 제한된 시간 안에 말할 수 있도록 답변을 정리해 두고 연습해야 한다. 끝부분에서 예시하는 예상 질문들도 사전에 답안을 만들어서 충분히 연습해야 한다. 수없는 준비와 부단한 연습만이 면접에 임하는 최선의 자세다.

(7) 면접 때 떨리고 긴장되면 어떻게 하나

면접장에서 떨리고 긴장되는 것은 보통 사람이라면 지극히 자연스러운 현상이다. 불과 15분 동안의 면접에서 당락이 좌우되는데 안 떨린다는 게 오히려 이상한 일 아닐까? 따라서 역으로 '긴장해도 어쩔 수 없다'는 생각을 가질 필요도 있다. 면접위원들도 사람이다. 피면접자가 정말로 실력이 있고, 적임자인데 너무 긴장해서 답변을 제대로 못한다고 생각하면 동정표를 줄 수도 있다. 간절함은 때로 큰 무기가 된다.

그리고 위안을 삼을 수 있는 것은 5급 등 책임자급은 발표력이 중요한 요소가 되지만, 6급·7급 실무자의 경우 발표력이 그렇게 중요한 요소가 아니다. 특히 보도자료 작성 분야 7급의 경우 실무가 훨씬 중요하고, 회의 등에 나가서 발표할 일도 거의 없다. 따라서 심각할 정도로 의사표현 능력에 문제가 있다면 결격사유가 되겠지만, 보통의 경우라면 당락에는 큰 영향을 안 미친다고 보면 된다. 알맹이가 부족한 유창한 언변보다는 충실하고 진정성 있는 답변이 훨씬 중요하다.

최선을 다해 준비를 하되, 그다음은 운에 맡길 수밖에 없다. 이번에 안 되면 좋은 '예행연습' 했다고 위안 삼고 다른 지자체에 도전해서 잘하면 되니까. 자신이 정말로 그 분야 적임자라면 언젠가는 서로 '합'이 맞을 날이 꼭 올 것이다.

저자도 글 쓰는 것은 나름 재주가 있다고 생각하지만, 말로 하는 것은 영 자신이 없다. 임기응변에 서투르고, 목소리도 좋은 편이 아니다. 이러니 면접장에서 과연 잘했겠는가? 더구나 나이도 다른 응시자보다 훨씬 많은데…. 그래서 수없이 떨어지는 아픔을 겪기도 했다. 최선을 다해 준비하고도 한 번씩 떨어지고 나면 낙심해서 에너지 소비가 엄청나다. 그렇지만 충분히 연습하고, 최선을 다해 진정성을 보이고, 실력으로 승부하다 보니 50대 후반, 60대 초반의 나이에도 3번이나 합격하지 않았겠는가. 여러분들은 저자보다 훨씬 상황이 나을 것이라고 생각한다. 용기를 가지시기 바란다.

(8) 직무 '전문성'과 공직자로서 '인성' 가장 중요

임기제공무원 채용 면접 때 가장 중요하게 보는 것은 결국 두 가지로 귀결된다고 볼 수 있다. 첫째는 이 사람이 우리 조직에서 해당 직무를 능숙하게 해낼 전문성이 있는지, 둘째는 공직자로서의 봉사정신과 원만한 인성을 갖추고 있는지 여부다. 직무 전문성은 임기제공무원의 채용 목적이기도 해서 필요충분조건이고, 가장 중요하다. 그런데 인성이 안 된다고 생각되면 전문성이 인정돼도 탈락할 가능성이 매우 높다. 여러 피면접자 가운데 전문성은 조금 떨어지지만 조직 친화적이고 인성이 된다 싶으면 그 사람을 합격시킨다. 기본적인 전문성이 갖춰져 있으면 업무에 큰 지장이 없다고 보는 것이다. 그런데 인성은 쉽게 고칠 수 없어서 임용기간 내내 문제가 될 수 있다.

공무원들은 민원을 유발하거나 내부에서 문제가 발생하는 것을 가장 싫어한다. 임기제공무원도 전문성을 기반으로 공직에 입문하지만, 일단 들어가면 똑같은 공무원이 된다. 직장 내에서 공직사회 특유의 '상명하복' 관계가 형성된다. 그래서 공직관이나 인성을 매우 중요시하는 것 같다. 실제로 다른 직무 분야 면접에서 전문성은 인정되지만 시쳇말로 '좀 세 보여서' 합격을 안 시켰다는 이야기를 듣기도 했다.

따라서 업무 전문성이 비슷하다고 가정했을 때, 임기제공무원 면접에서 가장 중요하게 보는 부분은 '인성 및 조직 친화력'이라고 해도 과언이 아니다. 아무리 전문성이 뛰어나도 공직사회 조직문화에 적응하지 못하고, 팀장 등 일반직 공무원들과 화합하지 못한다면 굴러온 돌처럼 골칫거리가 되기 때문이다. 따라서 면접에 대비해 갈등해결 경험이나 원만한 대인관계 형성 경험 등을 정리해 두는 것도 좋을 것이다.

그리고 면접 때 면접위원이 "만약 전문 영역 이외에 부가적인 업무 수행도 괜찮겠느냐?"라고 물으면 일단 괜찮다고 답변하는 것이 좋다. 임용 후 실제 근무하면서 다시 조율하면 된다. 즉, 전문 업무 외에 비전문적인 부가적인 업무로 힘들 경우 나중에 서로 윈윈하는 방향으로 업무분장을 조정하면 되기 때문이다.

3) 상황별 실제 면접 대응 꿀팁

면접이 어려운 것은 면접위원이 어떤 성향의 사람이 들어올지 모르고, 예상면접 답변을 준비해 연습을 해도 긴장 때문에 답변이 마음먹은 대로 잘 안된다는 것이다. 그나마 우호적인 분위기에서의 면접은 긴장이 덜 돼 사고가 유연해지지만, 압박면접의 경우 아는 내용도 긴장돼 생각이 잘 안 나거나 표현을 제대로 못하는 경우가 많다. 면접에 대한 사전 준비도 중요하지만, 실제 면접장에 들어가서 멘탈 관리도 중요하다.

상황별 실제 면접 대응 꿀팁에서는 실제 저자가 면접위원 및 피면접자로서 겪은 다양한 경험과 『박규현의 공기업 NCS면접(박규현, 겟잡컨설팅, 2023.)』, 『공공기관·대기업 면접의 정석(박창희 외 20명, 브레인플랫

폼, 2020.)』 등에서 제시하는 내용을 종합해 소개한다. 보다 자세한 면접 방법은 이들 책을 참고해도 좋을 것이다.

(1) 자신의 진정성 보여 주기

면접위원들의 역할은 면접 질문을 통해 피면접자가 직무 전문성이 어느 정도이고, 실제 인성은 어떤지를 파악하는 것이다. 즉, 실제로 얼굴을 보면서 답변 태도, 인상, 서류상의 내용과 실제와의 검증, 추가적인 궁금증 해소 등을 통해 직무 전문성과 인성을 검증하고자 하는 것이다. 이런 과정을 통해 가장 적합한 지원자를 합격자로 결정하는 것이다. 그렇지 않다면 굳이 현장면접을 하지 않고 지원자가 제출한 이력서와 자기소개서, 직무수행계획서만 꼼꼼히 살펴봐도 가능할 것이다.

따라서 면접을 통해 서류 속에서 빠져나온 자신의 진짜 모습을 보여 주도록 해야 한다. 즉, 진실되고 참다운 모습을 보여 줘야 한다는 것이다. 예를 들면, 자동차 등 비싼 물건을 고를 때 여러 매장을 둘러보고 가격이나 서비스 등을 비교하게 된다. 그런데 가격 등이 모두 비슷한 경우 최종 구매는 진심을 다해 제품과 서비스에 대해 설명해 준 곳인 경우가 많다. 면접도 마찬가지다. 직무 전문성이 비슷비슷하다면 결국은 진실돼 보이고 조직에 잘 융합할 수 있을 것 같은 사람을 합격시키게 된다. 따라서 질문에 대해 답변을 하면서 질문자와 눈을 마주보고 자신의 솔직한 면을 보여 줄 수 있도록 해야 한다.

(2) 50대, 60대 응시자의 나이 문제

임기제공무원은 전문 경력이 필수 조건이기 때문에 일반직 공무원과 같은 20대 응시자는 적을 것이다. 20대 젊은이들은 임기제보다는 정년이 안정적으로 보장되는 일반직 공무원을 더 선호하지 않겠는가. 그래서 임기제는 30~40대, 고령자로는 50대 중후반, 60대 초반까지도 지원을 할 것이다.

저자가 볼 때 기관에서 선호하는 임기제공무원 연령층은 30대 후반에서 50대 초반인 것 같다. 물론, 변호사와 의사 등 전문직은 50대 후반으로 넘어가도 별문제가 안 된다. 전문자격증 소지자는 인력 자체가 부족하기 때문이다. 문제는 일반전문직인데, 50대 중후반에 접어들면 1차적으로 나이 때문에 경쟁에서 밀린다고 봐야 한다. 업무지시 등을 고려할 때 같은 조건이면 젊은 사람을 선호하기 때문이다. 안타깝지만 이는 어쩔 수 없는 현실로 받아들일 수밖에 없다. 그나마 50대 중후반의 나이에도 6급, 7급 공무원에 응시할 기회가 있고, 잘만 하면 합격 가능성이 있다는 것에 감사해야 할 것이다.

기관에서 50대 중후반을 꺼리는 것은 이들을 데리고 일을 하고, 업무지시를 내리는 팀장이나 과장이 50대 초반 또는 중반이라는 데 있다. 입장을 바꿔 놓고 생각해도 자신이 밑에 데리고 있는 사람이 자신보다 나이가 많으면 부담스러울 수밖에 없지 않겠는가. 충분히 이해되는 상황이다. 그럼에도 불구하고 우리는 면접에서 합격을 해야 한다. 그러기 위해서는 젊은 사람에 비해 면접 조건이 불리함을 감안하고, 면접위원들이 우려하는 나이에 대한 부담을 최대한 덜어 줘야 한다.

따라서 나이가 많은 상태에서 임기제공무원에 도전하는 사람들은 자신이 상명하복이나, 조직에 잘 순응하는 사람이라는 것을 확실하게 인식시켜 줘야 한다. 면접 도중 질문에 대한 답변을 통해서, 또는 면접 끝에 마지막으로 하고 싶은 말을 하라고 할 때 "비록 본인이 나이가 많기는 하지만 직무 전문성이 높고, 평소 나이를 떠나 젊은 사람들과 잘 융화하는 성격이다."라는 등의 멘트를 하는 것도 하나의 방법이다. 물론, 말로만 그렇게 한다고 되는 것은 아니고 면접 과정에서 실제 표정이나 답변 태도 등을 통해 '나이 많음'에 대한 우려를 불식시켜 줄 수 있어야 한다.

겉으로 보이는 인상이나 외모도 중요하다. 면접위원들은 면접자료에 나이가 가려져 있어 피면접자의 실제 나이를 알 수 없다. 그래서 똑같은 나이라도 동안은 유리하고, 나이 들어 보이는 사람은 불리하다. 면접 전에 흰머리가 많으면 염색을 하고, 복장도 이왕이면 젊어 보이게 코디를 하고 가는 것이 좋다. 머리 염색을 하고, 복장만 잘 갖춰 입어도 2~3년은 젊어 보일 것이다.

(3) 답변 분량 어느 정도가 적당할까

면접위원의 질문에 너무 짧게 대답하면 '내용이 없어 보이지 않을까?' 하는 불안감이 들 수도 있다. 물론 너무 짧으면 안 되겠지만, 질문의 의도를 충분히 파악하고 그 질문에 대한 답변을 했다면 충분하다고 본다. 시간으로 말한다면 한 질문에 30초 내외의 답변이면 무난하지 않을까 한다. 괜히 부연 설명 한다고 답변을 이어 가면 장황해질 수 있다. 질문자가 답변 내용이 부족하다고 생각되면 보충 질문을 할 것이고, 그때 부연 설명을 하면 훨씬 자연스러울 것이다.

(4) 우호적인 면접은 유리하고, 압박면접은 불리한가?

면접은 크게 우호적인 면접과 압박면접이 있다. 우선 우호적인 면접은 면접위원들이 편안하게 질문하고 면접자가 긴장한 것 같으면 긴장을 풀어 주기도 한다. 저자가 농민신문사 근무 당시 논설실장으로서 면접위원으로 들어갔을 때는 면접자들이 긴장하면, "심호흡 한 번 하고, 물 한잔 마시고 차분히 이야기하세요." 하고 긴장을 풀어 줬다. 지금은 어떤지 모르겠지만, 당시 언론고시 준비생 전문 카페에서 농민신문사의 면접 분위기가 매우 편안한 면접으로 회자되곤 했었다.

여기서 말하고자 하는 것은, 편한 면접은 모든 면접자에게 공통되게 적용된다는 것이다. 이는 편안한 분위기에서 긴장이 덜 돼 좋기는 하지만, 그것 자체로 자신이 면접을 잘 봤다고 오판해서는 안 된다는 것이다. 저자의 경우 ○○시에 보도자료 분야 6급으로 면접을 봤는데 면접 분위기가 아주 좋았다. 그래서 나름 답변도 만족스럽게 잘했다. 면접이 끝날 무렵 면접위원장이 "현재 거주하는 곳에서 ○○시까지 출퇴근하려면 조금 힘들겠다."라고 걱정했다. 말의 뉘앙스가 꽤 우호적이어서 이를 합격의 '긍정적인 시그널'로 생각해 기대를 많이 했었다. 그런데 최종 결과에서는 "합격자 없음"으로 발표가 됐다. 면접장에서는 합격자로 생각했다가 최종 조율 과정에서 합격자를 내지 않기로 했는지 등 그 이유는 알 수 없지만, 이렇게 면접 분위기가 우호적이어도 결과는 불합격으로 나올 수 있다.

반면, 압박면접의 경우 긴장한 면접자를 더욱 위축되게 해 실력 발휘를 제대로 못할 수도 있다. 그런 면에서 강심장이 아닌 이상 압박면접은 일단 불리하다. 면접을 보고 나서도 제대로 답변하지 못한 것 같아 기분이 매우 찜찜하다. 특히 일부 인성이 못된 면접위원도 있어서 거만하고 기분 나쁘게 질문하는 경우도 있다. 본인이 무슨 심판자나 되는 것처럼 면접자를 대한다. 그런 면접위원을 만나고 나면 기분이 매우 상한다. 그런데 어쩌겠는가. 피면접자로서 아쉬운 입장인데…. 그냥 인내심 테스트 했다고 위안 삼기 바란다.

그런데 압박면접이 꼭 불리한 것만은 아니다. 이 또한 모든 면접자들에게 동일하게 적용되기 때문이다. 특히 본인에게만 유독 압박면접을 한 것 같아도 너무 걱정하지 말기 바란다. 면접자에게 관심이 많아서 더욱 자세히 파악해 보고 싶어서 꼬치꼬치 캐물을 수도 있기 때문이다. 따라서 압박면접이 들어온다고 겁부터 먹지 말고, 이를 긍정적으로 받아들이면 마음이 조금 편안해질 것이다. 비근한 예로 백화점에서 값비싼 물건을 구입할 때 그 물건이 마음에 들면 최종 결정 전에 판매원에게 더욱 꼼꼼하게 물어보지 않던가. 그렇게 긍정적으로 생각하기 바란다.

(5) 뻔한 질문 '지원동기'를 물어보면?

면접 질문 가운데 정말 뻔하고 답변하기 곤란한 질문을 꼽으라면 '우리 시(또는 도, 군)에 지원하게 된 동기를 말해 보라'는 질문일 것이다. 이는 답변이 뻔한데도 단골로 나오는 질문 중 하나다. 사실 채용공고가 올라온 곳마다 응시를 하다 보니 이번 면접장에까지 온 것인데 그럴싸한 답변을 하려니 막연할 것이다. 그런데도 피면접자 입장에서는 솔직하게 답변할 수도 없는 것 아니겠는가? 그래도 합격하기 위해서는 모범 답안을 만들어야 한다.

이는 미리 준비해 놓지 않은 상태에서 질문을 받으면 매우 당황하게 된다. 모범 답안을 만들기 위해서는 왜 이 질문을 하는지 그 의도를 분명하게 알아야 한다. 제한된 15분 내외의 짧은 면접 시간에 물어볼 게 없어서 이 질문을 하는 것은 아니기 때문이다. 이 질문의 의도는 이 사람이 우리 조직에 들어와서 얼마나 열정과 애정을 가지고 일할 것인가를 파악해 보기 위한 목적이 크다. 취업을 위해서 응시한 것이기는 하지만, 그래도 질문을 통해 그 이면의 열정과 진정성을 파악해 보고자 하는 것이다.

저자가 농민신문사 재직 시 면접위원으로 들어가 경험한 바도 그렇다. 면접 시 스펙이 뛰어나고 능력이 특출해 보여서 합격을 시켰는데, 정작 들어와서는 일에 열정이 없이 그저 시키는 일만 해 실망한 경우가 더러 있었다. 이는 피면접자는 면접기술이 뛰어난 반면, 면접위원들을 그 이면의 허상을 간파하지 못한 잘못이 크다. 또 다른 예로는 입사 후 실제로도 능력이 뛰어나 아끼고 기대를 많이 하고 있는 직원인데, 후에 다른 곳에 합격이 결정돼 떠나는 경우다. 농민신문사는 언론사 준비생들로부터 꽤 좋은 직장으로 알려져 있었다(4년이 지난 지금은 모르겠지만…). 정년이 보장되고, 급여도 적지 않고, 농협중앙회 자회사라서 경영이 안정돼 있어서다. 그래서 유명 언론사를 준비하면서 보험 차원으로 농민신문사를 지원하는 경우가 있었다. 본인이 희망하는 곳이 안 되면 차선책으로 선택하기 위해 지원하는 것이다. 그래서 합격하여 근무하다가 나중에 비슷한 시기 지원했던 1지망 언론사에 합격이 결정되면 그곳으로 가 버리는 경우가 종종 있었다. 면접위원으로 들어갔을 때도 이런 점을 염두에 두고 면접을 진행했고, 면접이 모두 끝난 후 면접위원들끼리 종합적으로 강평할 때도 그 점을 참고했었다. 결론적으로 면접에서 스펙과 능력이 뛰어난 사람보다는 회사에 대한 애정과 일에 대한 열정, 발전가능성이 큰 사람에게 더 높은 점수를 줬었다. 전문 경력자를 뽑는 공무원 면접도 마찬가지다. 여러분들도 '지원동기'를 묻는 것에는 이런 깊은 의도가 숨어 있다는 것을 생각해야 한다.

한편으로는 '지원동기'에 대한 답변을 준비하면서 얻는 소득도 크다. 해당 지자체를 연구하면서 그 지자체의 좋은 점을 찾게 되고, 자신이 그곳에서 일해야 할 의미를 부여하게 되면서 일종의 '감정이입' 효과를 얻을 수 있다. 그러면 실제 면접장에서 지원동기에 대한 질문이 아니더라도 면접위원들의 질문에 훨씬 진정성 있게 대답하게 되고, 열정이 있는 사람으로 평가될 수 있다.

① 해당 지자체의 강점과 비전에서 지원동기 찾기

해당 지자체 홈페이지에 들어가 보면 그 지자체가 역점을 두고 추진하는 일, 현안사업, 해결과제, 미래 비전 등을 파악할 수 있다. 또 지자체장의 취임사와 신년사, 기자회견, 시정연설 등을 통해 시정철학과 우선적으로 추진하고자 하는 핵심사업 등을 알 수 있다. 여기에서 자신이 지원하고자 하는 의미, 즉 지원동기를 찾는 것이다.

② 주변인의 추천을 소개하는 것도 좋은 지원동기

이는 자연스러운 지원동기가 될 수 있는데, 한편으로는 자신의 의지는 없이 그저 남이 추천하니까 지원한 것으로 비춰질 수도 있다. 따라서 지인이나 전 직장 사람들의 추천을 받고서 본인이 그런 점들을 고려해 보니 정말로 와서 일해 보고 싶었다는 식으로 지원동기에 의미 부여를 해야 한다. 그리고 막연히 추천해서 관심을 갖게 됐다고 말하는 것보다는 주변에서 어떠어떠한 점이 좋다고 추천을 했고, 본인도 어떤 점에서 그러한 것에 공감이 갔는지를 말할 수 있어야 한다.

③ 해당 지자체와 본인과의 인연을 연관시키는 방법

지원하고자 하는 지자체와 실제로 인연이 있으면 아주 자연스럽고 좋은 지원동기가 될 수 있다. 그 인연이 강하면 강할수록 꼭 근무하고 싶은 열정으로 이어질 수 있고, 필연으로 생각될 수도 있다. 그런데 이런 직접적인 인연이 없더라도 평소 해당 지자체에 대한 깊은 관심도 인연으로 연결시킬 수 있다. 본인이 평소 어떤 점에 많은 관심이 있는데, 해당 지자체가 그 분야에서 매우 앞서가는 뉴스를 자주 접하면서 함께 일하면서 발전에 기여하고 싶다고 말하는 것이다.

(6) 준비하지 못한 내용을 질문하는 경우

마지막 부분에서 면접 시 예상되는 질문 항목들을 제시하겠지만, 이는 한계가 있을 수밖에 없다. 모든 면접을 예상 질문으로 커버한다는 것은 사실상 불가능하다. 따라서 평소 자주 나오는 질문을 중심으로 준비하되 예상 못 한 질문에도 그것을 응용해서 임기응변으로 대답할 수 있도록 대비를 해야 한다.

저자의 경험으로는 ○○시의회 정책지원관 면접전형에서 면접위원으로부터 전혀 생각지 못했던 질문을 받은 적이 있다. 한 면접위원이 통계기법에 대해 질문을 한 것이다. 저자는 2011년 경영지도사 시험에 합격했는데, 2차 시험과목 중에 통계가 중심인 '시장조사론'이 있어 공부를 했다. 또 경영학 박사학위를 준비하면서 통계 공부를 했었다. 그래서 통계에 문외한은 아닌데, 전문적인 통계기법에 대해 구체적인 질문을 해서 크게 당황했다. 일반적인 통계조사 방법 등에 대해서는 대충 답을 하겠는데, 구체적인 통계기법은 머리가 하얘지면서 말문이 턱 막혔다. 그래서 대충 얼버무렸는데, 올바른 답변이 됐겠는가. 그러자 면접위원이 중도에 말을 끊으면서 "박사학위가 있어서 통계에 대해 잘 아는 것으로 생각해서 질문했는데, 잘 모르는군요." 하면서 질문을 끝냈다.

면접위원의 질문도 너무 과했지만, 이런 경우에는 솔직히 잘 모른다고 답을 하는 게 낫다. 지금 다시 그런 상황에 부딪친다면 "죄송합니다. 경영지도사 공부와 박사학위를 준비하면서 통계를 배웠는데, 시간이 많이 지나 솔직히 잘 모르겠습니다. 하지만 통계 전반에 대한 기본 지식이 있으니까 정책지원관에 합격하면 다시 열심히 배워 실무에 적용할 수 있도록 하겠습니다."라고 답변했을 것이다.

○○시의회 정책지원관 면접전형은 지금도 이해가 안 가는 것이 선발 예정 인원이 9명이었는데, 피면접자가 50명이 넘었다. 그런데 최종 합격자는 선발 예정 인원의 3분의 1인 3명만 발표했다. 피면접자 50여 명 중에 합격시킬 만한 사람이 과연 3명밖에 없었는지도 의문이려니와, 그 뒤로도 재공고를 2번이나 추가로 하고서야 결국 9명을 충원했다는 게 이해가 안 됐다.

면접을 보다 보면 전혀 예상치 못한 질문이 나올 수 있으므로 다음을 참고해서 대비하기 바란다.

① 솔직하게 답변한다

전혀 예상하지 못한 질문이 나왔을 경우 임기응변으로 답을 할 수 있다면 좋겠지만, 대부분의 면접자들은 그렇지 못할 것이다. 특히 면접장에서는 긴장감 때문에 예상 밖의 질문에 더욱 답을 하기 힘들다. 그럴 경우 솔직하게 인정하고 자신의 의견을 간단히 말하는 것이 좋다. 너무 깊게 말하려고 하면 오히려 치명적으로 잘못된 답을 제시할 수 있고 장황한 변명으로 들릴 수 있다. 전문적인 질문에는 "죄송합니다. 그 점에 대해 깊게 생각해 보지 못했지만, 제 생각에는 ○○라고 여겨집니다. 질문하신 내용에 대해서는 면접이 끝난 후 더욱 자세히 파악해 보도록 하겠습니다."라고 마무리하는 것이 좋다.

그리고 해당 질문은 잘 모르지만 비슷한 내용에 대해서는 잘 아는 경우 "질문하신 ○○에 대해서는 잘 모르지만, △△에 대해서는 잘 아는데, △△에 대해 말씀드려도 될까요?"라고 물어보고, 괜찮다고 하면 답변을 하면 된다.

② 질문을 잘 이해하지 못했을 경우 다시 물어본다

면접위원의 질문을 잘 이해하지 못했을 때는 다시 물어보는 것이 좋다. 즉, "제가 너무 긴장을 해서 면접위원님이 질문하신 핵심을 잘 이해하지 못했습니다. 죄송하지만 다시 한번 말씀해 주시겠습니까?" 하고 솔직하게 다시 질문한다. 이것이 질문을 이해하지 못하고 엉뚱한 답변을 하는 것보다 다시 물어서 질문의도를 정확히 파악하는 것이 백번 낫다.

③ 답변 방향을 잘못 잡은 경우 바로 정정해 말한다

면접자들 중에는 질문을 하면 바로 답을 해야 하는 것으로 잘못 알고 곧바로 답변하다가 방향을 잘못 잡는 경우가 있다. 즉답을 하면서 잘못 말하는 것보다는 잠깐 시간을 갖고 정리해서 말하는 것이 백번 낫다. 하지만 이미 답변을 시작했는데 말하다 보니 '어… 이게 아닌데?' 하는 생각이 들 때가 있다. 그럴 경우 질문한 면접위원을 바라보면서 "죄송합니다. 긴장해서 제가 잘못 말한 것 같습니다. 정정해서 다시 말씀드리겠습니다." 하고 올바른 방향으로 이야기하면 된다.

아무튼 준비하지 못한 질문을 받은 경우 임기응변을 발휘할 수 있으면 좋겠지만, 그럴 사정이 못 되면 솔직하게 잘 모르겠다고 인정하고 차후에 좀 더 깊이 알아보겠다고 이야기하는 수밖에 없다. 일반적이지 않은 예상 밖의 질문은 면접위원도 100%의 정답을 기대하지 않고, 어느 정도 감안을 할 것이다.

4) 마지막 발언 어떻게 할까?

마지막 발언은 면접위원들이 모두 질문을 하고 면접 마무리 단계에서 하게 된다. 가운데 앉은 면접위원장이 "마지막으로 하고 싶은 말 있으면 해 보세요."라고 말한다. 마지막 발언을 할 때쯤에는 어느 정도 당락이 결정돼 있다고 보면 된다. 발언 시간도 30초 이내로 짧다. 따라서 장황하게 자신을 부연 설명 하거나 자신의 강점 등을 늘어놓는 것은 좋지 않다.

하지만 피면접자들 실력이 고만고만해서 결정을 못 하는 경우가 있을 수 있다. 그런 경우 마지막 발언은 '화룡점정'과 같은 결정타가 될 수 있으니 짧으면서도 강력한 임팩트를 줄 수 있는 멘트를 준비하는 것이 좋다.

특히 50대 중반 이상의 지원자들은 실력을 떠나서 나이가 당락을 결정짓는 변수가 될 수 있다. 면접위원들 중에는 속으로 "실력은 좋은데 나이가 많아서 젊은 사람들과 잘 융화할 수 있을까?" 하고 우려하는 경우가 많을 것이다. 이런 경우 마지막 발언에서 그런 우려를 확실하게 불식시킬 수 있는 멘트를 하면 좋다.

저자도 첫 임기제 면접은 신문사 퇴직 후 만 57세, 두 번째는 59세, 세 번째는 60세에 면접장에 피면접자로 들어가 나이가 항상 걱정이 됐다. 특히 보도자료 작성 분야의 경우 스펙이나 실력 면에서는 누구보다 자신이 있었다. 하지만 나이는 내 의지대로 할 수 없는 부분이었다. 나이 때문에 괜히 위축되고, 나이 때문에 불안했다. 그래서 마지막 멘트는 "제가 나이가 많은 것은 사실이지만, 지금까지 일해 오면서 조직에서 나이 때문에 문제가 된 적은 단 한 번도 없었습니다. 오히려 젊은 직원들이 인생 선배로서 많이 따르는 편입니다. 실력 때문이라면 모르지만, 나이로 인한 걱정은 전혀 안 하셔도 됩니다."라고 강조했다. 그럼에도 불구하고 대부분의 면접에서 쓰라린 고배를 마셨지만, 다른 한편으로는 그것 때문에 고령에도 불구하고 세 번이나 합격했는지도 모르겠다.

일반적인 젊은 면접자들이라면 마지막 짧은 한두 마디 멘트와 함께 "오늘 편하게 면접을 볼 수 있도록 배려해 주셔서 감사합니다."라는 정도로 말하고 마무리 짓는 것이 무난하다. 그리고 인사 후 뒤돌아서 면접장 문을 나서는 순간까지 의젓한 모습으로 나가는 것도 중요하다. 당당한 뒷모습도 평가에 반영될 수 있다.

- **[단골 면접 예상 질문]**

★△'1분 자기소개'를 해 보시오. ☞ 이 '1분 자기소개'는 첫 질문으로 꼭 물어봄. 1분 안에 자신을 강하게 어필할 수 있게 원고 준비하고 연습 필요함. 면접위원들은 1분 자기소개를 들으면서 다음 질문을 준비함.

★△우리 시(도 또는 군)에 지원한 동기는? ☞ 답변 내용이 뻔할지라도 면접이니만큼 의미를 부여해서 답변 마련 필요.

△본인의 강점과 단점은 무엇이라고 생각하나? ☞ 강점은 강하게 어필

하되, 단점은 너무 솔직하게 말하지 말 것. 단점을 말하더라도 결국은 긍정적인 내용으로 마무리하는 답변 준비.

△우리 지역의 이슈가 무엇이라고 생각하는지? ☞ 사전에 해당 지자체 홈페이지나 보도자료, 기사 등을 통해 준비할 것.

★△왜 당신을 뽑아야 하는지 어필해 보라. 또는 우리 지자체에 기여할 수 있는 본인의 역량과 경험은? ☞ 자기만의 강점을 준비해서 강조.

★△우리 지자체에 들어와서 해당 직무 분야에서 특히 차별화해서 추진해 보고 싶은 업무는? ☞ 이는 사전에 치밀하게 준비해야 답변할 수 있음. 다른 곳에 지원하더라도 변형해서 써먹을 수 있으니 공을 들여 준비 필요.

△담당 상사가 사적 업무 지시를 내릴 경우 대처는?

△과거 경력과 ○○직무와의 연관성은?

★△공무원으로서 중요한 자세는 무엇이라고 생각하나? ☞ '적극행정'을 실제 사례를 들어 설명하면 좋음. 평소 공직관을 소신 있게 말하는 것이 중요.

△지방자치단체의 기능과 역할은?

★△나이가 좀 많은데 나이 어린 팀장이나 과장과 일하더라도 괜찮겠나? ☞ 이는 반대로 생각해야 함. '나이가 많아 같이 일하기 힘들 것 같다'는 우회적인 의미가 포함돼 있으므로 답변에서 그런 우려를 불식시킬 수 있어야 함.

△상급자와의 마찰 시 어떻게 대응할 것인가? (☞ 너무 뻔한 답변이 나와서 요즘은 잘 안 물어봄)

△공무원의 6대 의무는? ☞ 혹시 모르니 준비하기 바람. 갑자기 물어

보면 치명적임.

△민원인이 계속 무리하고 불가한 민원을 요구하는 경우 대처방안은?

★△다른 지자체에 근무하다 온 경우… "왜 우리 지자체에 지원하게 됐나?" "전직 지자체에서의 업무와 이곳 업무를 비교한다면?"

△전 직장을 퇴사한 이유가 무엇인가?

★△마지막으로 하고 싶은 말은? ☞ 이 질문도 거의 물어봄. 하지만 마지막에 시간이 별로 없으니까 짧고 강하게 자신의 의지를 어필하기 바람.

- **[기타 일반적인] 예상 면접 질문 리스트**

- 조직에 있어 가장 중요한 것은 무엇이라고 생각하는가?
- 원칙이 우선인가, 융통성이 우선인가?
- 본인이 왜 우리 시에 들어와야 한다고 생각하는가?
- 자신의 강점에 대해 말해 보시오.
- 본인의 단점과 이를 보완하기 위해 어떠한 노력을 하고 있는지 말해 보시오.
- 중요하게 여기는 가치관이 무엇이며, 그 가치관을 업무에 어떻게 접목시킬 것인가?
- 자기계발을 위해 노력한 것이 있는가?
- 근무만족도가 떨어질 수 있는데 어떻게 생각하는가?
- 인생에서 가장 존경하는 인물, 나의 인생에 영향을 끼친 사건에 대해 말해 보시오.
- 자신을 채용했을 때 본인이 ○○시에 장점이 되는 것을 간단하게 말해 보시오.

- 자신이 주도적으로 실패를 극복해 성과를 내 본 경험이 있는가?
- 전문성을 길러 왔던 경험에 대해 말해 보시오.
- 어려운 일이 닥쳤을 때 어떻게 극복했는가?
- 다른 사람과 차별화된 본인만의 역량은 무엇인가?
- 본인의 가장 중요한 원칙 또는 가치는 무엇인가?
- 지원 직무에 대한 본인의 강점을 말해 보시오.
- 자신의 생활신조가 있는가?
- 다른 지원자보다 본인이 뛰어난 점은 무엇인가?
- 나이가 적은 직장상사와 어떻게 잘 융화할 것인가?
- 가장 존경하는 인물은 누구인가?
- 최근에 읽은 책이나 본 영화에 대해 느낀 점을 말해 보시오.
- 자신을 채용해야 하는 이유는 무엇인가?
- 살면서 가장 열정을 가지고 해 본 경험에 대해 말해 보시오.
- 자신이 업무를 잘해 나갈 수 있는 장점은 무엇인가?
- 자신을 한마디로 차별화하여 표현해 보시오.
- 공직자로서 가져야 하는 자세는 무엇인가?
- 공직생활에서 가장 중요하다고 생각하는 것을 한 가지 말해 보시오.
- 소통을 위해 어떤 노력을 하고 있는가?
- 본인의 탁월한 강점과 극복할 수 없는 약점을 솔직하게 말해 보시오.
- 업무를 수행할 때 상사와 갈등이 생긴다면 어떻게 할 것인가?
- 조직생활에서 가장 중요하게 생각하는 3가지를 말해 보시오.
  기타…

제3부

상시 채용 분야 집중탐구…
'정책지원관' '공보 업무' 분야

전국 1,840여 명 수요 '정책지원관' 분야

1. 정책지원관이란?

> Q. 국회의원 보좌관과 정책지원관의 차이점은 무엇인지?

○ 신분, 채용 방법, 배치, 직무 범위 등에서 차이가 있음

구분	국회의원 보좌관	정책지원관
법적 근거	국회보좌직원 및 의원수당법(§2)	지방자치법(§41)
인원	의원 1인당 8명	의원정수 1/2 이내
신분	별정직 국가공무원 (비서관/비서 등 보좌업무를 수행하거나 특정한 업무수행을 위하여 법령에서 지정)	일반직 지방공무원 (기술, 연구 또는 행정 일반 업무를 담당)
채용	채용공고 생략, 개별 의원실 채용 (국회별정직공무원 인사규정)	공개경쟁을 통한 채용 (지방공무원 임용령)
배치	개별 의원실	위원회 또는 의회 사무기구
직무 범위	제한 없음 (정치운동 및 집단행위, 선거운동, 정당 가입 및 활동 등 허용)	시행령에 제한 범위 규정 정치적 중립의무 준수 필요 (지방공무원법, 공직선거법, 정당법 등)

'정책지원관'은 전부 개정된 「지방자치법(2022. 1. 13. 시행)」에 따라 신규 도입된 지방의회 소속의 전문인력이다. 지방자치법 제41조4에서

정책지원관을 지방공무원으로 보한다고 규정하였으므로 정책지원관의 신분은 정치적 중립이 엄격히 요구되는 공무원 신분이다. 이런 점에서 정치적 활동 및 각종 선거운동 지원이 가능한 국회의 별정직 공무원과는 신분이 다르다.

1) 도입 배경

지방분권이 강화되면서 지방의회의 정책역량을 보강하기 위해 지방의회 의원의 의정활동을 지원하는 전문인력의 도입 필요성이 높게 대두됐다. 이에 전국시도의회의장협의회의 지속적 요구와 일부 의회의 도입 시도(기간제근로자, 계약직, 시간선택제 등), 관련 법안 발의 등으로 지방의회 출범 이래 지속적으로 정책지원관 제도 도입이 이슈화됐다. 이에 지방자치법 전부개정(2022. 1. 13. 시행)으로 지방의회 의원의 의정활동을 지원하는 법적 근거 마련과 '정책지원 전문인력'의 도입이 성사된 것이다.

2) 법적 근거

지방자치법 제41조에서 "의원 정수의 1/2 범위 내에서 조례로 정하는 바에 따라 정책지원 전문인력을 둘 수 있고, 지방공무원으로 보한다."라고 하고 있다. 또한 지방자치법 시행령 제36조에서 정책지원 전문인력의 명칭과 직무를 규정하고 있다.

이를 구체적으로 살펴보면 다음과 같다.

□ **법적근거** : 지방자치법(이하 '법') 제41조

○ **(법 제41조)** 의원 정수의 1/2 범위 내에서 조례로 정하는 바에 따라 정책지원 전문인력을 둘 수 있고, 지방공무원으로 보함

- **제41조(의원의 정책지원 전문인력)** ① 지방의회의원의 의정활동을 지원하기 위하여 지방의회의원 정수의 2분의 1 범위에서 해당 지방자치단체의 조례로 정하는 바에 따라 지방의회에 정책지원 전문인력을 둘 수 있다.
  ② 정책지원 전문인력은 지방공무원으로 보하며, 직급·직무 및 임용절차 등 운영에 필요한 사항은 대통령령으로 정한다.

○ **(시행령 제36조)** 정책지원 전문인력의 명칭·직무 규정

- **제36조(정책지원 전문인력의 직무 등)** ① 법 제41조제1항에 따른 정책지원 전문인력(이하 "정책지원전문인력"이라 한다)은 지방의회의원의 의정자료 수집·조사·연구, 법 제47조부터 제52조까지와 제83조에 관련된 의정활동을 지원한다.
  ② 정책지원전문인력의 직무범위와 관련된 세부사항은 제1항의 범위에서 조례로 정할 수 있다.
  ③ 정책지원전문인력의 명칭은 정책지원관으로 한다.

3) 정책지원관의 직무

정책지원관의 업무는 「지방자치법 시행령」 제36조에 규정된 직무 범위를 기본으로 하고 있다. 그리고 세부적인 사항은 조례를 통해 정하도록 하고 있다. 따라서 정책지원관은 지방의회 의원의 △의정자료 수집·조사연구 △조례의 제정·개정·폐지 △예·결산 등 지방의회의 의결 사항 관련 지원 △의원의 요구자료 정리 △행정사무감사 및 조사 지원 △도정질의(혹은 시정질의) 및 5분 자유발언 △토론회 및 의원연구단체 행사 지원 등을 기본으로 하고 있다. 여기에서는 언급이 없지만 해당 의원의 의정활동을 홍보하는 '보도자료 작성'도 자주 하는 업무 중 하나다.

아래에 경기도의회에서 조례로 정책지원관의 직무에 대해 규정해 놓았다. 이는 지방자치법에 따른 것으로, 전국 어느 시도의회나 동일하다

고 보면 된다. 따라서 각 의회에서 정책지원관 채용공고 때 제시하는 직무 내용도 이와 비슷하다.

○ **(경기도의회사무처 설치조례 제5조)** 정책지원관의 지휘·감독 규정

- **제5조(정책지원관)** ① 「지방자치법」 제41조제1항에 따라 사무처에 정책지원관을 둔다.
  ② 정책지원관은 소관사무에 대하여 경기도의회 의원(이하 "의원"이라 한다)의 지휘를 받으며, 다음 각 호의 사무를 분장한다.
  1. 조례 제정·개폐, 예산·결산 심의 등 의회의 의결사항과 관련된 의정활동 및 자료 수집·조사·분석 지원
  2. 의원의 서류제출 요구서 작성 및 관련 자료 취합·분석 지원
  3. 행정사무 감사 및 조사 지원
  4. 의원의 도정 질의서 작성 및 관련 자료 취합·분석 지원
  5. 의원의 공청회·세미나·토론회 등 개최와 관련한 자료 작성, 참석 등 지원
  6. 그 밖에 「지방자치법」 제47조부터 제52조까지의 규정과 관련된 자료 수집·분석·조사 및 의정활동 지원
  ③ 정책지원관은 제2항 각 호에 따른 사무 이외에 일반적인 사무에 대하여는 사무처장의 지휘·감독을 받는다.

4) 정책지원관은 몇 급으로 모집하나

'지방자치단체의 행정기구와 정원기준 등에 관한 규정' 제15조에 따르면 시도의회(광역의회)의 경우 6급(주사) 이하로, 시군구 의회(기초의회)의 경우 7급(주사보) 이하로 임명할 수 있도록 했다. 이에 따라 대부분의 도와 특·광역시 의회에서는 6급, 기초의회에서는 7급으로 임명하고 있다. 하지만 일부 의회에서는 광역의회임에도 7급 이하로, 기초의회임에도 8급(서기) 이하로 임명하기도 한다. 또한 동일한 광역의회 내에서도 각각 6급과 7급 정책지원관을, 동일한 기초의회 내에서도 각각 7급과 8급 정책지원관을 혼용해 운영하는 경우도 있다.

○ (기구·정원규정* 제15조) 정책지원 전문인력의 직급·공무원종류 규정

【 *지방자치단체의 행정기구와 정원기준 등에 관한 규정 】
· 제15조(의회사무기구의 설치기준 등) ① ~ ④ (현행과 같음)
　⑤ 법 제41조제1항에 따라 의회사무기구(위원회를 포함한다)에 두는 정책지원 전문인력은 다음 각 호의 구분에 따라 일반직지방공무원으로 임명한다.
　1. 시·도의 경우: 6급 이하
　2. 시·군·구의 경우: 7급 이하
　⑥ 제5항에 따라 정책지원 전문인력을 임기제공무원으로 임명하는 경우에는 「지방공무원 임용령」 제3조의2제1호에 따른 일반임기제공무원(이하 "일반임기제공무원"이라 한다)만으로 임명할 수 있다.

참고로 경기도의회의 정책지원관 운영 기준을 안내하면 다음과 같다. 이는 2023년 기준이므로 향후 달라질 수 있다. 따라서 정책지원관 제도가 어떻게 운용되고, 임기 연장 기준은 어떻게 되는지 참고만 하시기 바란다.

경기도의회는 2023년 5월 제1기 정책지원관 임용 당시 78명에 대해 11개 상임위별로 소속 의원 수에 비례해서 배분했다(〈표〉 참고). 저자는 《농민신문》 기자로 30년 동안 근무한 전문성을 감안해 농정해양위원회에 배속돼 근무했다.

합계	기획재정	경제노동	안전행정	문화체육관광	농정해양	보건복지	건설교통	도시환경	여성가족평생교육	교육기획	교육행정	비고
78	7	8	7	8	7	6	7	7	6	7	8	

당시 1차 임용 기간은 2023년 5월 30일부터 최초 12개월, 이후 근무성적 등 재심사에 의해 1차로 2년간씩 일률적으로 연장하는 것으로 했다. 1차 임기 만료 후 2차 임기도 근무성적 평가 후 2년간씩 재연장해 최장 5년간 임용계획이다(〈표〉 참고).

> < 최초 채용 현황 >
> ▶ 대 상 : 78명(일반임기제 행정6급)
> ▶ 계약기간 : 최초 12개월 + 1차연장 24개월 + 2차연장 24개월 內(추후 검토)

5) 현재 전국 정책지원관 필요 인원 1,843명

정책지원관은 지방자치 활성화와 지방자치법 전부개정에 따라 새로 생긴 직업이라고 할 수 있다. 이전에도 정책지원관과 비슷한 업무를 수행하는 직원들이 의회에 있었지만 그 수가 많지 않았고 직무 또한 명확하지 않았다. 따라서 업무가 전문화되고 제도화된 것은 지방자치법 개정으로 2022년 처음 도입돼 불과 3년밖에 안 된다.

행정안전부가 제시한 개정 '정책지원 전문인력 운영 가이드라인'에 따르면 2024년 1월 현재 전국 광역 및 기초지자체의 정책지원관 정원은 1,843명이다. 하지만 현재 정책지원관으로 채용돼 배정된 인원은 1,604명으로 정원 대비 87% 수준인데, 이는 앞으로 더욱 충원되리라 본다. 정부에서도 미충원 정책지원관에 대해 충원을 적극 권장하고 있다.

현재 정책지원관으로 근무 중인 1,604명을 직급별로 살펴보면 6급 307명, 7급 1,079명, 8급 124명, 9급 94명이다(〈표〉 정책지원관 전문인력 운영 현황(2024. 1. 조사 결과)).(〈표〉 참고)

- 정책지원관 전문인력 운영 현황(행정안전부 자료, 2024. 1. 조사 결과)

붙임1 정책지원 전문인력 운영 현황(※ '24.1. 조사 결과)

구분		정원	현원('23.12.31.기준)					현원비율(정원대비)	신분		배치 형태		
			계	직급					일반직	임기제	사무처	위원회	혼합형
				6급	7급	8급	9급						
합계		1,843	1,604	307	1,079	124	94	87.03%	313	1,291	814	594	196
서울	광역	56	55	55	-	-	-	98.2%	-	55	55	-	-
	기초	207	188	-	170	18	-	90.8%	-	188	154	34	-
부산	광역	23	23	9	14	-	-	100%	4	19	23	-	-
	기초	86	70	1*	59	9	1	81.4%	33	37	44	23	3
대구	광역	16	16	10	6	-	-	100%	8	8	0	16	-
	기초	62	58	-	55	1	2	93.5%	2	56	21	34	3
인천	광역	20	19	19	-	-	-	100%	-	19	-	19	-
	기초	59	57	-	55	1	1	96.6%	6	51	36	21	29
광주	광역	11	11	11	-	-	-	100%	-	11	-	11	-
	기초	33	33	-	33	-	-	100%	-	33	30	3	-
대전	광역	11	11	11	-	-	-	100%	-	11	-	11	-
	기초	31	27	-	21	-	6	87.1%	17	10	19	8	-
울산	광역	11	11	8	3	-	-	100%	3	8	11	-	-
	기초	24	21	-	21	-	-	87.5%	2	19	10	11	-
세종		10	10	10	-	-	-	100%	-	10	10	-	-
경기	광역	78	77	77	-	-	-	98.7%	-	77	-	77	-
	기초	222	206	-	184	12	10	92.8%	40	166	99	78	-
강원	광역	24	24	24	-	-	-	100%	-	24	-	24	-
	기초	80	62	-	31	19	12	74.7%	39	23	21	28	13
충북	광역	17	17	17	-	-	-	100%	3	14	-	17	-
	기초	66	53	1*	44	7	1	80.3%	21	32	31	12	10
충남	광역	24	24	-	24	-	-	100%	-	24	-	24	-
	기초	83	72	2*	60	3	7	86.7%	18	54	41	16	15
전북	광역	20	20	10	10	-	-	100%	-	20	-	20	-
	기초	95	76	-	72	2	2	80%	7	69	45	31	-
전남	광역	30	30	-	30	-	-	100%	-	30	-	-	30
	기초	118	98	-	48	24	26	83.1%	54	44	61	8	29
경북	광역	30	25	21	4	-	-	83.3%	-	25	25	-	-
	기초	134	74	1*	58	5	10	55.2%	27	47	31	34	9
경남	광역	32	32	20	12	-	-	100%	-	32	-	-	32
	기초	130	104	-	65	23	16	80%	29	75	47	34	23

6) 향후 정책지원관 정원 3,600명대로 확대 가능성 높아

앞으로 정책지원관은 그 수가 지금보다 2배로 늘어날 가능성이 높다. 현재는 '지방의원 2인당 정책지원관 1인'인데, 앞으로 '지방의원 1인당 정책지원관 1인' 시대가 올 가능성이 매우 높다는 것이다. 앞서 살펴본 것처럼 지금의 정책지원관 제도도 전국시도의회의장협의회에서 지속적으로 요구해 성사된 것이다. 성사 과정에서 산통을 많이 겪었지만, 지방자치법 개정을 통해 1차 목적은 달성했다. 그런데 전국시도의회의장협의회에서는 이에 그치지 않고 '의원 1인당 1인의 정책지원관'을 강하게 요구하고 있다. 현재로서는 입법권을 가진 국회에서 동의하지 않아 성사가 안 되고 있다. 하지만, 그 시기가 언제일지는 모르지만 관철될 가능성은 매우 높다. 지방의회 의원들은 "국회의원은 의원 1명당 보좌진을 8명씩 두면서 지방의원은 의원 1명당 정책지원관 0.5명에 불과하다."라며 강하게 반발하고 있다.

그 사례로 ▲서울시의회는 2024년 2월 2일 한국행정학회와 공동으로 '정책지원관 운영 효율화 방안 연구 토론회'를 개최해 지난 3개월 동안 정책지원관 제도 안착을 위해 진행해 온 연구 결과를 발표했다. '1의원 1지원관' 제도 도입이 핵심이다. 김현기 서울시의회 의장은 축사를 통해 "지원관 한 명이 의원 두 명을 지원하는 구조에서는 '업무 과부하'와 '업무 비효율'을 동시에 야기해 1:1 정책지원관 관철은 11대 의장으로서 공언한 첫 과제였다."라고 말했다.

▲염종현 경기도의회 의장은 2023년 6월 27일 〈연합뉴스〉와의 인터뷰를 통해 "도의원 1인당 정책지원관이 1명 이상 지원되도록 법제화에 나서겠다."라고 말했다. 염 의장은 연합뉴스와 인터뷰에서 "정책지원관

배치가 지방의회의 숙원이었는데 도의원 2명당 1명을 지원하는 것은 대단히 아쉽고 효율성을 담보할 수 없다."라며 이같이 말했다.

이처럼 지방의원 1명당 정책지원관 1명은 서울시의회와 경기도의회뿐만 아니라 전국 모든 지방의회 의원들의 숙원 사항이다. 따라서 머지않아 의원 1인당 정책지원관 1명이 배정되리라고 본다. 그러면 정책지원관 자리도 지금보다 배가 늘어나게 되는 것이다. 이는 정책지원관이 되려는 꿈이 있다면 도전을 멈추지 말아야 하는 큰 동기부여가 될 수 있다.

7) 응시 자격인 '관련 분야 경력' 인정 범위 넓어

대부분의 의회에서 '관련 분야 실무경력' 범위를 국가기관, 지방자치단체, 국회, 지방의회, 연구소, 대학교, 기업체 등에서 행정, 법무, 회계, 감사, 조사, 분석, 연구 등의 경력을 포함해 근무경력 범위를 꽤 넓게 인정해 주고 있다. 꼭 의회 근무 경력이 아니더라도 일반기업체, 대학, 연구기관 등에서 행정·문화·경제·복지·법률해석을 비롯해 법무·입법지원, 예산·회계·감사, 연구·조사 및 분석 업무 등으로 근무한 경력을 비교적 포괄적으로 인정해 주고 있다.

실제 각 의회의 정책지원관 모집공고에서 제시하는 자격기준의 '관련 분야 경력 범위'를 보면 일반기업체에서 행정 업무를 본 경력도 인정이 된다는 것을 알 수 있다. 따라서 본인이 의회에 들어가서 실제로 각종 의정 업무를 지원할 능력이 되는지의 여부가 문제이지, 경력요건 미달이 문제가 되지는 않는다는 것이다. 어떤 면에서는 정책지원관으로 지원할 수 있는 '경력' 범위가 여타 다른 임기제공무원보다 넓다고 볼 수 있다.

다음에서 보는 것처럼 실제 전국 각 지자체 의회에서 모집하는 정책지원관의 응시 자격요건을 보면 쉽게 이해가 갈 것이다.

▶ [남양주시의회 정책지원관 모집공고, 2024. 5. 31.] 관련 분야 경력: 국가기관, 지방자치단체, 국회, 지방의회, 연구소, 대학교, 기업체 등에서 수행한 행정, 법무, 회계, 감사, 조사, 분석, 연구 관련 업무경력 ※ 우대 사항: 국가기관, 지방자치단체, 국회, 지방의회 근무 경력자

▶ [청주시의회 정책지원관 모집공고, 2024. 5. 31.] 관련 분야 경력의 범위: 국회 지방의회 국가 및 지방자치단체 지자체 산하기관 대학 대학원 연구소 및 경영정보공개시스템 및 지방공공 기관통합공시에 지정된 공공기관에서 행정 문화 경제 복지 교육 농업 시설 환경 분야 법률해석, 법무 입법 지원 예산 회계 감사 연구 조사 분석 업무로 근무한 경력

▶ [고양시의회 정책지원관 모집공고, 2024. 5. 8.] 관련 분야 실무경력 인정 범위: 국회, 지방의회, 국가 및 지방자치단체, 기획재정부장관이 지정한 공공기관, 지방자치단체 출연·출자기관, 기업 등에서 입법, 행정, 법무, 예산·결산·회계, 감사·조사, 연구·분석, 건축·토목, 문화·관광, 복지, 농수산, 산림, 보건, 환경, 의원보좌 관련 업무 실무경력자

▶ [서울시 서초구의회, 2024. 4. 26.] 관련 분야 실무경력: 국회, 지방의회, 국가 및 지방자치단체, 법인, 대학교, 공공기관, 연구소에서 법무, 행정, 지방자치, 예산, 결산, 감사, 조사, 정책개발, 분석 관련 업무경력

▶ [서울시 관악구의회, 2024. 6. 4.] 해당 분야 경력 인정 범위: 국회, 지방의회, 국가 및 지방자치단체, 공공기관, 법인 및 연구소, 민간기업, 비영리단체 등에서 행정, 법무, 예산·결산, 회계, 정책개발·분석, 조사·감사 관련 업무 경력 ※ 우대요건: 정책지원관 근무경력(3개월 이상)이 있는 자, OA자격증(컴퓨터활용능력, 워드프로세서, ITQ, MOS, 사무자동

화산업기사) 보유자, 자기소개서 및 직무수행계획서의 내용적·형식적 완성도가 뛰어난 자

지금까지 채용공고에서 제시한 실무경력 인정 범위를 살펴본 것처럼 '배타적'이 아닌, '포용적'으로 판단한다는 것을 짐작할 수 있다. 따라서 형식적인 결격사유 유무를 심사하는 1차 서류전형에서는 웬만하면 거의 합격을 시켜 준다. 너무 자의적으로 판단해서 경력이 안 된다고 포기하지 말고, 일단 서류접수를 할 것을 권유한다. 모집 인원에 비해 응시자가 너무 많을 때는 면접전형 편의를 위해 일정 수를 탈락시킬 목적으로 실무경력을 까다롭게 볼 수 있지만, 그런 경우는 매우 드물다. 실무에서 정책지원관이 소화해야 할 업무 내용이 워낙 다양하기 때문에 다재다능한 인재를 원하는 측면도 있다.

8) 정책지원관 연령 제한 없어

정책지원관도 임기제공무원이기 때문에 연령 제한을 받지 않는다. 즉, 일반직 공무원은 정년이 60세이지만, 임기제공무원은 60세를 넘어서도 근무할 수 있다. 따라서 채용 당시에 60세가 넘어도 응시할 수 있다. 다음은 행정안전부에서 제시한 정책지원관의 연령 제한 문답풀이에 대한 답변이다.

> Q. 정책지원관의 **연령제한은 없는지?**

○ 임기제가 아닌 일반직 공무원의 경우 법령상 **정년**이 적용되고, 임기제 공무원의 경우 **연령제한을 받지 않음**
  ※ (예시)「지방공무원법」제66조에 따라 정년은 60세임

9) 정책지원관 충원 '빈익빈 부익부'

전국에는 수많은 광역지자체와 기초지자체가 있고, 상대편으로 그와 동수의 지방의회가 있다. 이는 정책지원관이 갈 수 있는 자리가 그만큼 많다는 것이다. 그런데 지방의회의 정책지원관 자리도 '빈익빈 부익부'이다. 서울이나 수도권, 대도시는 정책지원관 채용 시 경쟁이 치열하지만 농촌지역 등은 미달이어서 재공고를 하거나 경쟁이 상대적으로 약하다. 충북 옥천군의회의 경우 2022년 8월 당시 3차례의 모집공고(2명 채용 예정)에도 결국 1명을 채우지 못하자 정책지원관 처우를 1차 임기를 2년에서 5년으로 연장하는 파격적인 제안까지 제시했다.

다음은《경남신문(2023. 9. 18.)》과《충청일보(2022. 8. 22.)》에 보도된 정책지원관 채용 미달 관련 기사 내용이다.

▶ "… 경남도내 지방의회 정책지원관 정원은 도의회 32명, 기초의회 130명이나 현재 119명만이 채용됐고, 43명(26.5%)이 미채용된 상황이다. 경남에서는 김해·진주·사천·합천을 제외한 전 시·군의회 정책지원관이 미달이다. 특히 의령군의회는 5명 정원에 4명이 공석이고, 양산시의회도 9명 정원에 6명을 뽑지 못했다. 거창·고성·남해·함양·산청은 5명 정

원에 3명 미채용 상태다."(경남신문 2023. 9. 18. 기사)

▶ "… 8월 22일 옥천군의회에 따르면 지난 2월과 5월 세 차례 일반임기제인 정책지원관(7급) 2명을 모집했으나 현재 합격자는 1명뿐이다. … 이에 옥천군의회는 지난 22일 의회 간담회실에서 옥천군의회 인사위원회를 개최하고 정책지원관 채용을 위한 지방공무원 인력충원 및 일반임기제(정책지원관) 공무원 채용 변경계획안을 심의·의결했다. 변경된 심의·의결안을 통해 현재 정책지원관 1명이 결원인 상황으로 채용 조건상 근무기간을 2년에서 5년으로 상향 조정 등 근무 처우 강화로 다수의 응시자 지원을 유도해 하반기 내 우수한 전문인력을 채용할 계획이다."(《충청일보》 2022. 8. 22. 기사)

합천군의회 일반임기제 정책지원관 채용 재공고

이영수 기자 / lys@siminilbo.co.kr / 기사승인 : 2022-08-31 12:19:20

| 원활한 의정활동 지원 및 전문성 제고할 인력 채용 위해

경주시의회 '정책지원관' 채용 문턱 낮춘다

송종욱 | 입력 2022-06-01 | 발행일 2022-06-01 제10면 | 수정 2022-06-01 07:14

두차례 공고에도 합격자 없어
임용 실무경력 기준 범위 완화
연구소·민간 영역 경력도 포함

옥천군의회, 정책지원관 인력 확보 '안간힘'

어능희 기자 | 입력 2022.08.22 10:19 | 수정 2022.08.22 18:02 | 댓글 0

한자리 아직도 공석으로 남아
공무원 채용 변경계획안 의결
근무 기간 2년→5년으로 상향
근무 처우 강화, 응시자 유도

기사에 나온 내용들은 2022년과 2023년 사례들이지만, 2024년 현재도 상황은 비슷하다고 볼 수 있다. 농촌지역 지방의회에서 정책지원관 채용에 애로를 겪는 것은 응시자들이 서울, 경기지역과 대도시를 선호하기 때문이다. 정책지원관 대우가 대도시나 농촌지역이나 동일한데 굳이 농촌지역으로 갈 이유가 없는 것이다. 설령 농촌지역 의회에 합격했더라도 경력을 쌓아 좀 더 여건이 좋은 대도시로 이직하는 경우도 많다.

10) 정책지원관 꿈 성사 위해 전략적 하향 지원도 고려

여러 임기제공무원 중에서도 정책지원관 합격은 다른 직역에 비해 상대적으로 꿈을 이룰 가능성이 높다. 앞서 살펴본 것처럼 첫째, 응시 자격 중 실무경력 인정 범위가 넓은 편이고 둘째, 농촌지역 의회의 경우 지원자가 적어 합격 가능성이 높다는 것이다. 정책지원관을 1~2년 하고 그만둘 것이 아니라면 장기적으로는 1차로 농촌지역 기초의회에서 실무경험을 쌓고, 차츰 더 나은 도시지역, 또는 광역의회로 옮기는 것도 하나의 방법이라고 본다.

어디서든 같은 직역에서 임기제공무원으로 실무경력을 쌓고 다른 곳에 응시하면 면접 과정에서 두 가지 점에서 유리하다. 첫째, 임기제공무원으로 근무 경력이 있다는 것은 공직자로서 기본적인 공직문화 마인드가 형성돼 있어 조직 순응력이 높다는 것으로 인정받을 수 있다. 즉, '모난 돌'이 아니라는 간접적인 보증이다. 이는 면접자 중 같은 조건이라면 가점 요인이 된다. 둘째는 직전 의회에서 실무 경험이 있어 '곧바로 현장에서 써먹을 수 있는' 일꾼이라는 점에서 우선적인 합격요인이 된다. 실제로 경기도의회의 경우 지난 2023년 제1기 정책지원관 모집시 78명의 합격자 가운데 지방의회와 국회 경력자 출신이 전체의 절반이 넘는 40명(51%)이나 됐다.

따라서 본인이 근무를 희망하는 의회에 응시해 합격하면 좋겠지만, 정 여의치 않으면 전략적으로 농촌지역 의회 등에 하향 지원해서 합격 후 근무한 다음 더 나은 곳으로 옮기는 것도 하나의 방법이라고 생각한다.

11) 정책지원관, 의회 전문인력으로서 역할 막중

정책지원 전문인력이 임용되는 직위의 명칭은 법령으로 '정책지원관'으로 명시하고 있다. 이는 법정 사항이므로 지방의회에서 자치법규를 통해서 입법지원관 등 다른 명칭으로 규정하는 것을 금지하고 있다. 또한 의정활동과 무관한 업무 병행 등 도입 취지에 부합하지 않는 운영 방지를 위해 관련 조례에 명칭과 직무를 규정하고 업무분장 등에 정책지원관임을 명시하도록 하고 있다. 참고로 제주도는 정책지원관의 업무를 「제주특별법」상 5급으로 '정책연구위원' 제도를 운영하고 있다.

또한 정책지원관을 신규채용 할 때는 시군시도의회 인사위원회를 구성해 서류전형과 면접전형을 거쳐 임용하도록 하고 있다. 면접전형 전에 필기시험을 추가할 수도 있다.

경기도의회의 경우 서류전형 합격 후 AI 역량검사를 실시한다. 면접전형도 발표면접과 역량면접으로 나눠 실시한다. 발표면접은 임용 분야 관련 문제에 관한 답변을 사전에 자필로 작성(면접 시작 전 발표자료 45분, 사전조사서 15분 작성)한 후 발표한다. 이는 응시자의 발표를 통해 의사소통 능력과 논리력을 평가하기 위한 것이다. 이어 역량면접에서는 직무수행에 필요한 능력 및 적격성 검증을 위한 질의응답으로 이루어진다. 이를 통해 전문지식과 응용능력, 발전가능성, 공무원으로서의 자질 등을 종합적으로 파악한다.

12) 공적 업무 수행 및 신분의 독립성 철저히 보장

정책지원관은 의원의 의정활동을 지원한다는 점에서 국회의원 보좌관과 업무성격이 비슷하다. 하지만 업무 면에서는 공무원으로서 정치적 중립성이 엄격히 보장된다. 정당한 업무에 대해서는 담당 의원의 지시를 받아 일하지만, 의원 개인의 사적인 업무나 지역구 유권자와 관련된 선거운동 등에는 철저히 차단하고 있다.

이는 올해 3월 행정안전부 선거의회자치법규과에서 제시한 '(개정)정책지원 전문인력 운영 가이드라인'의 문답자료를 보면 정책지원관 운영 방침과 의지를 확인할 수 있다.

> Q. 지방의회의원이 정책지원관 **채용·평가 과정에 참여할 수 있는지?**
>
> ○ 정책지원관에 대한 **채용·평정권**은 지방의회의원 개인이 아니라 지방의회 사무기구 직원 **인사권을 가진 의장**에게 있음(「지방자치법」 §103)
> - 관계 **법령**(「지방공무원법」, 「공직선거법」 등) 상 정책지원관 **정치중립 의무 위배 소지**도 있으므로, 개별 지방의회의원의 채용·평가 과정 참여는 적절하지 않음
>   ※ 일부 지방의회가 개별 지방의회의원 대상으로 실시하는 정책지원관 만족도 조사 및 다면평가 등 결과, 인사관리 참고 자료로만 활용 가능

Q. 자치법규(조례·규칙 등) 규정*을 통해 정책지원관의 **근무지를 개별 의원실**로 할 수 있는지?
* 의원이 필요하다고 인정하는 경우 정책지원관의 근무지를 의원실로 할 수 있다

○ 해당 규정은 **정책지원관의 배치를 개별 의원실로 변경**하는 의미로 해석되어 **법령**(「기구정원규정」제15조 등) **위반** 소지가 있으며, 개인보좌관화를 방지하려는 **입법 취지에도 부합하지 않음**
  ※ 출장·업무 특성에 따른 근무지 변경은 자치법규상 근거가 없어도 인사 운영(출장·파견 명령 및 업무 분장 등)을 통해 충분히 가능
  - 정책지원관이 의원실에서 근무하는 경우, **적법한 권한자(의장)**가 아닌 의원 개인이 정책지원관의 **복무에 관한 사실상의 지휘·감독권을 행사**하게 되어 의장의 감독권을 규정한 「지방자치법」 제103조 위반 소지도 있음

Q. 조례로 정책지원관의 지시 불이행에 대한 의원의 **징계요구권**을 규정할 수 있는지?

○ 정책지원 전문인력에 대한 **징계권**은 지방의회의원 **개인이 아니라** 지방의회 사무기구 직원 **인사권을 가진 의장**에게 있음(「지방자치법」 §103)
  - 법령상 명시적 근거가 없으므로, 의원의 **징계요구권을 규정한 조례는 상위법령에 위배되어 무효**임

Q. 조례 개정*을 통해 **지방의회의원 개인**이 전문위원을 경유하여 정책지원관의 의정활동 지원 업무를 **지휘·감독**할 수 있는지?
* 정책지원관은 소관사무에 대하여 전문위원을 경유하여 의원의 지휘를 받는다

○ 정책지원 전문인력에 대한 **지휘·감독권**은 지방의회의원 **개인이 아니라**, 지방의회 사무기구 직원 **인사권**(「지방자치법」 제103조)을 가진 **의장에게 있음**
  - 의장이 아닌 지방의회의원 개인이 직접 전문위원을 경유하여 **정책지원관을 지휘·감독하는** 조례는 정책지원 전문인력 도입 취지에 부합하지 않는 것으로 판단됨

행정안전부에서는 '정책지원관 업무 범위'를 아래 〈표〉와 같이 예시해서 정리하고 있는데, 이를 보면 국회의원 보좌관의 업무와는 '공적 업무' 면에서 확연하게 차이가 있다는 것을 알 수 있다.

〈정책지원관 업무 범위 정리〉

수행할 수 있는 업무(예시)	수행할 수 없는 업무(예시)
■ 의원연구단체 활동 지원 ■ 타 지방의회 의정활동 우수사례 수집·정리 ■ 의정활동 현안 관련 간담회 개최 지원 ■ 의정활동 관련 보도자료·기고문·사설 등 작성(※ 지방의회의원 개인 명의) ■ 의정활동 일환으로서 국내·외 의원연수 준비 및 동행 ■ 의정활동 관련 의원 외부 활동(공청회·토론회 등) 수행	■ 지방의회의원 개인 SNS계정 관리 ■ 전문위원실 검토보고서 직접 작성 ■ 의정활동과 무관한 외부 활동 지원 ■ 지방의회의원 개인 및 소속 정당 홍보를 위한 보도자료 등 작성 ■ 지방의회의원 개인 일정(지역구 행사, 지역구민 민원 처리 등) 보좌 ■ 지방의회의원 지역 행사(의정활동 무관) 의전·수행

정책지원관의 정치적 중립 의무는 철저히 지켜지고 있다. 정부(행정안전부)와 의회사무처는 물론 외부 언론 등에서도 정책지원관이 해당 의원의 사적 정치 활동에 관여하고 있는지를 예의주시하고 있다. 실례로 지난 2024년 4월 10일 치러진 22대 국회의원 선거에서도 해당 국회의원실 소속 보좌관들과 지방의원들은 출마한 의원 후보자와 한 몸이 돼 밤낮으로 선거운동에 동원됐지만, 정책지원관들은 의회 내에서 고유의 업무만 처리했다. 오히려 선거운동 기간 동안에는 오해의 소지가 있어 해당 의원의 지역구에는 얼씬도 하지 못하게 했다. 그래서 정책지원관들 사이에서는 우스갯소리로 국회의원 선거 기간과 지역구 의원 선거기간 동안은 일이 없는 '방학'이라는 말까지 한다.

▪ 정책지원관 채용 절차

< 정책지원관 신규채용 절차 >

▶ **일반임기제로 채용 시**(「지방공무원 임용령」 제21조의3)

단계	주체	내용
① 시도/시군구의회 인사위원회 구성	임용권자	• 인사위원회 위원(7~9인) 임명 또는 위촉*, 위원장은 의회사무처(국·과)장 • 여성 2인, 퇴직공무원 2인 이하 포함 ※「정당법」에 따른 정당의 당원, 지방의회의원 위촉 불가
② 채용 계획 수립	임용권자 인사위원회	• 임용계획 수립, 임용 요청 • 임용계획 의결, 임용시험 실시 ※ 다른시험실시기관·민간기관과 공동실시·위탁가능
③ 시험위원/ 면접위원 구성	인사위원회 위원장	• 시험위원, 면접위원 위촉 가능
④ 시험 공고	인사위원회	• 시험 실시일 10일 전에 공고
⑤ 원서 접수	시행령 규정	• 응시 자격 제한
		< 필요시 필기 시험 추가 가능 >
⑥ 서류 전형	시험위원	• 5명 이상*(2/3은 외부 전문가)으로 구성 • 필기시험 추가할 시 2인 이상
⑦ 면접 전형	면접위원	• 5명 이상*(2/3은 외부 전문가)으로 구성 • 필기시험 추가할 시 2인 이상
⑧ 합격자 발표	임용권자	• 임용예정 직위 외의 직위에 합격자 임용 불가

2. 서류전형과 면접은?

1) 1차 서류전형 합격률

정책지원관 채용은 일반적인 임기제공무원과 절차가 동일하다. 1차 서류전형에 합격해야 2차 면접전형을 볼 수 있고, 면접에서 모집 인원 내에 들어야 최종 합격이 된다. 앞서 살펴본 바와 같이 서류전형은 자격 요건을 검증하는 형식적인 면이 강하다. 따라서 자격요건에 결격사유가 없으면 대부분 합격시킨다. 다만 서울시의회나 경기도의회 등 광역지자체의 경우 응시자가 너무 많으면 자격요건에 부합해도 서류전형에서 경력 등을 감안해 일정 수를 탈락시키기도 한다.

실제 2023년 경기도의회 '제1기 정책지원관' 채용의 경우 4월 4일 원서접수를 시작한 이후 5월 9일 최종 합격자 발표까지 1달여에 걸친 채용 과정에서 총 342명이 지원해 이 중 285명이 서류전형을 통과했다. 서류전형 합격률이 83.3%였으니 16.7%가 1차 서류전형에서 탈락한 것이다. 경쟁률은 원서접수 기준 4.4:1, 면접전형 기준 2.9:1이었다. 그런데 이 당시 상황을 이해할 필요가 있는데, 경기도의회 제1기 정책지원관 모집은 한 번에 78명을 대규모로 모집하고, 직급도 6급이어서 전국적인 화제가 됐다. 경기도의회 차원에서도 각종 매체에 홍보를 많이 했다.

다른 한편으로는 채용 방식 등을 두고 도의회에서 의원들끼리, 또한 민주당과 국힘이 당별 의견이 달라 논란이 컸다. 이에 의회사무처에서는 고심 끝에 논란의 여지를 최대한 줄이고자 채용 업무를 외부 전문업체에 전격 위탁했다. 응시 서류접수도 전문 채용시스템을 통해서 접수했다. 그런데 시스템 입력 과정 등 접수 절차가 복잡했고, 응시 인원도 엄청날 것이라는 소문이 돌면서 중도에 최종 원서 제출을 포기한 인원이 많았다. 최종접수자가 342명이었지, 실제 채용시스템에 로그인해서 서류를 작성했던 인원은 이보다 훨씬 많았다는 이야기다.

저자의 경우 채용시스템에 로그인을 초기에 했는데도 접수번호(응시번호)가 330번대 후반이었다. 서류전형 합격자 발표 시 가장 마지막 번호(응시번호)가 624번이었다. 이렇게 응시자가 너무 많아 처음부터 서류전형에서 일정 비율 탈락을 내정했다. 하지만 올해 정책지원관 2년 차에 추가로 15명을 모집할 때는 채용규모가 상대적으로 적어 의회사무처에서 직접 모집절차를 진행해 서류전형에서는 대부분 합격시켰다.

이처럼 대다수의 의회에서 발표하는 정책지원관 1차 서류전형 합격자 발표 결과를 보면 합격률이 90~100%라는 것을 알 수 있다. 보통 접수번호로 합격자를 발표하는데 1명 모집에 응시자가 10명이라면 연번에서 한 명 정도 빠지고 전부 이어진다는 것을 알 수 있다. 서류전형에서 100% 합격하는 경우도 많다. 일반적으로 서류전형에서 탈락하는 1~2명은 자격요건이 절대적으로 미치지 못하는 경우일 가능성이 높다. 따라서 서류전형은 합격률이 90% 이상이라고 보면 크게 빗나가지 않을 것이다.

참고로 2024년 5월 발표한 경기도의회 정책지원관 1차 서류전형 합격자 발표 공고문 일부(총 9개 분야 중 3개 분야)를 첨부한다. 경기도의회에서 15명을 모집하는 정책지원관(임기제 6급) 임용시험에는 모두 148명이 원서를 내 평균 9.9대 1의 경쟁률을 나타냈다. 그런데 보는 것처럼 수험번호 끝번호가 마지막이라고 가정했을 때 서류전형 합격률이 경제노동전문위원실과 안전행정전문위원실은 100%, 문화체육관광전문위원실은 89.6%로 높다는 것을 알 수 있다. 심지어 구로구의회의 경우 서류전형에서 지원자 44명 전원이 100% 합격했다. 이처럼 최종 합격의 당락은 2차 면접전형에서 결정돼 면접이 가장 중요하다.

1. 서류전형 합격자

구분	임용분야	근무예정부서	직 급	합격자(응시번호)	비 고
1	정책지원관	경제노동전문위원실	지방행정주사 (일반임기제)	1001, 1002, 1003, 1004, 1005, 1006, 1007, 1008, 1009, 1010, 1011	
2	정책지원관	안전행정전문위원실	지방행정주사 (일반임기제)	2001, 2002, 2003, 2004, 2005, 2006, 2007, 2008, 2009, 2010, 2011, 2012, 2013, 2014, 2015, 2016, 2017, 2018, 2019, 2020	
3	정책지원관	문화체육관광 전문위원실	지방행정주사 (일반임기제)	3001, 3002, 3003, 3004, 3005, 3006, 3008, 3009, 3010, 3011, 3012, 3014, 3015, 3016, 3017, 3018, 3019, 3020, 3022, 3023, 3024, 3025, 3026, 3027, 3028, 3029	

2024년 6월 7일
서울특별시 구로구의회 인사위원회 위원장

1. 서류심사 합격자 명단(총44명)

면접시간	응시번호	성명	면접시간	응시번호	성명	면접시간	응시번호	성명
10:00 ~ 12:00	1	고○혁	13:30 ~ 15:30	16	서○묵	15:30 ~ 17:30	31	유○창
	2	김○승		17	유○경		32	김○미
	3	노○균		18	홍○인		33	선○호
	4	강○철		19	오○승		34	장○철
	5	임○복		20	김○하		35	성○영
	6	강○은		21	김○민		36	김○아
	7	진○혁		22	김○주		37	이○린
	8	김○현		23	김○옥		38	곽○주
	9	이○훈		24	신○용		39	이○준
	10	최○영		25	이○화		40	박○민
	11	김○은		26	김○예		41	이○ример 이○원	이○원
	12	정○영		27	한○희		42	김○민
	13	양○석		28	김○연		43	하○애
	14	강○영		29	권○현		44	이○천
	15	전○혜		30	진○민			

2) 2차 면접전형

(1) 어떻게 준비해야 할까?

이는 케이스 바이 케이스라서 딱 집어 말하기 어렵다. 하지만 정책지원관이라는 직무가 정해져 있어 예상은 가능하다. '적을 알고 나를 알면 백전백승'이라는 말과 일맥상통한다고 할 수 있다. 여기서 '적'은 정책지원관이라는 직무, '나'는 나의 자기소개서와 직무수행계획서에 해당한다. '자기소개서'와 '직무수행계획서'는 면접위원들에게는 나에 대해 질문 가능한 예상 문제나 다름없다. 이는 앞서 말했듯이 '자기소개서'와 '직무수행계획서'를 잘 써야 하고, 전략적으로 작성해야 하는 이유이기도 하다.

자기소개서의 경우 각자 천편일률적으로 다를 수 있어 질문의 내용도 각자 상황에 맞춰 나올 수 있다. 하지만 직무 관련 공통적인 질문은 정책지원관의 대표적인 업무를 중심으로 나온다고 보면 되겠다. 그것을 어떤 형식으로 물어보느냐에 따라 질문의 내용과 답변이 달라질 수 있다.

우선 정책지원관의 주요 업무를 보면 △조례안 초안 작성 및 입법정책 검토 △예산·결산 심의 관련 자료 수집·조사·분석 △행정사무감사·조사 서류제출 요구서 작성 및 관련 자료 취합·분석 △도정 질의서 작성 및 관련 자료 취합·분석 △공청회·세미나·토론회 개최 지원 등이다.

이를 중심으로 응용해서 질문을 할 것이다. 따라서 예상 질문을 미리 만들어서 간략하게 답안을 작성해 수없이 예행연습을 해 보아야 한다. 앞서도 언급했지만, 실전을 가상하고 직접 말로 해 봐야 한다는 것이다. 휴대폰 녹음기능을 이용해 실제 자신의 답변을 들어 보면서 답변 시간은 물론, 발음과 억양, 말의 속도 등을 체크해 봐야 한다. 그리고 면접위원들이 피면접자를 평가할 때 ① 공무원으로서의 정신자세 ② 전문지식과 그 응용 능력 ③ 의사 표현의 정확성과 논리성 ④ 예의·품행 및 성실성 ⑤ 창의력·의지력 및 발전 가능성이란 5가지의 평정 요소별로 상, 중, 하 점수를 매긴다는 것을 염두에 두고 답변 내용이나 태도에도 유의해야 한다.

(2) 경기도의회는 AI 역량검사도 준비

경기도의회의 경우 1차 '서류전형', 면접 전 'AI 역량검사', 2차 '면접시험'의 3단계 절차를 거친다. 'AI 역량검사'는 당락을 결정하는 중요한 요소는 아니고, 면접장에서 면접위원에게 참고자료로 제공된다. 총 40분 정도 소요되는데, 생각보다 어렵진 않다. 미리 질문지가 컴퓨터 화면에 뜨고 잠시 후 답변하기 때문에 생각할 시간도 조금 있다. PC 또는 스마트폰 카메라를 응시한 상태로 각 문항별 90초 이내로 답변하면 된다. 질문 내용도 일반적인 것이어서 처음에 불안하고 걱정했던 것보다는 나았던 것 같다. 그리고 대기업에서 시행하는 AI 역량검사는 난해한 게임 등을 통해 문제해결 능력이라든가 상황 대처 능력 등을 평가하기도 하는데, 경기도의회의 AI 역량검사는 난이도가 그렇게 높은 것은 아니었다. 주로 인성이라든가, 조직생활을 하는 데 있어서 적격 여부 등을 참고하는 데 목적이 있는 것 같다.

그래도 AI 역량검사는 사람이 아니고 기계와 하는 것이라서 처음 해 보면 당황할 수 있다. 특히 컴퓨터가 AI 기능을 활용해 답변 내용은 물론, 카메라로 질문 상황별로 답변자의 얼굴과 눈동자를 보면서 긴장도, 집중력, 침착성 등까지도 판단한다고 생각하니 부담이 많이 되는 것은 사실이다. 사전에 인터넷이나 유튜브 등을 통해 직접 또는 간접 경험을 해 보는 것이 좋다. 유명한 취업사이트에 가입하면 AI 면접을 경험해 볼 수 있으니 시험 전에 미리 연습해 보면 실전에 많은 도움이 될 것이다.

3) 면접전형

(1) 면접장에서 실제 예상되는 질문은?

중요한 시험을 치를 때 기출문제가 시험공부를 하는 중요한 길잡이가 된다. 이를 토대로 준비를 하면 출제 가능한 문제가 예상되고, 공부 범위도 좁혀지게 된다. 정책지원관 면접시험 질문 내용도 마찬가지다. 하지만, 면접장에 휴대폰 등을 일체 들고 갈 수 없도록 통제해 면접 내용에 대한 외부 유출을 철저하게 통제한다. 따라서 직접 면접을 체험해 보거나 다른 사람들로부터 들은 내용, 정책지원관 직무 내용을 중심으로 면접 질문을 유추해 볼 수밖에 없다. 이러한 정황들을 종합해서 예상되는 면접 질문들을 소개한다. 여기에 본인이 추가로 부족한 부분을 질문지로 보충해서 준비하면 완벽하리라고 본다.

- **면접 예상 질문들 예시**

★△'1분 자기소개'를 해 보시오.
★△우리 지역에 지원한 이유는?
★△우리 지역의 이슈가 무엇이라고 생각하는지?
★△왜 당신을 뽑아야 하는지 어필해 보라. 또는 해당 의회에 기여할 수 있는 본인의 역량과 경험은?
★△우리 의회에 들어오면 추진해 보고 싶은 관련 조례 또는 정책제안을 하고자 하는 내용은? ☞ 이는 사전에 치밀하게 준비해야 답변할 수 있음. 다른 곳에 지원하더라도 변형해서 써먹을 수 있으니 공을 들여 준비 필요.

★△조례 입안 절차 및 조례와 규칙의 차이는? ☞ 정책지원관이라면 기본 상식에 해당하니 사전에 이론적인 공부 필요.

★△나이가 좀 많은데 나이 어린 의원 배정 시 괜찮겠나?

★△전문 상임위별로 모집할 경우 해당 상임위 소관 업무 현황 파악 필요

△지방의회 정책지원관과 국회의원 보좌관과의 차이는?

△정책지원관의 업무에 대해 말해 보시오.

△담당 의원이 사적 업무 지시를 내릴 경우 어떻게 대처하겠는지?

△의회에 들어오면 담당의원 2명을 지원할 건데 업무가 같은 시기에 겹칠 경우는?

△과거 경력과 본 의회와의 연관성은?

★△정책지원관도 공무원인데, 공무원으로서 중요한 자세는? ☞ '적극행정'을 실 사례로 들어 설명하면 좋음. 평소 공직관을 소신 있게 말하는 것이 중요.

△지방의회의 기능과 역할은?

△「지방자치법」 전부개정 내용 참고 필요

△행정사무감사와 행정사무조사의 차이점은?

△해당 의회 의원 수 및 상임위원회, 의회 슬로건 등

★△다른 의회 근무하다 온 경우, 왜 우리 의회에 지원하게 됐나? 또는 전직 의회와 우리 의회를 비교한다면?

△본인의 강점과 단점은 무엇이라고 생각하나?

★△마지막으로 하고 싶은 말은?

(2) 경기도의회 면접 사례

마지막으로 전국에서 가장 대규모로 정책지원관을 모집하고, 수시로 채용공고가 나는 경기도의회의 면접전형을 소개한다. 경기도의회는 다른 곳과 좀 다르게 서류전형 합격자 발표 후 2차 면접전형 며칠 전에 'AI 역량검사'를 실시한다. 이후 2차 '면접전형'을 한다.

면접전형은 다시 '발표면접'과 '역량면접'으로 나눠서 실시한다. 1인당 총 면접 시간은 15분인데 이를 7분 정도씩 나눠서 실시한다. 따라서 면접전형 전에 1시간 동안 15분은 자기소개서를 겸한 사전조사서를 8절지 크기의 종이에 서술형으로 작성한다. 이것이 끝나면 다시 45분 동안 본 면접에서 실시할 발표면접자료를 논술형으로 작성한다. 2023년 모집 때는 면접 대기장에서 문제가 가려진 A, B, C형 문제를 선택하게 한 다음, 문제지를 오픈하고 45분 동안 제한된 시간 내에 작성해 제출했다.

다. 2차 시험 : 면접시험 (직무수행 능력 및 적격성 검증)
  ○ 서류전형 합격자를 대상으로 당해 직무수행에 필요한 능력, 전문지식 및 공무원으로서의 정신자세 등을 평가
  - 발표면접 : 임용분야 관련 문제에 관한 답변을 자필로 작성한 후 발표
    (응시자의 발표를 통해 의사소통 능력 및 논리력 평가)
  - 역량면접 : 직무수행에 필요한 능력 및 적격성 검증을 위해 사전조사서를 자필로 작성한 후 질의응답(전문지식과 응용능력, 발전가능성, 공무원으로서의 자질 등을 파악)
  ※ 면접 시작 전 면접자료 60분간 작성(발표면접 자료 45분, 사전조사서 15분)

본인이 작성한 답안지는 면접 10분 전쯤에 다시 돌려주면서 발표 준비 시간을 준다.

발표 시에는 본인이 작성한 답안지를 보면서 해도 된다. 가능하면 내용을 숙지해서 안 보고 하는 것이 좋다.

저자는 B형을 선택했는데, 공개된 문제는 "'비례의 원칙(과잉금지의 원칙)'에 대해 서술하시오."였다. 이후 본인이 작성한 답안지를 가지고 면접장에 들어가서 5분 정도에 걸쳐 발표하고 면접위원들로부터 발표 내용에 대해 질문을 받았다. 이어 발표자료와는 다른 일반적인 질문을 했다. 경기도의회의 특징은 1분 자기소개가 없었다는 것이다. 이는 사전조사서에서 자기소개를 포함해 본인의 강점 등 자신을 어필하는 내용을 이미 작성해서 면접관들에게 제공했기 때문이다.

면접은 압박면접이 아니어서 질문에 대해 소신 있게, 그리고 공무원의 자세에 대해서는 평소 느낀 바가 있어서 아주 열정적으로 말했다. 꾸민 말이 아니라 평소 소신이었기에 아주 강하게 말했는데 그것이 면접관들에게도 호소력 있게 받아들여진 것 같았다. 면접을 마치고 나서 '잘하면 될 것 같다'는 좋은 느낌이 들었다.

3. 합격 후 정책지원관의 일상

1) 업무량 많나?

이는 그야말로 '복불복'이다. 정책지원관은 한 사람이 의원 2명을 지원해야 하는데, 의원 2명 모두 의정활동 의욕이 강하거나 소위 손이 많이 가는 경우라면 업무량이 과하다고 할 수 있다. 최악의 경우는 의원 2명 모두 의회 활동이 왕성하고, 그중 한 명이 예산결산특위에까지 소속된 경우이다. 예결특위 소속 의원은 추경, 예산 결산심사 외에도 12월 본예산 심사 등에 투입돼 해당 정책지원관도 엄청 바쁘다. 하지만 바쁜 만큼 배우는 것도 많다. 해당 의원을 담당하는 2년 동안은 힘들겠지만, 이런 일을 한번 겪고 나면 업무 지식이 월등히 향상돼 경쟁력이 높아진다. 일이 많다고 나쁘고, 편하다고 다 좋은 것만은 아니다.

저자의 경우 편한 축에 속했다. 나이가 많아서 의원을 배정할 때 좀 배려를 했는지도 모르겠다. 의원 2명 중 한 명은 5선 의원으로 활동이 많았지만, 다른 1명은 의회 부의장이어서 일이 적었다. 부의장은 별도로 행정과 의전 등의 업무를 위해 일반직원 2명이 지원된다. 하지만 부의장이라고 해도 행정사무감사(행감) 때 등에 질의자료를 똑같이 준비했다. 언제 갑자기 질의자료를 달라고 할지 모르게 때문에 준비는 해 놓고 있어야 한다. 다만, 실제 행감장에 자주 참석 안 하거나 질의를 많이 안 했을 뿐이다.

저자가 느끼기에, 그리고 주변의 이야기를 들어 보면 절대적인 업무량이 많은 것은 아닌 것 같다. 다른 지자체 등에서 일반 행정 업무 등을 하다가 의회로 온 동기들 이야기를 들어 보면 그렇다. 그런데 갑자기 생기는 일들이 많아 항상 '스탠바이' 상태라는 것이 스트레스라면 스트레스다. 국회에서 보좌관으로 20여 년 근무하다 온 정책지원관 말에 따르면 국회는 '워라밸'을 생각할 수도 없었지만, 이곳에서는 그게 가능하다며 매우 만족해했다. 그런데 22대 국회가 시작되면서 다시 국회 4급 보좌관으로 이직했다. 곁에서 볼 때 '워커홀릭' 유형이었는데, 근무해 보니 스케일 면에서 지방의회는 성이 안 찼던가 보다.

2) 주로 어떤 업무를 하나

의회다 보니 조례 제정·개정 업무가 가장 중요하고 큰 비중을 차지한다. 보통 의원 1명당 1년에 조례를 3~5개 제정하거나 개정한다. 경기도의회의 경우 민주당 소속 의원들이 조례 제·개정에 신경을 많이 썼다. 조례 제·개정 실적이 의원 평가 점수에 반영되기 때문이다. 국힘 쪽은 평가에 반영하지 않아 상대적으로 신경을 덜 썼다. 하지만 의원이 조례 욕심이 많은 경우 평가와 상관없이 조례 제·개정에 열성적이다.

조례 제·개정 작업은 정책지원관이 전체 과정의 80% 이상을 준비한다고 보면 된다. 의원이 조례와 관련해 관심 있는 주제를 제시하거나 방향을 제시하면 그다음부터는 정책지원관 몫이다. 관련 분야에 대한 연구 검토보고서를 작성하고, 집행부와의 조율, 조례 틀 등을 거의 다 준비한다고 보면 된다. 중간중간에 의원에게 진행 상황을 보고하고 의견을 들어 방향을 수정하는 등의 절차를 거쳐야 함은 물론이다.

다음으로 도정 질의서 작성 및 관련 자료 취합·분석, 공청회·세미나·토론회 개최 지원 등의 업무도 많다. 의원이 '도정질의' 또는 '5분 자유발언' 등을 할 때 기본 데이터와 원고를 정책지원관이 모두 준비한다. 또한 의원이 공청회·세미나·토론회에 등에 나갈 때 발언 원고를 준비하고, 이들 행사를 직접 주관할 때도 정책지원관이 실무 작업을 모두 준비해야 한다. 하지만 어느 정도 시일이 주어지기 때문에 밤을 새워 가며 급히 준비해야 하는 경우는 드물다. 이들은 모두 원고를 준비해야 하기 때문에 글 쓰는 능력이 뒷받침되지 않으면 매우 힘들다. 저자의 경우 원고를 작성하는 것은 전혀 부담이 안 됐지만, 이런 행사를 실무적으로 직접 해 본 경험이 없어서 행정과 실무 작업이 더 힘들었다.

자주 돌아오지는 않지만 예·결산 심의 관련 자료 수집·조사·분석, 행정사무감사(행감, 국회의 국감) 자료 취합·분석조사 및 질의서 작성 업무도 힘든 작업 중 하나다. 특히 행감과 본예산 심사가 있는 11월, 12월은 정말 눈코 뜰 새 없이 바쁘다. 11월 중순부터 시작하는 행감을 위해 9월 중하순부터 야근을 시작한다. 하지만 행감과 예산심사가 진행되는 동안은 정작 덜 바쁘다. 미리 준비해 놓았기 때문이다. 그리고 예산심사까지 다 끝나고 12월 하순부터 다음 해 1월까지는 조례 준비를 하는 것 외에는 방학처럼 여유가 있다. 즉, 의회는 회기 때는 정신없이 바쁘지만, 중간중간 비회기 때는 시급을 다투는 일이 적어 비교적 여유가 있는 편이다. 바쁠 때는 정신없이 바쁘다가도 비회기 등에는 여유를 부릴 수 있다는 것이 의회에서 일하는 맛이기도 하다.

▪ 실제 현업에서 정책지원관 업무분장 예시(경기도의회 근무 당시 저자의 경우)

정책지원팀 업무분장표

(2023.6.7.현재)

직위(급)	성명	분 장 업 무	업무 대행자
정책지원관 지방행정주사 (일반임기제)	박창희	○ 의회 의결사항과 관련된 각종 자료수집 · 조사 · 분석 지원 - 의원발의 조례안, 건의안 등 안건 발굴 및 성안 - 행정사무감사 및 조사 자료분석 및 질의서 작성 지원 - 인사청문회, 예 · 결산 심의 관련 등 질의서 작성 지원 - 정책제안, 현안사항 및 주요 정책(사업) 분석 ○ 의원 도정질문, 5분발언 작성 및 관련 자료 취합 · 분석 지원 ○ 의원 주최 토론회, 세미나, 공청회 등 개최 추진 - 토론문, 축사 등 관련 자료 작성 및 참석 등 지원 ○ 의원 보도자료, 인터뷰, 기고문 등 작성 및 홍보 지원 ○ 의원 요구자료 처리 및 관련 자료 취합 · 분석 지원 ○ 의원 연구활동 및 정책발굴 활동 지원 - 의원 연구단체 지원, 연구용역 추진 등 ○ 기타 의원 의정활동 지원 및 일반 행정지원 등	

3) 업무 난이도는?

경쟁을 뚫고 의회에 들어올 실력이라면 누구나 할 수 있는 업무라고 본다. 설령 잘 모르는 일이 있더라도 옆 동료나 팀장에서 물어보면서 처리하면 큰 어려움은 없으리라고 본다.

4) 어떤 능력이 요구되나

컴퓨터에 능숙하면 좋고, 특히 자료 수집능력이 많이 요구된다. 그리고 글 쓰는 능력도 중요하다. 정책지원관 업무의 70~80%가 글로써 준비하는 것이다. 정책지원관은 자료를 수집해 글로 제공하고, 의원은 이를 말로 풀어 낸다.

5) 휴가는 자유롭나

의회에 근무하는 큰 장점 중의 하나가 비회기 때 장기 휴가가 가능하다는 것이다. 비회기 때는 담당 의원과 일정만 잘 조율하면 일주일에서 10일 정도의 휴가도 가능하다. 반면, 회기 때는 업무 특성상 휴가 사용이 상당히 제약을 받는다. 이는 의회 근무의 장점이자 단점이라고 할 수 있다. 결론적으로 비회기 때 여유롭게 휴가를 갈 수 있어 장점이 더 많다고 할 수 있다.

6) 근무환경 등 기타 장점

의회는 예산 편성이 집행부(지자체)에 비해 자유로워 재정적인 여유가 있다. 집행부는 편성 예산에 대해 의회의 심의를 받지만, 의회는 의회사무처에서 편성해 의원들이 심의하기 때문에 우호적인 편이다. 팔이 안으로 굽는 것과 같다. 형이하학적이지만 사무실에 과자·컵라면 등 간식이 많아 좋다. 의원용으로 준비해 놓은 것이지만 직원들이 많이 먹기도 한다. 좋은 표현은 아니지만, 집행부와 굳이 갑-을 관계를 따진다면 정책지원관이 '갑'에 더 가깝다. 말이 그렇다는 것이지, 실제 갑질을 한다면 정책지원관으로서 자격 상실이라고 할 수 있겠다.

경기도의회에 한정된 장점을 든다면 청사가 지은 지 얼마 안 돼 시설이 매우 깨끗하다. 또 의회와 도청 사이에 한의원, 내과, 치과가 있고 간단한 진료는 무료다. 의회에 헬스장과 탁구장, 카페, 휴게실이 있어 심신을 단련하기에도 좋다.

장래 지방의원이나 국회의원, 지자체장 등 정치인을 꿈꾼다면 정책지원관 업무가 예비 수업이나 다름없다. 실제 장래 정치인이 되기 위한 징

검다리로 정책지원관을 하는 경우도 있다. 또 의원을 보좌하면서 간접적으로 자신의 평소 소신을 펼치거나 지역사회를 개선해 나가는 것도 큰 보람일 수 있겠다.

　정책지원관이 돼서 취업의 꿈은 물론, 의원을 통해 지역사회를 더욱 살기 좋게 만드는 조력자로서 보람을 찾는 것도 대단히 의미 있는 일이라 생각한다. 이 책이 그 길에 조금이나마 도움이 된다면 저자로서 더없는 보람이 될 것이다. 훌륭한 정책지원관의 꿈을 꼭 이루시길 응원한다.

'보도자료 작성' 채용 분야

1. 보도자료 작성 전문가 채용 최근 분위기

각 지자체에서 임기제공무원 모집 채용공고를 할 때 자주 등장하는 분야 중 하나가 보도자료 작성 요원 모집이다. 예전에는 공보팀의 주 업무인 보도자료 작성을 글 좀 쓴다고 하는 일반직 공무원들이 자의 반 타의 반 차출돼서 했다. 하지만 업무 효율이 떨어지고, 갈수록 신속성과 전문성이 요구돼 최근에는 언론사 기자 출신들로 물갈이되고 있다. 특히 요즘은 보도자료를 대부분 '완성형 기사체'로 만들어 배포하기 때문에 언론사 시스템이나 기자 생리를 잘 이해하고 있어야 해 대부분 기자 출신들이 공보팀에 포진해 있다. 더러 일반직 공무원이 보도자료를 담당하는 곳이 있긴 하지만 점차 전문임기제로 대체되고 있다. 저자가 근무하는 가평군만 해도 올해 4월까지 일반직 공무원이 하다가 기자 출신 임기제로 전환한 것이다. 공보팀에서 모집하는 임기제공무원은 '보도자료 작성 분야', '메시지 작성 분야', 'SNS 홍보 분야', '사진 촬영 분야' 등으로 크게 나눠 볼 수 있다. 그중에서도 보도자료 작성 분야를 가장 자주 모집한다.

1) 왜 전문가가 필요한가

이는 지자체 단체장이 민선으로 뽑히면서 공보(홍보)에 대한 중요성과 필요성이 커지면서다. 사실 지자체에서는 지역민을 위해 공무원들이 자체적으로 성실하게 일만 잘하면 된다. 하지만 아무리 일을 열심히 해도 지역민들이 알아주지 않는다면 의욕이 많이 떨어질 것이다. 꼭 지역민들이 알아주길 바라는 것이 아니더라도 지자체에서 하는 사업을 효과적으로 알려 사업에 협조를 얻어 내고 동참하게 하는 것도 중요한 일이다. 그래서 지자체 사업에 대한 홍보의 필요성이 갈수록 높아지고 있고, 관련 분야 전문가가 필요한 것이다.

특히 선출직인 해당 단체장은 효과적인 홍보의 필요성을 더욱 강하게 느낀다. 지자체 사업을 지역민들에게 잘 홍보해서 유권자들에게 자신이 일을 잘하고 있다는 것을 알려야 하기 때문이다. 그래야 다음 선거에서 재선, 3선을 할 수 있기 때문이다. 그런데 예전처럼 보고서식으로 딱딱하게 사업을 알려 봐야 누가 관심도 안 가져 주고 언론에서도 기사로 잘 실어 주지 않는다. 지역민들에게 지자체가 하는 일을 효과적으로 잘 알리려면 언론에서 관심을 끌 만한 정보를 잘 선택하고, 이를 기사체로 가공하고 제목도 매력적으로 뽑아 보도자료로 제공해야 한다. 이는 '기자적인 감각'이 필요해 언론사 출신이 아니면 한계가 있다. 물론 기본적으로 문장력이 있고 다년간 훈련된 일반직 공무원들도 못 하란 법은 없다. 하지만 대부분의 공무원들은 공보팀 업무를 꺼린다. 거친 기자들 상대하기도 피곤하고, 무엇보다도 보도자료 작성 업무를 공무원 고유 업무로 생각하지 않는 경향이 있다. 언젠가는 떠나야 하는 자리인데, 굳이 피곤한 기자들 상대해 가면서 하고 싶어 하지 않는다. 그래서 일반직 공무원이 선호하지 않고, 업무상 기자적인 감각도 필요해서 외부에서 기자 출신을 채용해 보도자료 작성 업무를 맡기고 있는 것이다.

2. 직급별 채용 모집 요강 어떻게 되나

저자가 응시했던 보도자료 작성 분야 7급, 6급, 5급 임기제공무원 모집 요강을 예로 들어 본다. 다른 지자체들도 보도자료 작성 업무로 모집하는 임기제공무원의 직무 내용이나 자격요건은 거의 동일하다고 보면 된다.

공보담당관실에서 보도자료 작성 업무는 7급~5급까지 모집하는데 주로 실무자로 7급이 가장 많고, 이어 6급이다. 5급은 책임자급을 모집하는데 '과장(담당관)급'이다. 당연한 일이긴 한데, 6급과 5급은 응시자의 수를 떠나 질적인 경쟁이 심하다. 특히 5급의 경우 대외적인 위치나 연봉 면에서도 탐낼 만한 자리여서 일부 내정이 돼 있는 경우도 있는 것 같다. '내정'은 긍정적인 면과 부정적인 면으로 나누어 생각해 볼 수 있다. 공개경쟁이라는 측면에서 내정이란 절대 있어서는 안 되는 일이다. 그런데 정말로 능력 있는 사람이 그 자리에 와 주길 바라는 경우가 있을 수 있다. 그런 경우 해당자에게 넌지시 '콜'을 하는 경우가 있다. 바람직한 경우는 그 사람도 응시를 하고, 다른 사람들도 응시를 해서 진검승부를 가려 가장 적격자를 합격시키는 것이다. 하지만 부정적인 경우는 선거공신이나 측근 등 특정인을 염두에 두고 채용공고를 해서 특정인을 뽑는 경우다. 소위 말하는 '낙하산' 인사다. 이런 경우 종종 언론에 비판 기사로 보도돼 파문이 일기도 한다.

1) 직급별 실제 채용 모집 요강

다음에서는 7급에서 5급까지 각 지자체의 실제 채용공고를 통해 보도자료 작성 분야의 모집 분위기를 알아본다. 채용공고에서 자격요건 등을 보면 직급별로 실무경력기간만 다르지 내용은 비슷하다는 것을 알 수 있다. 하지만 면접전형 과정에서 면접위원들이 하는 질문의 깊이가 다르고 응시자 또한 경력이나 스펙 등에서 '내공'이 깊다. 특히 5급의 경우 사무관으로 책임자급이어서 리더십이나 발표력, 응용력 등을 면밀히 따지고 검증하는 데 중점을 둔다.

(1) 7급 보도자료 작성 분야 모집공고 예시

- 〈2024년 3월 가평군 7급 모집공고〉 예시

보도자료 작성 (기획예산담당관)	행정7급 (일반임기제)	1명	임용 시부터 ~ 2024. 12. 31.	40	• 군정홍보 보도자료 작성 • 언론사 인터뷰 자료 작성 • 기획 보도자료 작성 • 소속 부서의 업무분장에 따른 업무

임용분야 (예정직급)	자 격 요 건
보도자료 작성 행정7급 (일반임기제)	○ 다음 각 호 어느 하나 이상의 자격 요건을 갖춘 사람 1. 학사학위 취득후 1년 이상 관련분야 실무경력이 있는 사람 2. 3년 이상 관련분야 실무경력이 있는 사람 3. 8급 또는 8급상당이상의 공무원으로 2년 이상 관련분야 실무경력이 있는 사람 ※ 관련분야: 민간 기관단체나 법인 또는 정부 기관과 지방자치단체, 공공기관 등에서 **언론홍보·공보를 위한 각종 홍보 및 취재, 보도 활동 분야** 업무를 담당한 경력으로 **증명서**에 그 내용이 **구체적으로 명시**되어 있어야 함.

- 〈2023년 3월 용인시 7급 모집공고〉

채용분야 [근무부서]	직급	선발 인원	근무기간 (週근무시간)	직무내용	비고
보도자료 작성 [공보관]	지방행정주사보 (일반임기제)	1명	1년 (주40시간)	▪ 시정홍보 보도자료 작성 ▪ 언론사 인터뷰 자료 작성 ▪ 기획보도자료 작성 ▪ 홍보협력 업무 지원 등	

직무분야	자 격 기 준
보도자료 작성 [공보관]	다음 각 호의 자격을 하나 이상 갖춘 자 1. 학사학위를 취득한 후 1년 이상 관련분야 실무경력이 있는 사람 2. 3년 이상 관련분야 실무경력이 있는 사람 3. 8급 또는 8급 상당 이상의 공무원으로서 2년 이상 관련분야 실무경력이 있는 사람 ○ **관련분야(경력)** : 국가, 지방자치단체, 공공기관 및 민간(언론사 포함) 등에서 언론홍보·공보를 위한 각종 홍보 및 취재, 보도활동 분야 근무 경력

- 〈2024년 1월 전주시의회 7급 모집공고〉

임용 분야	임용 직급	임용 인원	담당직무 내용	근무 기간	근무예정 부서
공보	지방행정 주사보 (일반임기제)	1명	▪ 주간 공보계획 수립·운영 ▪ 보도자료, 기자회견문, 기고문, 칼럼 등 작성 ▪ 축사, 인사말, 연설문 등 작성 ▪ 언론 보도 모니터링 및 스크랩, 언론 대응 ▪ 기타 공보팀 업무 지원	2년	의회사무국

분 야	자 격 요 건
공보	〈다음 각 호의 어느 하나에 해당하는 자〉 ○ 학사학위 취득 후 1년 이상 관련분야 실무경력이 있는 사람 ○ 3년 이상 관련분야 실무경력이 있는 사람 ○ 8급 또는 8급 상당 이상의 공무원으로 2년 이상 관련분야 실무경력이 있는 사람 ※ 관련분야 경력 : 국회, 지방의회, 국가 및 지방자치단체, 언론사 등에서 <u>취재, 보도, 편집</u> 분야 근무 경력

(2) 6급 모집공고 예시

- 〈2023년 2월 성남시 6급 모집공고〉

언론 보도자료 작성 (시간선택제 임기제 **나급**)	1명	2년	주 35시간	○ 주요 현안 보도자료 작성 ○ 언론사 인터뷰, 말씀자료 작성 ○ 정례 브리핑 및 동정자료 작성 ○ 기타 언론 대응 홍보 추진	공보관

언론 보도자료 작성 (시간선택제 임기제 **나급**)	【필수요건】 1. 학사학위를 취득한 후 3년 이상 관련분야 실무경력이 있는 사람 2. 5년 이상 관련분야 실무경력이 있는 사람 3. 7급 또는 7급 상당 이상의 공무원으로서 2년 이상 관련분야 실무경력자 【관련분야 실무경력】 ○ 신문(「신문 등의 진흥에 관한 법률」 제2조제1호가목 또는 다목에 한하여 인정), 방송 등 언론사에서의 취재 및 보도 경력 ○ 국가, 지방자치단체, 공공기관 등에서 언론 홍보 담당 경력

- 〈2022년 12월 포천시 6급 스피치라이터 모집공고〉

임용분야 〈근무부서〉	임용직급	인원	계약기간	직무내용
스피치라이터 분야 〈홍보담당관〉	시간선택제 임기제 **나급** (주35시간)	1명	1년	◦ 소통기획(기고문, 인사, 연설문 검토 및 발굴) ◦ 기획형(정책) 홍보자료 발굴 및 작성 ◦ 각 부서 말씀자료 검토 및 작성 등

임용분야 (임용직급)	임용자격요건(지방공무원법 제27조제2항 제3호)
스피치라이터 분야 〈홍보담당관〉 〈시간선택제 임기제 **나급**, 주35시간〉	다음 각 호의 어느 하나에 해당하는 사람 1. 학사학위를 취득 후 3년 이상 관련분야 실무경력이 있는 사람 2. 5년 이상 관련분야 실무경력이 있는 사람 3. 7급 또는 7급상당 이상의 공무원으로서 2년 이상 관련분야 실무경력이 있는 사람 【관련분야 경력사항】 - 국가기관, 지방자치단체, 공공기관, 민간분야(언론사 및 기업체) 등에서 연설문, 기고문, 보도자료 등 작성 관련 근무 경력

(3) 5급 모집공고 예시

- 〈2022년 8월 경기도청 5급 모집공고〉

구분	임용분야 〈근무부서〉	임용직급	인원	임기	근무 시간	담 당 업 무
	언론협력자문관 〈언론협력담당관〉	일반임기제 행정5급	1명	1년	주40 시간	○ 도정의 효과적 언론홍보 추진 자문 ○ 도정 주요 이슈 언론 대응 관련 자문 ○ 언론사와의 소통을 기반으로 한 협력 체계 구축을 통해 도정 홍보 강화

임용분야 〈근무부서〉 임용직급	자 격 기 준
언론협력자문관 〈언론협력담당관〉 일반임기제 행정5급	1. 학사학위 취득 후 5년이상 관련분야 실무경력이 있는 사람 2. 8년이상 관련분야 실무경력이 있는 사람 3. 6급 또는 6급상당 이상의 공무원으로 2년 이상 관련분야 실무경력이 있는 사람 ○ **관련분야 경력** : 언론, 홍보, 미디어, 마케팅 또는 대외협력 관련 근무경력

- 〈2023년 7월 화성시 5급 모집공고〉

구분	임용분야 (근무부서)	임용 직급	인원	임기	근무 시간	시험 방법	담당업무
시간 선택제 임기제	홍보정책관 (홍보담당관) [재공고]	가급	1	채용일로부터 2024.06.30.까지	주35시간	서류전형 면접시험	-시정홍보 전략수립 -홍보콘텐츠 자문

구 분	자격요건
홍보정책관 (홍보담당관) 시간선택제임기제 가급 [재공고]	1. 학사학위를 취득한 후 5년 이상 임용예정 직무분야의 실무경력이 있는 사람 2. 8년 이상 임용예정 직무분야의 실무경력이 있는 사람 3. 6급 또는 6급상당 이상의 공무원으로서 2년 이상 임용예정 직무분야의 실무경력이 있는 사람 【임용예정 직무분야】 • 국가, 지방자치단체, 공공기관, 민간기업에서 홍보 기획·운영 분야 업무경력 【우대요건】 • 공공정책분야 홍보업무 경력자

3. 자격요건 꼼꼼히 따져 보자

모집 요강에서 제시하고 있는 '자격요건'도 꼼꼼하게 살펴보고 자신에게 해당 사항이 맞는지 적용해 봐야 한다. 각 지자체에서 공고하는 직급별 모집 요강은 다음과 같다.

7급의 경우 경력기간을 ▲학사학위 취득 후 1년 이상 관련 분야 실무경력이 있는 사람 ▲(고졸 이하의 경우) 3년 이상 관련 분야 실무경력이 있는 사람 ▲8급 또는 8급 상당 이상의 공무원으로서 2년 이상 관련 분야 실무경력이 있는 사람으로 명시하고 있다.

6급의 경우 ▲학사학위 취득 후 3년 ▲(고졸 이하의 경우) 5년 ▲7급 또는 7급 상당 이상의 공무원으로서 2년 이상을 요구한다.

5급은 ▲학사학위 취득 후 5년 ▲(고졸 이하의 경우) 8년 ▲6급 또는 6급 상당 이상의 공무원으로서 2년 이상을 충족해야 한다.

이 같은 직급별 경력기간 요건은 전국 모든 지자체가 동일하다. 따라서 해당 분야 경력자라면 위와 같은 최소 경력기간을 충족하는 것은 어렵지 않을 것이다. 실무경력 인정 관련 분야의 경우 "국가기관·지방자치단체·공공기관 또는 법인 등에서 기획, 홍보, 취재, 메시지 작성 등 실무경력"이라고 제시하고 있다. 법인은 언론사·기업체 등 공식적인 기관을 의미한다. 여기서 개인적인 경력은 인정하지 않고 어떤 식으로든지 증명 가능한 '기관'에서의 근무경력을 요구한다는 점이 눈에 띈다. 실력을 떠나 개인경력을 인정하지 않는 것은 객관적인 검증이 어려워서 그런 것이 아닌가 싶다.

그런데 2022년 8월 경기도청 '미디어커뮤니케이션 전문요원' 6급 모집공고에 관련 분야 경력을 "언론·홍보·미디어 또는 대외협력 관련 근무경력"이라고 명시해 좀 더 포괄적으로 인정하고 있다. 경기도와 경기도의회의 경우 기관이 커서 그런지, 다른 지자체에 비해 문호가 더 개방돼 있는 것 같다. 이런 경우 직접 채용 담당 인사부서(채용공고에 연락처 나와 있음)에 문의해 자신의 경력을 설명하고 확인해 보는 것이 좋다.

경력이 있다고 해서 무한정 인정해 주는 것이 아니라는 것도 명심해야 한다. 즉, 퇴직 후 일정 기간이 지나면 경력으로 인정되지 않는다는 것이다. 앞에 2부에서도 설명했지만, 경력 유효기간이 일반임기제는 '퇴직 후 3년', 시간선택제임기제는 '퇴직 후 10년'으로 각각 다르다.

4. 일부 지자체는 보도자료 실기시험 실시

지자체에 따라 면접시험 당일 면접 전에 실기시험을 실시하는 경우도 있다. 저자는 서산시와 가평군에서 현장에서 실기시험을 봤고, 하남시의 경우 사전에 제시한 주제에 대해 기획기사를 작성해서 제출했다. 임기제 채용 모든 실기시험은 현장에서 종이에 직접 서술하는 방식이다. PC를 통해 기사를 작성하지 않는다. 따라서 실기시험을 실시하는 지자체의 경우 원고지(200자 기준) 5~6매의 분량으로 제한시간을 정해 놓고 종이에 직접 작성해 보는 것이 좋다. 평소 PC에서만 문서 작업을 하다가 막상 종이에 기사를 작성하려고 하면 생각과는 달리 잘 안된다. 기사의 기본 형식을 정해 놓고 꼭 종이에 직접 써 보며 연습해야 한다. 제목 및 부제를 뽑는 시간도 기사 작성 시간에 포함해야 한다.

- **2023년 12월 충남도청 6급 메시지 기획·작성 및 관리 분야 실기시험 안내문**

  ○ **메시지 기획·작성 및 관리 분야**는 전문지식과 그 응용능력 검증을 위해 면접시험 당일 **실기시험(메시지 작성)을 병행** 실시합니다.

- **2021년 7월 충남 서산시의 보도자료 작성 실기시험 안내문**

임용분야	시간계획	인원	대상자	비고
시정홍보	13:00~14:00 14:00~14:30	2명	1-1, 1-2	13:00까지 대기장소에 입실
마을만들기	14:30~17:00	10명	2-1, 2-2, 2-3, 2-4, 2-6, 2-9, 2-10, 2-11, 2-12, 2-13	14:00까지 대기장소에 입실

  ※ 시정홍보 13:10~13:50까지 보도자료 작성 후 면접 실시

- 2021년 7월 하남시의 보도자료 작성 실기시험 안내문

언론홍보 전문가 <도시브랜드담당관> 지방시간선택제 임기제 다급	1. 학사학위를 취득한 후 1년 이상 관련분야 실무경력이 있는 사람 2. 3년 이상 관련분야 실무경력이 있는 사람 3. 8급 또는 8급 상당 이상의 공무원으로 2년 이상 관련분야 실무경력자 ○ **관련분야 경력** : 국가·지방자치단체·공공기관 및 민간기업 등에서 홍보실무(홍보기획, 언론홍보, 보도자료 작성 등)을 담당하거나, 언론사 기자로 활동한 경력 ○ **필수 제출서류** : 언론홍보 관련하여 본인이 작성한 보도자료(별지10호)

- 2024년 3월 가평군의 보도자료 작성 실기시험 안내문

가평군인사위원회 공고 제2024 - 33호

2024년도 제1회 지방임기제공무원 임용시험
서류전형 합격자 결정 및 면접시험 시행공고

2024. 3. 13.~3. 15. 접수한 2024년도 제1회 가평군 지방임기제공무원 임용시험 서류전형 결과를 다음과 같이 공고합니다.

2024년 3월 22일
가평군인사위원회위원장

□ 서류전형 합격자 명단: 붙임
□ 면접시험 시행계획
  ○ 면접 방법: 역량면접
   - 역량면접: 응시자에 대한 질의를 통해 공무원으로서의 정신자세, 전문지식과 그 응용능력 등을 파악
   ※ 군정 홍보(보도자료 작성) 분야는 평정표 작성 시 사전조사서(기사) 작성
  ○ 면접 일정

채용 분야	면접일 및 입실시간	대기장소
보도자료 작성	2024. 4. 1.(월) 10:30	

5. 최후의 합격 관문 면접전형

앞서 설명한 정책지원관과 마찬가지로 보도자료 작성 분야 임기제공무원 서류전형도 자격요건에서 명백한 결격사유가 없는 한 대부분 합격시킨다. 어떤 지자체 채용공고에서는 서류전형 기준을 '형식적 심사'라는 문구를 넣기도 한다. 이는 응시 자격에서 경력요건 등 절대적인 기준만 충족하면 일단 합격시키겠다는 의미다.

하지만 이는 절대적인 기준은 아니고 일부 지자체는 서류전형에서 1차로 탈락시켜 면접 응시 인원을 줄이기도 한다. 이때는 경력요건이 충족돼도 상대적으로 스펙이 부족한 응시자를 탈락시키는 것이다. 하지만 그 수는 많지 않다. 서류전형에서 탈락할 정도라면 해당 지자체 모집에 응시한 지원자들의 경력이 매우 화려한 것으로 추정돼 면접까지 간다고 해도 탈락할 가능성이 높다. 그러니 설령 서류전형에 탈락한 경우 괜한 헛수고를 줄였다고 스스로 위안 삼으면 된다.

따라서 2차 면접전형이 당락을 결정하는 최후의 관문이다. 서류접수 과정에서 자신의 스펙을 서류로 증명해 보였다면, 면접은 실전에서 합격을 좌우하는 최후의 일전을 치르는 것이다.

다음 〈표〉는 면접시험 평가 기준이다.

■ **면접시험 평정요소 및 합격, 불합격 기준**

다. 면접시험
○ 서류전형 합격자를 대상으로 면접을 통해 전문지식과 그 응용능력, 공무원으로서의 정신자세 등 직무수행에 필요한 능력 및 적격성을 종합적으로 평가.
○ 불합격 기준에 해당하지 않는 자 중에서 평정성적이 우수한 자 순으로 합격자 결정.
  - (평가요소)
    ㉮ 공무원으로서의 정신자세   ㉯ 전문지식과 그 응용 능력
    ㉰ 의사표현의 정확성과 논리성 ㉱ 예의, 품행 및 성실성
    ㉲ 창의력, 의지력 및 발전가능성
  - (평가방식) 개별면접으로 자기소개서, 직무수행계획서 등을 토대로 질의·응답
  - (불합격 기준) 위원의 과반수가 평정요소 5개 항목 중 2개 이상을 '하'로 평정하였거나, 위원의 과반수가 어느 하나의 동일한 평정요소에 대하여 '하'로 평정한 경우
  - (최종합격자 결정) 불합격 기준에 해당하지 않는 자 중에서 평정성적(총점)이 우수한 자 순으로 선발예정인원에 해당하는 인원만큼 합격자 결정

1) 면접전형의 질문거리… 자기소개서와 직무수행계획서

정책지원관 분야에서 강조한 것처럼 '자기소개서'와 '직무수행계획서'는 면접위원들에게는 나에 대해 질문 가능한 예상 문제나 다름없다. '자기소개서'와 '직무수행계획서'를 잘 써야 하고, 전략적으로 작성해야 하는 이유이기도 하다.

'자기소개서'는 그 사람의 살아온 인생 노정이자 노력의 결과물이어서 당락을 결정하는 잠재적인 요소가 된다. 이러한 잠재적인 가능성에다 면접장에서 그것을 면접위원들에게 임팩트 있게 각인시켰을 때 합격의 결과물로 나올 것이다.

따라서 자신의 소중한 경력과 노력의 결과물, 자신의 장점과 강점을 스토리텔링 형식으로 소개하면서 중요한 부분에 임팩트를 줄 필요가 있다. 아무리 좋은 노래도 '고저장단'이 조화를 잘 이뤄야 듣기 좋지 않던

가. 자신의 경력 중에서 강점이자 차별화 요소가 될 수 있다고 생각되는 부분은 임팩트 있게 강조하고 면접장에서 질문으로 이어질 수 있도록 유도해야 한다. 따라서 가장 좋은 자기소개서는 자신의 장점과 강점을 핵심을 찍어 강조하고, 자연스럽게 예상 질문까지 유도해 내는 것이다. 전략적으로 자기소개서에서 약간의 궁금증을 남겨 두는 것도 하나의 방법이라 할 수 있다. 면접위원이 궁금해서 또는 확인차 면접장에서 그 부분을 질문하도록….

'직무수행계획서'는 자기소개서에서 "내가 이렇게 보도자료 작성 업무에 적임자로서 요건을 갖췄는데, 그 능력을 공보팀에서 이렇게 펼쳐서 최상의 직무성과를 올리겠다."라는 것을 조목조목 설명하는 것이다. 그러기 위해서는 해당 지자체의 현안 사항과 현재의 보도자료 작성 수준, 장점과 개선해야 할 점 등을 정확히 파악해야 한다. 이는 해당 지자체 홈페이지에 들어가서 단체장의 취임사, 신년사, 각종 기자회견문 등을 정독하고 키워드를 분석해야 한다. 그리고 최근 1개월 정도의 보도자료를 리뷰하면서 보도자료 작성 성향, 잘된 점, 개선점 등을 비판적인 시각에서 분석해야 한다.

여기서 주의할 점은 개선해야 할 점에 대해 너무 비판적으로 이야기해서는 안 된다는 것이다. 아무리 좋은 약도 입에는 쓰다. 옳은 지적이라도 당사자는 일단 거부감이 들 수 있다. 면접위원 5명 중에는 해당 지자체에서 3명 정도 들어오고, 그중에 공보팀 담당자가 들어올 수도 있다. 그들은 어떤 식으로든 자신들이 해 온 일에 지적을 당하는 것이어서 기분 좋을 리 없다. 따라서 개선해야 할 점을 지적할 때는 그전에 잘하고 있는 점 등을 충분히 부각한 다음, "그런데 이러이러한 점을 조금 개선하면 더욱 좋아질 것"이라는 식으로 완곡하게 표현해야 한다. 이는 면접장에서도 마찬가지다.

2) 실제 면접장에서 어떤 질문이 나올까?

실제 면접장에서의 면접 질문은 일체 외부 유출이 일체 안 된다. 따라서 저자의 여러 차례에 걸친 면접 경험과 다른 면접자들의 경험 등을 토대로 예상 질문들을 정리해 본다. 이 외에도 본인이 추가적인 예상 질문을 만들어 정리해서 연습하면 충분히 대처할 수 있을 것이라 본다. 면접장에서는 15분 동안에 면접위원 5명이 골고루 질문을 해야 하기 때문에 한 질문에 너무 길게 답변하면 중도에 제지를 당한다. 따라서 간략하게 핵심만 전달할 수 있도록 답변을 짧게 정리해야 한다.

다음에 예시하는 예상 질문들은 보도자료 작성 분야를 중심으로 정리하고, 이어 일반적인 면접에서도 나올 수 있는 질문들을 열거해 놓았다. 여기에 본인의 상황에 맞춰 내용을 첨삭하기 바란다.

- **면접 예상 질문들 예시**

★△'1분 자기소개'를 해 보시오.

★△우리 ○○시에 지원한 이유는?

★△다른 지자체에서 근무하다 온 경우, 왜 우리○○시에 지원하게 됐나? 또는 전에 근무했던 ○○시의 보도자료와 우리 ○○시의 보도자료를 비교한다면?

★△담당 팀장이나 과장이 자신이 작성한 보도자료에 대해 대폭적인 수정을 지시할 경우 어떻게 하겠나?

★△우리 ○○시의 보도자료에 대해 느낀점은? 또는 개선해야 할 점이 있다면?

★△○○시에서 일하게 된다면 보도자료를 어떻게 개선해 보고 싶나?

★△평소 보도자료 작성할 때 어떤 점에 주안점을 두는가? 임팩트 있는 제목을 뽑는 자신만의 노하우가 있다면?

★△기자들이 기분 나쁘게 전화로 문의해 올 경우 대처방안은?

★△보도자료 중에 일반보도자료, 기획보도, 인터뷰 자료 중에 어느 것이 가장 자신 있는가?

△우리 ○○시의 주요 현안이 무엇이라고 생각하는지? ☞ 사전에 해당 지자체 홈페이지나 보도자료, 기사 등을 통해 준비할 것.

★△왜 당신을 뽑아야 하는지 어필해 보라. 또는 우리 ○○시에 기여할 수 있는 본인의 역량과 경험은? ☞ 자기만의 강점을 준비해서 강조.

★△우리 ○○시에 들어오면 추진해 보고 싶은 업무는? ☞ 이는 사전에 치밀하게 준비해야 답변할 수 있음. 다른 곳에 지원하더라도 변형해서 써먹을 수 있으니 공을 들여 준비 필요.

★△공무원으로서 중요한 자세는 무엇이라고 생각하나?

△나이가 좀 많은데 나이 어린 사람들을 상사로 모시고 일하기 괜찮겠나?

△상급자와 업무상 마찰 시 어떻게 대응할 것인가?

★△마지막으로 하고 싶은 말은?

면접 예상 문제가 너무 많고 중복된 부분이 없잖아 있다. 하지만 유비무환 측면에서 중요성이 떨어지는 질문도 모두 열거했으니 참고하기 바란다.

6. 공보팀 실제 근무 환경

1) 광역지자체 공보 분야 구성

　대부분의 지자체 공보팀은 공보담당관실에 속해 있다. 경기도청의 경우 공보·홍보 분야 조직이 실로 대단하다. 규모면에서 웬만한 언론사에 버금갈 정도다. 2024년 5월 현재 대변인과 홍보기획관 밑에 각각 언론협력담당관, 보도기획담당관(22명), 정책홍보담당관(23명), 도민소통담당관(45명) 이렇게 4개 부서가 있다. 이곳에서 보도자료 생산은 물론, 사진, 영상, SNS, 방송 등을 총괄하고 있다. 담당관은 과(課)에 해당하는데, 언론협력담당관과 도민소통담당관은 다른 과보다 인원수 면에서 규모가 2~3배 더 크다. 각 담당관 소속으로 직원들이 각각 20~60명씩이나 돼 4개 부서 전체 직원을 합하면 150여 명이나 된다.

　국내 최대 규모의 광역지자체답게 언론활동이 왕성하다. 이 때문에 '나라일터'에 보면 관련 분야 채용공고가 수시로 올라오고 있다. 그곳에서 직접 근무를 해 보지 않아서 모르겠지만 인원과 채용이 많은 만큼, 물갈이도 자주 되는 것 같다. 동일 분야 모집공고가 자주 나는 것을 보고 유추해 본 것이다. 경기도지사는 차기 대권을 꿈꾸는 경우가 많아 공보·홍보 분야 역할이 지대하다. 그래서 능력 검증도 강하게 이뤄지는 것 같다.

　경기도청은 규모가 큰 만큼 관련 분야 임기제공무원을 수시로 채용하니 관심을 갖고 자주 들여다보는 것이 좋다. 보도자료 작성 분야로 범위를 좁혀 보면 순수하게 보도자료만을 작성하는 인원은 보도기획담당관 소속으로 4명이 배치돼 있는 것 같다. 조직도상에서 업무분장 내용으로 살펴본 바다. 하지만 조직이 워낙 방대하다 보니 다른 부서에서 유사한 업무를 하는 경우도 있어 실제로는 이보다 많다고 보면 된다. 도지사 메시지 작성, 연설문 작성, 방송 인터뷰 작성 등은 다른 부서에 소속돼 별도 인력으로 잡혀 있다. 대부분의 지자체 공보팀에서는 이러한 업무까지도 공보팀에서 담당하고 있다.

전국 시 단위 지자체의 공보 또는 홍보담당관실은 직원이 20~25명으로, 공보팀을 포함해 팀이 4개 정도로 구성돼 있다.

- 〈경기도청〉 공보·홍보 분야 조직 구성

대변인	홍보기획관
· 언론협력담당관 · 보도기획담당관	· 정책홍보담당관 · 도민소통담당관

2) 공보팀의 하루

(1) 아침 업무… 새벽 일찍 출근해 전날 보도 내용 스크랩

공보팀은 보도자료 작성이 주 업무인데, 이 외에도 전날 보도된 보도자료 스크랩도 주요한 업무 중 하나다. 매일 새벽 7시 전후에 출근해 8시경까지 해당 지자체 관련 주요 언론보도 내용을 스크랩해서 시장(군수), 부시장실 등에 보고하는 것이다. 아주 오래전에는 직원이 종이 신문에서 해당 기사를 일일이 칼과 가위로 오려서 종이에 붙였다. 하지만 지금은 '아이서퍼'라는 곳에 비용을 지불하면 해당 지자체 기사가 자동으로 검색되고, 이를 쉽게 스크랩하고 편집할 수 있도록 돼 있어 편하다.

일부 지자체의 경우 단순 기사 스크랩을 뛰어넘어 주요기사 외에도 지자체장이 참고할 만한 주요 동향과 관련 이슈 등까지도 옥석을 가려 스크랩하느라 새벽부터 전쟁을 치르는 곳도 있다. 신문 스크랩은 매일 새벽에 이루어지는 일이어서 공보팀에서 귀찮아하는 일이기도 하다. 해서 일부 지자체는 임기제공무원의 보도자료 작성 업무로 채용공고를 내면서 보도자료 스크랩을 할 수 있는 사람을 우선한다는 문구를 적시하기도 한다.

보도자료 스크랩 업무는 지자체에 따라 1명이 전담하거나 공보팀 소속 직원들이 요일별로 순번을 정해 돌아가면서 하는 경우도 있다. 저자가 근무하는 가평군청의 경우 보도자료 스크랩을 요일별로 순번을 정해서 한다. 보통 오전 7시에 출근해 7시 50분경까지 스크랩을 완료해서 군수실에 가져다준다.

(2) 오전 업무… 보도자료 추가 작성 및 언론사 배포

당일 배포할 보도자료는 대부분 전날 완성을 해 놔야 한다. 하지만 퇴근 후에 올라온 보도자료도 적지 않아 아침 일찍 출근해서 당일 배포해야 할 보도자료는 급히 작성해서 내보내야 한다. 저자의 경우 보통 오전 8시 이전에 출근해서 9시경까지 보도자료를 모두 완료해 공보팀장 자리에 올려놓는다. 보도자료는 매일 '주요 보도자료' 2~3건, '기타 보도자료' 4~5건으로 분류해서 제출한다. 기타 보도자료는 보도자료로서 중요성이 낮거나 단순 홍보성일 경우이다. 이를 공보팀장이 검토 후 OK하면 오탈자나 이름 등을 다시 한번 검토한 다음 기자 리스트에 올라와 있는 250명 정도의 기자들에게 이메일로 일괄 전송한다. 이때 1회 최대 전송메일 분량이 100명 정도여서 3번에 나눠 전송한다. 시급성을 따져 '주요 보도자료'를 먼저 전송하고, 나중에 '기타 보도자료'를 전송한다. 따라서 메일 전송 동일 작업을 6번 반복해서 하게 된다. 이어 당일 보도자료를 군청 홈페이지에 올리고, 연합뉴스 서비스에도 올린다. 그리고 스크랩과는 별도로 전일 보도된 기사를 건별로 언론 게재 횟수를 집계한 '언론보도실적'을 문서로 작성해서 올린다. 이는 프로그램화돼 있어서 사람이 일일이 집계하는 것은 아니다. 이렇게 전날 올라온 보도자료를 수정·작성하고 홈페이지 등에 올리고 하다 보면 오전 11시쯤 된다. 그러면 특별히 긴급한 일이 없는 한 점심시간 때까지는 잠깐의 여유가 생긴다.

(3) 오후 업무… 다음 날 배포할 보도자료 준비

점심식사 후에도 사무실에서 잠깐 동안의 여유를 부리다가 오후 2시경부터 본격적으로 다음 날 배포할 보도자료를 준비한다. 문서함이나 메일로 들어온 보도자료 의뢰 문서를 수시로 확인하면서 그때그때 정리한다. 그런데 다음 날 메인 보도자료로 쓸 만한 것이 없을 때는 은근하게 부담감이 들기 시작한다. 이런 때는 평소 준비해 놓은 보도자료를 가공하거나 급히 주간 정책회의 자료 등을 뒤져 메인 보도자료감을 발굴한다. 이런 경우는 기자가 기사를 취재해서 쓰는 것과 거의 비슷하다. 해당 과와 담당자가 누구인지를 확인해서 보도자료 작성 취지를 설명하고 자료를 요청한다.

좋은 점은 특별한 경우가 아니라면 자료 협조가 잘된다는 점이다. 해당 부서에서도 자기들이 직접 작성하는 수고 없이 보도자료를 공보팀에서 직접 만들어 주니 환영한다. 보내온 자료가 충실할 때는 1시간 정도면 그럴싸한 보도자료를 작성하는데, 그렇지 않은 경우엔 에너지가 많이 소비된다. 짬짬이 A4용지 기준 1페이지(15포인트 기준) 분량 정도의 단순 행사 홍보성 보도자료 정리도 해야 한다.

단순 행사 홍보성 보도자료라도 기본적인 내용이 충실하고 사진도 괜찮으면 기사 형식으로 쉽게 정리가 된다. 하지만 행사 시점이 많이 지났거나 행사 일시나 장소, 내용 등이 구체적으로 명시가 안 돼 있을 경우는 직접 전화해 보충 취재를 해야 한다. 이럴 때도 꽤 짜증이 난다. 이런 게 한두 건이면 괜찮은데 여러 건이면 그렇다는 것이다. 특히 군민들에게 유익한 정보가 될 만한 행사가 시기가 한참 지난 상태에서 행사 결과를 알리는 보고서 형식의 보도자료가 올라오면 힘이 많이 빠진다. 그런 것은 언론사나 독자(군민) 입장에서는 별로 의미가 없는 보도자료가 되기 때문이다. 이는 보도자료를 대하는 관점의 차이인데, 담당 공무원은 해당 사업이 잘 처리됐다는 '보고'에 의미를 둔다. 하지만 보도자료를 생산하는 공보팀이나 이를 보도하는 언론사 입장에서는 행사 전에 보도자료를 배포해 독자들에게 '정보'를 제공하는 데 더 큰 의미를 두는 것이다.

메인 보도자료의 경우 갑자기 보도자료거리가 없을 경우에 대비해 미리 준비를 해 두는 편이다. 일상적인 보도자료 수정 작업은 기자 생활을 해 본 사람이라면 그렇게 힘든 일은 아니다. 별로 정보성도 없는 보도자료를 다듬는 것이 무의미하다는 생각이 들기는 하지만…. 이런 가운데서도 정보로서의 가치나 의미가 있는 보도자료가 들어오면 일하는 맛이 나고, 제목과 내용을 보충하고 기사체로 완성하고 나면 보람도 느껴진다. 그런 면에서 보도자료 작성 업무는 다른 행정 분야의 일보다 생동감이 있고 업무에 대한 독립성도 어느 정도 보장이 된다. 하지만 이는 기관에 따라 꽤 편차가 크다. 글 쓰는 것을 좀 아는 팀장이나 과장은 전문성을 인정해 줘서, 큰 문제가 없으면 쉽게 OK를 해 일처리가 빠르다.

그런데 보도자료에 대해 잘 모르는 상급자는 맥락을 잘못 짚어 지적을 해 힘들게 한다. 물론 상급자니까 크게 잘못된 것이 아니라면 의견을 최대한 반영해 수정하지만, 이런 경우 일에 회의감이 들 수 있다. 잘 설득해서 원만하게 합일점을 찾는 것이 중요하다고 본다. 그러려면 본인의 실력이 월등해야 한다. 임기제공무원은 보도자료 작성 업무에서는 최고 프로로서 그 자리에 있는 것이기 때문이다.

(4) 비정규적인 기획특집, 인터뷰 기사, 기고문 작성 등

날마다 내보내는 보도자료 외에도 '기획보도', '특집보도', '인터뷰'용 보도자료를 만들어야 할 때가 있다. 이는 그때그때 사안에 따라서 업무량이 달라질 수 있다. 규모가 큰 지자체의 경우 '기획보도', '특집보도', '인터뷰'용 보도자료, '기고문'만 전담해서 작성하는 임기제공무원이 있다. 저자가 하남시에서 공보팀으로 근무할 때 초기에는 저자 혼자서 일반 보도자료와 기획특집 등 두 가지를 모두 담당했다. 업무가 과중할 때는 공보팀장이 글 쓰는 능력이 있어서 도와주기도 했다. 그러다가 중간에 임기제 1명이 추가로 채용됐는데, 그 임기제는 기획·특집기사, 기고문 등을 전담하고 저자는 일반 보도자료를 작성하는 것으로 업무가 이원화돼 있었다. 그런데 저자가 임기 종료로 하남시를 나간 이후 추가로 담당자를 채용하지 않아 현재는 혼자서 두 가지 업무를 담당하고 있다고 한다.

일반 보도자료는 각 부서에서 초안을 작성해서 올라온 것을 제목과 내용을 기사체 문장으로 수정·보완해서 언론사에 배포한다. 이는 단순 작업인 경우가 많아 스트레스는 덜 받지만, 대신 업무에 대한 성취감은 적다. 반면, 기획기사나 기고문 작성 등은 스트레스는 좀 받지만 일에 대한 성취감은 더 크다. 그리고 단체장 등으로부터 잘했다고 칭찬을 들으면 일의 보람도 많이 느낀다. 그리고 이런 기획기사나 기고문 등은 일반직 공무원은 하기 힘든, 임기제공무원이 강점이어서 진짜 능력을 보여 줄 수 있는 좋은 기회이기도 하다.

(5) 업무 패턴 익히고 조직 적응하면 스트레스는 적은 편

보도자료 작성 전문임기제공무원은 주로 전직 기자 출신이거나 기업체 홍보팀 등에서 보도자료를 작성해 본 경력자들이 주로 들어온다. 그래서 기본적으로 보도자료를 작성하는 업무는 일정 시간이 지나고 해당 지자체의 조직문화와 업무가 대충 파악되면 반복되는 성격의 일이 많다. 그래서 스트레스는 많지 않은 편이다. 물론, 이러한 일을 일반직 공무원이 담당한다면 스트레스가 많겠지만 기본적인 글쓰기 훈련이 돼 있는 임기제라면 사실 단순한 작업으로 느껴질 때가 많다.

또한 기자 출신들은 현직에 있을 때 데스크 오더에 의해 취재하기 어려운 기사도 써야 하고, 기사를 마감했는데 갑자기 돌발 상황이 발생해 그 기사를 빼고 다른 기사로 급히 채워 넣어야 하는 경우도 종종 있다. 이때는 제한시간이 불과 2~3시간 이내에 취재를 해서 기사까지 완성해야 하기 때문에 고도의 스트레스를 받게 된다. 마감시간이 정해져 있고, 어떻게 해서든 그 시간 안에 기사를 만들어 내야 해서 엄청난 압박감이 든다. 경험에 의하면 처음엔 막막하던 것도 고도로 긴장하고 초집중을 하기 때문에 머릿속에서 단어 조합이 착착 이뤄져 어떻게든 마감시간 안에 기사가 완성이 된다. 한번 쭉 읽어 보고 오탈자 등만 수정하면 1시간 만에 완성한 기사나 3시간 이상 걸려 완성한 기사나 완성도면에서 큰 차이가 없을 정도다.

이렇게 엄청난 스트레스를 받으며 마감시간 안에 기사를 완성하고 나면 다른 한편으론 큰 성취감이 들기도 한다. 대개 이런 기사는 중요성이 큰 톱기사인 경우가 많아 자신의 기사가 1면 등에 크게 실리면 마약 같은 성취감이 든다. 그런 맛에 힘든 가운데서도 기자 생활을 하기도 한다. 하지만 이런 일을 겪을 때마다 수명이 단축되는 심정이어서 자주 할 일은 못 되는 것 같다. 어찌 됐든 기자 출신들은 이런 엄청난 스트레스를 겪은 경험이 많아 글에 대한 스트레스 내성이 상대적으로 강한 것이다.

(6) 기자 출신들은 업무 전문성 못지않게 조직과 융화 중요

앞서도 이야기했지만 기자 출신들은 글 쓰는 일이 주요 업무이기 때문에 보도자료 작성 업무는 단순 업무로 느껴질 것이다. 문제는 기자 출신들은 공무원 조직에서 조직원들로부터 느끼는 스트레스가 더 클 수도 있다. 직장 생활을 해 본 사람들은 대부분 느끼겠지만, 직장에서 받는 스트레스는 크게 업무적인 것과 사람으로부터 느끼는 스트레스 두 가지로 대별된다. 이 두 가지 모두 없는 직장이 최고의 직장이겠지만 그런 직장이 어디 있겠는가. 대부분 둘 중 하나는 느끼며 일할 것이다. 조직 또는 상사를 포함한 구성원으로부터 느끼는 스트레스도 조직을 위한 업무에 포함돼 그에 대한 보상으로 월급을 주는 것이 아니겠는가.

모두 그런 것은 아니지만 기자 출신들은 자존심이 상대적으로 강하고, 일의 성격상 사람을 대함에 있어 좀 거친 면이 있다. 상대편에서 볼 땐 건방져 보이기도 할 것이다. 그런데 공무원 조직에서는 취재기자로 활동하면서 몸에 밴 그러한 행동이나 말투는 매우 치명적이다. 서비스 정신으로 무장하고, 온순한 양처럼 조심해야 하는 공직문화에 적응하는 것이 처음엔 많이 힘들 것이다. 그리고 공무원 사회는 철저한 계급사회이기 때문에 급수에 맞게 처신해야 한다. 7급이면 팀장(6급)이나 과장(5급)에 대해 7급으로서 그에 맞는 마음자세와 행동으로 대해야 한다.

자신이 이제 더 이상 자유분방한 기자가 아니고, 관료조직에서 한 사람의 공무원이라는 마음자세로 빨리 재무장하는 것이 중요하다. 그렇지 않으면 첫 번째 임기를 마치면 다음 임기 재계약은 힘들 수 있다. 어쩌면 관료조직에서는 업무적인 능력보다는 조직에 순응하고 인간관계를 얼마나 잘 유지하느냐가 훨씬 중요할 수 있다. 그래서 기자 출신들은 더욱 언행을 조심해야 한다.

제4부

임기제공무원 3곳
실제 근무해 보니

하남시청

▲하남시청 전경

1. 지원 계기

　농민신문사를 2020년 12월 명예퇴직하고 2021년 1월부터 대학의 산학협력중점교수가 되기 위해 정말 많은 노력을 기울였다. 주로 신분이 보장되는 국립대학교를 지원했는데, 10곳 정도를 지원했으나 모두 2차 면접에서 탈락했다. 이 중에서도 정말 공을 많이 들인 곳은 국립인 강릉원주대학교와 사립인 청주대학교였다. 강릉원주대는 '전임채용형'으로 2명을 모집하고 신분이 어느 정도 보장되는 '전임'이어서 기대가 컸다. 수많은 복잡한 채용 서류를 준비하고 면접 준비도 많이 했다. 하지만 실제 면접에서는 실무경력이 부족하고 경력 면에서도 이공계가 아니라는 데서 불리함이 감지됐다. 면접 후 허탈한 마음으로 집에 왔지만, 일말의 기대감으로 발표만을 기다렸다. 결과는 '불합격'이었다. 어느 정도 예상을 했지만 막상 떨어지고 나니 맥이 많이 풀렸다. 그래도 그 무렵 산학협력교수를 모집하는 학교가 많아 부지런히 서류를 준비해서 지원했지만 모두 면접에서 탈락했다.

유일하게 지원했던 사립대인 청주대학교도 기대를 많이 했던 곳이다. 같은 산학협력교수라도 저자의 경력과 전공(대학원)에서 일치하는 신문방송학과 소속으로 모집했기 때문이다. 1차 서류전형 심사 후 2명이 2차 최종 면접에까지 갔으나 '합격자 없음'으로 결론 났다. 면접 내내 분위기가 좋았으나 연구용역을 많이 수주해 오는 것에 대해 심사위원들에게 확신을 심어 주지 못한 것이 주원인이었던 것 같다. 주심 면접위원이 그 점에 대해 여러 방면으로 질문을 했는데 자신 있는 대답을 못 했다. 청주대는 합격에 기대를 많이 해서 발표를 기다리는 것에 너무 조바심이 났다. 그래서 기다리다 못해 3박 4일 일정으로 혼자 여행을 떠났다. 여행 마지막 날 오후 속리산 법주사 주차장에서 손에 땀을 쥐며 결과를 기다렸다. 결과는 '합격자 없음'으로 발표됐다. 크게 실망이 되고, 마지막 기대여서 '이제 무얼 준비해야 하나' 하는 마음에 앞날이 막막했다.

이후 퇴직 직후 설립한 인터넷신문사를 본격적으로 운영하면서 농업 분야 경영컨설팅도 함께 준비했다. 그 과정에서 공공기관인 '농업기술실용화재단' 모집공고를 보게 됐고, 임기제공무원 채용 사이트인 '나라일터'도 알게 됐다. 때마침 충남 서산시를 비롯해 경기도 시흥시, 경기도청, 하남시에서 비슷한 시기에 공보 분야 임기제공무원을 채용하는 공고가 떴다. 임기제공무원 모집공고를 보고 "이런 것이 있었나?" 하고 눈이 번쩍 뜨였다. 마치 신세계를 발견한 듯한 기분이었다.

하지만 서산시청을 비롯해 3곳에서 모두 탈락했다. 서산시청은 일반임기제 7급이었는데 2명이 최종 면접을 봤다. 면접 전에 기사 작성 실기시험이 있었는데 다른 면접자는 느낌상 제대로 작성하지 못한 것 같았다. 저자는 제목을 비롯해 본문도 기본 골격을 갖춰 비교적 잘 작성했다고 생각됐다. 면접도 무난하게 잘 봤으나 결과는 '합격자 없음'이었다. 아마도 면접자 2명 중 1명은 실력이 부족하고, 1명은 실력은 있으나 나이가 많아 합격자를 내지 않은 것으로 보였다. 이후 시흥시청은 젊은 여성이 합격했고, 경기도청 6급은 4명 중 1명도 합격자를 내지 않았다.

며칠 사이로 3곳 모두 떨어지고 나니 의기소침해지고, 나이가 많아 절대적으로 불리한 것 같아 기분이 정말 우울했다. 이제 남은 것은 하남시청. 7월 30일 발표 날 가슴을 조이며 시 홈페이지를 들락날락하던 중 최종 합격자 명단에 내 수험번호를 발견했다. 얼마나 기뻤던지…. 수험번호를 다시 확인하고, 시청에 전화로 재차 문의한 후에야 합격을 실감했다.

2. 면접 에피소드

하남시청에 1차 서류를 내기에 앞서 나이가 많은 것이 걱정이 됐다. 그래서 접수 전에 공보담당관실에 전화를 해서 "제가 언론사 경력이 많고, 실무도 누구보다 자신이 있는데 나이가 좀 많다. 나이 많은 것은 상관없느냐?" 하고 문의를 했다. 그 전화를 받은 직원이 나중에 저자와 함께 일한 옆 직원이었다. 합격 후 근무하면서 들은 이야기인데, 공보담당관 (과장)이 "서류접수 결과 경력이 좋고, 실기기사 내용도 뛰어나 실력 있는 사람이 접수를 했는데 나이가 많다. 그런데도 함께 근무할 수 있겠느냐?"라고 직원들에게 물었다고 한다. 그때 전에 저자의 전화를 받았던 직원이 "그렇잖아도 얼마 전에 나이 많은 사람이 전화를 했는데, 목소리가 점잖고 괜찮은 것 같더라." 하고 대답했다고 한다. 그러자 공보담당관이 "그러면 내가 직접 면접에 참여해서 꼼꼼히 살펴봐야겠다."라고 해서 면접위원으로 들어왔는데, 마음에 들었던 모양이다.

최종 면접 후 면접위원들이 종합적으로 강평하면서 "실력은 의심할 여지가 없지만 나이가 좀 많은 것 같은데 함께 일하기 괜찮겠느냐?" 하고 의견을 묻자 공보담당관이 "우리는 나이 상관없이 실력만 있으면 괜찮다."라고 말해 '최종 합격'이라는 좋은 결과가 나왔다고 한다.

3. 실제 근무 경험

합격자 발표일로부터 약 1달 후인 8월 23일 하남시장으로부터 임용장을 받고 정식 출근했다. 당시 김상호 하남시장이 임용장 교부 후 인사말을 하며 저자의 이름을 특별히 부르면서 "임용을 축하하고, 하남시 홍보를 잘 부탁한다."라고 말했다. 이후로도 김상호 시장은 큰 행사의 경우 저자가 직접 현장에 취재하러 가면 행사에 온 VIP 인사들에게 저자를 "농민신문에서 논설실장까지 한 분인데, 우리 하남시를 위해서 공보 업무를 하고 있다."라며 소개했다. 핸섬하고 선비 같은 시장을 행사장 등에서 자주 만나면서 존경하는 마음이 생겨 '하남시를 위해 내 모든 능력을 불사르리라'고 다짐하곤 했다.

초기 하남시청에서의 근무 여건은 지금 생각해도 환상적이리만치 좋았다. 공보담당관도 임기제 5급 공무원이었는데 카카오그룹에서 홍보 업무 등을 담당하다 임기제공무원으로 들어와 공보 업무에 대해 이해가 깊었다. 6급 공보팀장과 7급 담당주무관도 기본적으로 글을 잘 쓰고, 저자가 들어오기 전까지 직접 보도자료를 작성해 죽이 잘 맞았다. 그들은 저자가 일하는 것을 보고 자신들은 2시간 이상 걸리는 일을 30~40분 만에 해내는 것을 보고 감탄했다. 그러면서 "제발 다른 데 갈 생각 하지 말고 여기서 오래오래 근무해 달라."라고 신신당부했다. 그러니 일하는 것이 보람 있고 재미있을 수밖에…. 당시 저자의 각오는 '이들이 나에게 기대하는 것의 2배 이상 업무성과를 내서 고마움에 보답하자'는 것이었다.

이들이 저자의 존재를 실력 이상으로 평가하고 소중하게 대접했던 것은 그 나름의 이유가 있었다. 저자의 전임자는 공보팀장이 문제가 좀 있는 보도자료에 대해 조심스럽게 시정을 요청해도 그 임기제가 자존심 상해서 서로 불편했다고 한다. 그 전임자는 1차 임기를 다 채우고 이후 2년간 계약 연장이 됐지만, 도중에 중도 퇴사했다고 한다. 그 공백 기간이 5개월 정도 되면서 팀장과 주무관이 자신들의 본업을 하면서 나간 임기제 업무를 대신하려니 엄청 힘들었다고 한다. 그런데 저자가 들어와서 자신들의 업무도 덜어 주고 일도 입맛에 맞게 척척 잘해 주니 무척 고마워했다. 저자 또한 시간선택제임기제라서 일도 보람되면서 적지 않은 월급을 받고, 오후 5시면 퇴근할 수 있으니 그렇게 좋을 수가 없었다.

공보팀에서 어느 정도 자리가 잡히자 그동안 미뤄 왔던 공직자 대상 보도자료 작성 특강을 실시했다. 보도자료는 각 과에서 사업 전 또는 사업 실시 후에 보도자료 초안이 올라온다. 공보팀에서는 이 보도자료 초안을 기사체에 맞게 다듬어 각 언론사에 배포하는 시스템이다. 그런데 보도자료 초안이 엉망인 경우가 많았다. 행사 전에 안내성 보도자료를 냈더라면 시민들에게 유익한 '정보'가 됐을 것을 행사 후 경과보고를 하는 형식의 보고성 보도자료가 적지 않았다. 이런 보도자료는 언론사나 독자인 시민들에게 '식은 죽' 같은 흥미 없는 것이 되고 만다. 또 어떤 보도자료는 주어와 서술어가 맞지도 않고 횡성수설 무엇을 전달하려는지 도무지 알 수 없는 것도 있었다. 물론 공무원 특유의 보고성 문화와 평소 글을 쓰는 사람들이 아니기 때문에 일견 이해가 가기도 한다. 하지만 보도자료에 대해 조금만 알려 주면 유용한 정보성 보도자료가 되고, 글도 매끄러워질 것 같았다.

그래서 2022년 5월 시청 전 직원을 대상으로 '보도자료 작성 및 글쓰기 기초' 특강을 실시했다. 특강에는 보도자료 작성 실무자는 물론 과장·팀장 등 100여 명이 참석해 큰 호응을 얻었다. 특강은 보도자료를 작성하는 목적과 방법, 글쓰기 기초 등을 중심으로 진행했다. 이후 보도자료의 질이 크게 향상되는 것을 보고 보람이 컸다. 하남시를 그만둘 때는 멀리 떨어져 있는 동사무소에서도 직원들이 많이 아쉽다는 문자를 보내오기도 했다. 하지만 하남시 공보팀에서의 행복한 나날은 거기까지였다.

▲2022년 5월 하남시청 전 직원을 대상으로 실시한 '보도자료 작성 및 글쓰기 기초' 특강 장면.

4. 그만두게 된 계기

2022년 6월 전국지방자치단체 선거에서 당시 시장이 낙선하고 반대 정당의 시장이 들어오면서 상황은 돌변했다. 신임 시장은 전임 시장 때의 사업을 대폭 수정하면서 자신의 이미지 부각에 중점을 뒀다. 보도자료도 새로운 집행부 성향에 맞춰 크게 수정되는 등 분란이 끊이지 않았다. 특히 시민들의 표를 많이 의식하는 시장의 행보를 곁에서 보고, 그러한 내용을 더욱 미화해서 보도자료로 써야 하는 일이 정말 싫었다.

하지만 상명하복의 공직문화에 따르지 않을 수 없었다. 시장이 임기 초기 자신의 치적 알리기에 역점을 두고 공보담당관실을 압박해 오자 신임 공보담당관(과장)이 보도자료를 직접 보고 고치는 등 간섭이 많아졌다. 어떤 때는 비전문가 입장에서 보도자료를 대폭 고치는 경우도 있었다. 그럴수록 '이곳에서 오래 근무하기 어렵겠다'는 생각이 강하게 들고, 하루하루가 버티기 힘들었다.

그러던 차에 2023년 3월 초순, 1차 임기 만료를 1달여 앞두고 재계약 미연장 방침을 통보받았다. 그에 앞서 과에서는 내부적으로 재계약 방침을 정하고 업무 평가도 최고 등급인 S등급으로 올렸었는데, 업무실적 평가를 구체적으로 다시 올리라고 연락이 왔다. 그래서 지난 1년간의 업무실적을 좀 더 구체적으로 기술하고, 팀장도 거들어 더욱 보완해 올렸지만 저자의 자리를 없애는 것으로 결정이 났다. 당시 보도자료 작성 업무를 30대 후반의 일반임기제공무원(경기지역 기자 출신)과 시간선택제임기제공무원인 저자가 했는데, 시간선택제임기제 자리를 없애기로 했다. 그래서 임기 만료가 먼저 도래하는 저자가 그만둘 수밖에 없게 됐다.

처음엔 기분이 무척 상했지만 시간이 조금 지나자 오히려 마음이 홀가분해졌다. 마치 좁은 새장에 답답하게 갇혀 있다 문을 열고 드넓을 창공으로 날아오르는 것처럼 좋았다.

그 무렵 다른 지자체로 이직하기 위해 보도자료 작성 업무 임기제공무원 채용에 몇 곳 응시를 했지만 탈락했다. 면접을 보면서 나이 때문에 많은 불이익을 받고 있다는 것을 느꼈다. 어쩔 수 없는 세월의 한계를 체감하면서 씁쓸한 기분이 들었다. 그래서 자의 반 타의 반으로 3가지 측면에서 토지전문 공인중개사 업무와 인터넷신문사 운영, 농업경영 컨설팅 업무를 하기로 진로를 정했다.

퇴직을 며칠 앞두고 하남시 공보담당관실에서 전 직원이 동참한 가운데 아쉽다며 환송연을 성대하게 해 줬다. 과장과도 오해가 풀려(그해 성과 평가에서 저자를 최고 등급인 S등급으로 추천) 있던 차였다. 환송식을 하는 식당에 대형 플래카드를 걸고 감사패도 받았다. 2년이 채 못 되는 기간을 근무하고 나가는 임기제공무원을 이렇게 성대하게 환송하는 경우는 매우 드문 일이다. 새로 온 시장이 힘들게 해서 그렇지, 이렇게 정이 많은 직원들에게 감사하고 헤어지기 아쉬웠다. 하남시를 퇴직하고 2년째인 지금까지도 종종 만나 술자리를 하고 안부를 주고받으며 좋은 관계를 유지하고 있다.

▲퇴직을 며칠 앞둔 2023년 4월 27일 하남시 공보담당관실에서 전 직원이 동참한 가운데 아쉽다며 환송연을 성대하게 해 줬다.

경기도의회

▲경기도 수원시 영통구에 있는 경기도의회 전경(사진 오른쪽이 의회 건물, 왼쪽은 경기도청)

1. 지원 계기

하남시 임기 종료 1달 전쯤 경기도의회 정책지원관 6급 임기제공무원 채용공고가 났다. 경기도의회 정책지원관 채용은 모집공고 전부터 큰 사회적인 이슈가 됐다. 모집 인원이 전국 최대 규모인 78명이나 되는 데다 기초의회는 7급인데, 이곳은 광역의회라서 6급으로 모집했기 때문이다. 의회 내에서도 채용 방식 문제를 놓고 논란이 많았다고 한다. 원래는 전년도에 모집정원의 50%를 뽑고, 이듬해에 나머지 50%를 채용하는 것이 정상인데 1년을 끌다가 2023년 5월에 78명을 한꺼번에 뽑았다. 채용도 의원들의 청탁 등이 우려돼 경기도의회에서 채용하지 않고 외부 전문업체에 용역을 줬다.

저자는 의회 경험은 없었지만 다행히 모집 요강에 '홍보' 문구가 있어서 자격요건이 됐다. 다른 의회는 모집요건에 '홍보' 경력이 들어가는 곳이 거의 없는데, 이곳에 인연이 있었던가 보다. 모집 전부터 워낙 언론에 이슈가 많이 되고, 전국 최고의 인재들이 모일 것이라는 소문 때문에 응시를 많이 주저했다. 하지만 경기도청과 경기도의회 출입기자로 활동했던 경력이 있는 옆 임기제 동료가 지원할 것을 적극 권유했다. 나이는 많지만 모집 인원이 78명이나 되니 반드시 나 같은 전문 경력자 1~2명은 뽑을 것이라는 것이 이유였다. 사실 농업 분야로는 30년을 농민신문에서 기자로 근무하고 경영학 박사 학위 등이 있어 '전문성' 면에서는 도전해 볼 만도 했다.

2. 면접 에피소드

지원자가 워낙 많을 것으로 예상돼 1차 서류 접수부터 웹사이트를 통해 했다. 그래서 입력방식 등 절차가 복잡했다. 1차 서류전형 합격자 발표를 보니 접수 과정에서 중도 포기한 인원이 무척 많았다. 1차에서는 최종 접수자 중 20% 정도를 탈락시키고 서류전형 합격자를 발표했다. 1차에 합격해 이제 2차 면접이 관건이었다. 이후에는 비대면 AI 면접-지필고

사(논술)-2차 논술 발표 및 면접전형이 기다리고 있었다. 비대면 AI 면접은 퇴직 기념으로 간 일본 홋카이도 여행 중에 호텔에서 봤다. 면접 당일은 AI 면접이 처음이라서 부담이 많이 돼 종일 여행 기분을 낼 수 없었다. AI 면접 후 느낌상 80% 정도는 만족스러운 답변을 한 것 같아 안도했다.

당락이 결정되는 2차 면접 날인 2023년 5월 3일, 면접 대기장에서 보니 나이가 꽤 들어 보이는 사람들도 있어 나이에 따른 부담감은 덜했다. 필기시험 문제는 과거시험처럼 문제가 주어지면 45분 동안에 서술하는 방식이었다. 저자는 주어진 8절지 답안지에 1장 반을 써 냈다. 논점을 정확하게 짚은 것은 아니었지만 논점을 포함해 종합적으로 써냈다. 면접장에서 논술문제를 발표하고 답변을 할 때도 조례 제정 전반에 대해 말해 법에 대해 잘 아는 것으로 평가받았다. 대학 때 전공이 법학이라서 큰 도움이 됐다.

종합면접에서는 의회 업무 전반에 대한 질문에 이어 공직관에 대해 물었다. 이에 하남시에서 실제 느꼈던 것에다 내 생각을 접목해 소신 있게 답했다. "사회에서는 공무원들이 너무 원칙만 고수해 융통성이 없다고 하는데, 공무원들만이라도 원칙을 지키는 것이 맞다고 본다. 다만, '적극행정'으로 규정이 허용하는 한도에서 민원인에게 도움이 되게 열심히 일하면 본인도 보람 있고, 주민들로부터도 환영을 받을 것"이라고 자신 있게 말했다. 이는 저자가 신문사에서 30년간 근무하면서 같은 일이라도 내가 주도적으로 하면 일이 힘들어도 보람이 컸던 경험까지 섞어 답했다. 꾸밈없이 확신에 차서 열정적으로 말했던 것이 면접관들의 마음을 움직였던 것 같다.

드디어 최종 합격자 발표 날인 5월 9일, 그날은 aT(한국농수산식품유통공사) 연수원에서 실시하는 1박 2일 과정의 농업 홍보마케팅 교육의 마지막 날이었다. 교육 중에 지인이 장모상을 당했다는 부고를 받고 교육 후 빈소인 광주광역시까지 갔다. 교육 종료 후인 오후까지도 합격자 발표가 나지 않아 고속도로 휴게소에 들러 합격자 발표 홈페이지에 접속했다. 2차 면접을 잘 봤다고 생각했기에 합격에 대한 기대감이 내심 많았다. 저녁 무렵 두근거리는 가슴을 안고 합격자 명단을 보니 '최종 합격'이었다. 정말 가슴이 뛸 듯이 기뻤다. 반신반의해 내 수험번호를 몇 번이나 확인하고 합격자 명단을 재확인했는데, 역시 합격이었다.

▲경기도의회는 2023년 5월 30일 도의원의 의정활동을 지원하는 전문인력인 '정책지원관' 78명에 대한 임용장을 교부하고 이날 임용했다. 저자는 맨 뒷줄 가운데 있다.

3. 실제 근무 경험

건강검진과 신원조회 등을 모두 마치고 2023년 5월 30일부터 근무에 들어갔다. 1차 임용기간은 2023년 5월 30일부터 2024년 5월 29일까지였다. 5월 30일 정책지원관 78명에 대한 신규 임용장 교부에 이어 곧바로 5일 동안 실무교육이 실시됐다. 이어 6월 7일 경기도의회 농정해양전문위원실에서 첫 업무가 시작됐다. 정책지원관은 1명이 의원 2명을 지원하게 되는데, 저자는 부의장과 5선(시의회 3선, 도의회 2선) 의원을 담당하게 됐다. 나이가 많고 의회 실무 경험이 부족해 업무 면에서 많이 배려해 준 것 같았다. 부의장은 비서실(별도 2명 배정)이 따로 있어서 부담이 덜했다. 다만 5선 의원이 의욕적이어서 일이 좀 많았다. 하지만 다른 지원관들에 비해선 많은 편이 아니었다. 또 5선 의원이 의회 경험이 많아 일을 요령 있게 주문했다.

그런데도 30년 이상을 기자 생활만 하고, 하남시에서도 보도자료 작성 업무만 했었기에 행정 업무가 서투르고 부담이 많이 됐다. 다행인 것은 정책지원관 업무의 70% 이상이 글로 작성하는 것이라는 점이었다. 조례 제·개정, 행정사무감사(약칭 행감, 국회의 국정감사) 질의자료, 각종 토론회 및 인사 말씀 자료, 5분 자유발언, 보도자료 작성 등이 모두 글로 표현하는 것이다. 의원은 이를 토대로 말로써 역할을 수행한다. 저자는 글 쓰는 데 있어서는 자신이 있었기 때문에 의원에게 큰 만족감을 줬다. 특히 행정사무감사 등에서는 기자적인 감각을 발휘해 질의자료를 예리하게 작성하고 이를 보도자료로 잘 소화해 주변 의원들이 내 담당 의원을 부러워할 정도였다.

한번은 상임위원장 담당 정책지원관이 부재중에 위원장 언론 심층인터뷰(신문 1개면 전면 배정) 자료를 준비하고, 이것이 크게 보도되자 위원장과 과장이 "최고의 기사"라며 크게 칭찬을 했다. 정책지원관으로서 글쓰기 능력은 이처럼 매우 중요한 요소가 된다.

정책지원관은 여러 업무가 있지만 그중에서도 조례를 만드는 것과 행정사무감사, 예·결산 업무 지원, 보도자료 작성 업무를 꼽을 수 있겠다.

비회기 등 평소에는 의원이 요청하는 조례 제·개정을 위한 준비 작업과 의원의 토론회 참석 지원 등이 주 업무다. 그리고 1년 중 가장 바쁜 때는 국회와 마찬가지로 11~12월에 진행되는 행감과 예산 심의 업무라고 할 수 있다. 행감을 위해서는 9월 중순부터 준비를 하고, 10월 들어 행감 직전까지는 눈코 뜰 새 없이 바쁘다. 이때는 야근을 밥 먹듯이 해야 한다. 준비를 잘해 두면 정작 행감 기간에는 갑작스러운 돌발 상황에만 대처하면 돼 오히려 준비할 때보다 덜 바쁘다.

행감이 11월 하순경에 모두 끝나면 이어 12월 중순까지 다음 연도 본예산에 대한 심의가 이어진다. 이때 희비가 엇갈리는 데, 담당의원이 예결산 위원이 아닌 정책지원관들은 상대적으로 여유가 있다. 하지만 예결산위 위원 정책지원관들은 오히려 행감 때보다 더욱 신경을 많이 써야 한다. 담당의원이 농림해양위원회 의원이라고 해서 농해위 예산만 다루는 것이 아니라 집행부(경기도의회의 경우 경기도청) 전체 예산을 심의하기 때문에, 종합적으로 지원해야 한다. 따라서 초기에 자신이 담당하는 의원이 해당 상임위 외에 예결산위 등 특별의원회 위원인지, 아닌지에 따라 업무량이 크게 달라진다.

4. 담당 의원에 따라 업무량은 '복불복'

지방의회도 국회와 마찬가지로 4년의 임기 동안 각각 2년씩 상임위가 전반기와 후반기로 나뉜다. 이때 의원들은 자신이 소속됐던 상임위원회가 거의 대부분 바뀐다. 정책지원관들은 의원과 달리 본인이 배속된 상임위는 대부분 그대로 고정된다. 하지만 자신이 담당해야 하는 의원은 이 때 다시 바뀐다. 그래서 정책지원관들은 다음에 자신이 담당할 의원이 누가 될 것인가에 대해 촉각이 곤두선다. 첫째는 담당의원이 합리적인 사람일 것, 둘째는 예결산위 등 특별상임위를 맡지 않을 것 등 두 가지가 자신의 업무량을 가늠하는 큰 관건이다. 실제 본인이 경기도의회에 사직서를 제출할 당시인 4월 말경부터 다음 회기에 자신이 담당할 위원이 누가 될 것인가에 신경을 많이 쓰는 분위기였다. 정책지원관에 따라서는 자신이 담당하는 의원이 소위 골 때리는 의원일 경우 의회를 그만둘 것까지 고민했다. 이는 첫 계약 임용기간이 2023년 5월 30일부터 2024년 5월 29일로 1년 기간이 끝나 2차 재임용을 앞두고 하는 고민들이었다.

실제 저자 옆자리에 있는 Y 정책지원관도 그중에 한명이었다. Y는 40대 초반 여성으로, 업무 능력이 뛰어났다. 그런데 Y가 담당하는 의원 2명 모두 일을 엄청 많이 시키는 데다, 그중 한 명은 예결위 특위까지 담당하는 의원이었다. 다른 한명의 의원도 매우 까다로워 신경을 많이 써야 했다. 그는 경기도의회에 들어오기 전 서울시에서 오래 근무했다. 저자가 볼 때는 만물박사 같았다. 아는 것이 많은 데다 일처리가 체계적이고 무척 빨랐다.

그의 일솜씨가 빨라서 일에 펑크가 안 났지, 다른 정책지원관 같았으면 쉽지 않았을 것이다. 물론 다른 정책지원관들도 막상 닥치면 그럭저럭 해냈겠지만 Y처럼 표시 안 나게, 웃으면서 해내지는 못했을 것이란 생각이 든다. Y도 사석에서는 고충을 많이 털어놨다. 다음 회기에서도 지금과 똑같은 상황이 발생할 경우 의회를 그만두고 싶다고….

실제 그는 의회에 들어와 일을 하기 시작한 지 3개월쯤 지나 의회를 그만두겠다고 했는데, 팀장과 과장 등이 극구 만류해 남아 있게 됐다. 앞서 말한 것처럼 의원 둘 다 일을 많이 시키는 데다 그중 한 명은 예결산특위 소속 의원이라서 행감이 끝난 뒤에도 일에 묻혀 지냈다. 그런데도 일머리가 있어 행감과 예결산특위 기간이 아닌 때는 오후 6시면 칼퇴근을 했다. 저녁에 헬스장에 가는 등 워라밸을 챙기기 위해서다. 대신 업무 시간에는 고도로 집중해서 일을 했다. 곁에서 지켜보면서 사회 경험은 저자가 훨씬 많지만 일처리 방식에 대해서는 많이 배웠다. 저자라면 그렇게 할 수 없을 것 같았다. 다음 회기에는 지금 담당하는 의원들보다 업무량이 덜했으면 덜했지, 더 심하지는 않을 것 같다. 하지만 앞날을 알 수 없는 법. 어느 조직에서나 일을 잘하는 사람에게 업무가 더 주어지는 걸로 봐서는 이 또한 장담할 수 없을 것 같다. 그래도 Y가 좀 편해졌으면 한다. 저자의 서투른 업무를 곁에서 싫은 기색 없이 많이 도와줘 항상 감사한 마음을 갖고 있다. 다른 동기들에게도 같은 마음이다.

▲경기도의회 대회의실에서 가진 '2023년 의원 종무식' 행사에서 농정해양위원회 소속 의원들과 상임위 직원들이 수상한 의원을 축하하고 있다.

5. 정책지원관 업무의 장단점

가장 큰 장점은 의원을 통해 자신의 평소 포부를 간접적으로나마 펼쳐 볼 수 있다는 것이다. 국회의원보다는 못하지만 지역에서는 의회 의원이 집행부(도청, 시청, 군청)의 사무를 감시하고, 조례 제·개정을 통해 제도를 바꿀 수 있다. 형식적으로는 의원이 주문한 일을 정책지원관이 조사해서 지원해 주는 것이지만, 실제로는 의원에게 건의해서 조례를 제·개정하거나 행감 등을 통해 집행부를 감시·견제할 수 있다. 행감이나 예·결산에서 질의할 주제도 의원이 관심 사항 몇 가지를 제시하고, 나머지는 정책지원관이 좌지우지한다. 물론 선택은 의원이 하지만….

또한 정책지원관은 일반직 공무원으로서 의원의 정치적인 일에는 일체 관여할 수 없도록 규정하고 있는 것도 장점으로 꼽을 수 있다. 즉, 의원의 지역구 행사 등에는 정책지원관이 지원하지 않는다. 이는 별정직 공무원인 국회의원 보좌관하고는 전적으로 다른 장점이다. 그래서 국회의원 선거 때(지방의회 의원이 해당 지역구 의원 선거운동에 동원되기 때문)나 지방의원 선거 때 정책지원관은 방학이나 다름없다. 의원이 선거에 온통 몰두해 있기 때문이다. 이는 의원 입장에서는 정책지원관을 자신의 가장 큰 관심사인 선거운동에 활용할 수 없어 애로 사항이다. 이에 지방의회에서는 법을 개정해 정책지원관을 자신들의 선거운동에 동원할 수 있도록 별정직으로 해 달라고 계속 청원 중에 있다. 또한 지금은 정책지원관 1명이 의원 2명을 지원하지만, 언젠가는 의원 1명 지원으로 바뀔 것 같다. 이 또한 의원들이 지속적으로 국회에 청원 중에 있다.

특히 장차 의회에 의원으로 진출하고자 하는 사람은 정책지원관 업무가 큰 도움이 된다. 쉽게 말해 차기 의원으로서의 예행연습이라고 할 수 있다. 정책지원관 업무를 한 다음 의원이 되면 그야말로 집행부를 좌지우지하는 의원이 될 수 있다. 의회에서 의원의 위치(영향력)는 경기도의회의 경우 경기도청 해당 부서의 국장급 정도 된다.

반면 단점은 의원의 거의 모든 요청 사항을 다 들어줘야 한다는 것이다. 조례 제·개정 작업 지원이나 행감 및 예·결산 질의자료 조사 등은 그렇다 쳐도, 그 외 각종 소모성 잡무가 적지 않다. 의원 의전 등이 그것이다. 법상으로는 정책지원관이 전문가로서 의원의 의정활동을 지원하는 것이지만, 현실에서는 그 경계가 모호하다. 의원의 지역 행사에도 법의 테두리를 벗어나지 않는 선에서 지원해야 한다. 예를 들면, 의원의 토론회 참석의 경우 정책지원관이 토론문 원고나 인사말을 작성해 주는 것으로 끝나는 게 맞지만 현실에서는 의원을 직접 수행해 토론장에 가는 것이다. 이를 딱 잘라서 업무 외의 일이기 때문에 갈 수 없다고 하기가 힘들다는 것이다.

이 같은 전문적인 업무를 벗어난 소모성 업무지원 때문에 일에 회의를 느끼는 경우가 적지 않다. 정책지원관들 사이에서는 의원과 정책지원관과의 관계를 '갑과 을' 관계가 아니라 '갑과 정' 관계라고 우스갯소리를 하곤 한다. 하지만 정책지원관들도 무료로 자원봉사를 하는 것이 아니고 그에 상응하는 보수를 받고 하는 일이기 때문에 마음에 안 차도 일정 부분 감수해야 하지 않나 싶다.

6. 의회 6급에서 군청 7급으로의 이직 계기

경기도의회에서 가평군청으로 이직을 고민하게 된 이유는 두 가지 큰 문제가 복합적으로 작용했다. 하나는 의회 일이 저자의 적성에 맞지 않는다는 것, 또 다른 문제는 노년에 계속 주말부부로 지내야 한다는 것이었다.

우선 의회 일이 저자 적성에 맞지 않는다는 생각이 일을 하면 할수록 강하게 들었다. 정년퇴직 후의 일자리로서 공무원 6급, 연봉 6,500~7,000만 원(각종 수당 등 포함)이면 어디에 내놔도 남부러울 것 없는 조건이었다. 임기도 열심히 일해 기본적인 성과를 유지하고, 징계 등을 받지 않으면 5년은 보장이 됐다. 실제 저자가 이직을 고민할 무렵 상임위에서 임기 재연장을 추진 중이었다. 하지만 일에서 큰 흥미를 못 느끼니 그러한 것들이 그렇게 큰 메리트로 작용하지 않았다. 일에서 흥미를 못 느낀 가장 큰 이유는 각종 문서 작업과 행정 업무가 부담이 많이 됐다. 거기에다 특히 "남들은 노년에 여가를 즐기고 제2의 인생을 즐긴다는데, 나는 언제까지 일에 치여 살아야 하나?" 하는 회의적인 생각이 들어 이직을 구체적으로 고민하게 됐다.

저자는 농민신문사에서 기자로 30년, 하남시청 공보팀에서 보도자료 작성 업무로 약 2년 동안 근무했다. 1991년 첫 근무를 시작한 농민신문사에서는 30년 동안 일하면서 현장에서 취재해 그것을 기사로 작성하는 것이 일의 대부분이었다. 부장으로 승진해서도 회의에 참석해 보도 방향을 정해 취재 지시를 내리고, 기자들이 써 올린 기사를 수정하고 보완해 편집부에 보내는 것이 주요 업무였다. 논설위원과 논설실장으로 근무할 때도 사설만 쓰면 됐지, 문서 작업이나 행정 업무는 거의 없었다.

문서 작업의 경우에도 요즘 젊은 기자들은 컴퓨터 업무가 능숙해 기본이지만, 1991년에 입사한 우리 때는 원고지에 기사를 작성하다가 30대 후반 쯤 컴퓨터로 기사를 작성했다. 초기에는 인터넷도 상용화되기 전이어서 모든 것을 오프라인으로 하던 시절이었다.

그런데 의회에서는 모든 업무를 문서화하고, 공문서를 작성해야 하는 일이 많았다.

앞서 언급했지만, 정책지원관의 주요 업무는 ▲조례안(제·개정, 폐지) 등 초안 작성 및 입법정책 검토 ▲예·결산 심의 관련 자료 수집·조사·분석 지원 ▲행정사무 감사 지원 ▲의원의 도정 질의서 작성 지원 ▲의원의 공청회·세미나·토론회 등 개최, 자료 작성, 참석 등 지원 ▲기타 의원 의정활동을 위한 일반 행정지원 등이다. 이들 업무를 문서 형식에 맞춰 보고서로 깔끔하게 정리하는 등 결과물에 앞서 사전 작업이 복잡했다. 글로만 표현하면 좋겠는데, 이를 각각의 문서 형식에 맞춰 하려니 저자 입장에서는 본업보다 부업이 더 신경 쓰이는 것이었다. 특히 글 쓰는 것 외에 엑셀 등 컴퓨터 작업이 서투른 저자에게는….

그리고 의원이 주관하는 토론회나 의원 연구단체 운영 등도 사전 작업이 복잡했다. 참석자 섭외에서부터 토론회 주제 설정 및 방향 제시, 토론장 섭외 및 운영 등등. 일부 정책지원관들은 보도자료 쓰는 것에 큰 부담을 갖고, "정책지원관 업무 중에 보도자료 작성 업무가 있느냐?"라며 사무처에 이의를 제기하기도 했다. 하지만 저자는 반대로 보도자료 작성 업무는 식은 죽 먹기고, 오히려 문서 작업과 행정적인 실무 일이 더 힘들었다.

저자의 애로 사항은 문서 작업이 능통하고 행정 업무에 익숙한 사람은 오히려 정책지원관 업무를 수행하는 데 장점이 될 수 있다. 행정 업무를 거의 안 해 본 저자 입장에서 이러한 일들이 애로 사항이었지, 다른 사람들에게는 그렇지 않을 수 있다. 따라서 저자의 애로 사항을 가지고 정책지원관 업무에 지레 겁먹지 않았으면 한다.

두 번째로는 경기도의회가 있는 수원에서 주말부부로 혼자 기거하는 것도 큰 애로 사항이었다. 집에서 의회까지는 거리로 80여㎞, 승용차로 편도 기준 1시간 30분 정도 소요됐다. 날마다 출퇴근에 약 3시간 정도 운전하면서 사고 위험에 노출돼 있다는 것은 큰 문제였다. 나이가 들면서 자신도 모르게 운전 중 집중력이 떨어진다는 것은 슬프지만 인정해야 했다. 그래서 비용이 좀 들더라도 의회 근방에서 숙식을 하기로 결정했다.

업무 부담 등을 감안하면 출퇴근이라도 편해야겠기에 처음에는 의회 바로 앞 오피스텔에 숙소를 정했다. 숙소를 의회 앞에 정하니 편해서 좋기는 한데, 혼자 있는 외로움이 말이 아니었다. 퇴근해서 오피스텔 방문을 열면 휑한 기분이 온몸을 휘감았다. 더구나 방에 가구가 별로 없어 공허한 기분이 더 크게 느껴졌다. 이런 적막한 기분은 시간이 흐르면 적응될 줄 알았는데, 서너 달이 지나도 없어지지 않았다. 일주일에 5일은 홀로라는 외로움을 견뎌야 했다. 여기에 노년에 부부가 떨어져 지내는 것도 좋지 않게 생각됐다. 부부가 일주일에 한 번 만나는 주말부부로서, 이렇게 몇 년을 더 지내다가는 나중엔 정말 부부사이가 소원해질 것 같았다.

여자들은 "전생에 나라를 구할 만큼 좋은 일을 했느냐?"라며 남편과 떨어져 있는 것을 큰 복으로 이야기하지만, 남자들은 그 반대다(모두가 그런 것은 아니겠지만). 나이가 들수록 남자는 아내가 더욱 필요해지는 반면, 여자들은 그 반대인 것 같다. 그래서 의회에 있으면서 유일한 즐거움이 매주 금요일 저녁 가족이 있는 집에 가는 것이었다.

혼자 있으면서 들어가는 비용도 만만치 않았다. 월세는 보증금 500만 원에 월 70만 원이었다. 거기에 매월 관리비가 15만 원 정도 나왔다. 1년이면 월세와 관리비로 1,000만 원 이상이 나갔다. 다행히 10개월 정도 근무했을 때 의회에서 집이 먼 직원들에게 1년 동안 생활관을 제공하는 데 선정돼 월 70만 원의 월세는 절약할 수 있게 됐다. 하지만 이 혜택도 의회를 떠나면서 없어졌다.

7. 경기도의회의 장점

저자는 여러 가지 사정으로 근무한 지 약 1년 만에 그만뒀지만, 경기도의회는 다음과 같은 점에서 무척 매력적인 곳이다. 그런 매력 때문에 가평군청으로의 이직에 꽤 많은 망설임이 있었다. 정책지원관을 꿈꾼다면 경기도의회는 최고 우선순위로 둘 것을 권유한다. 정책지원관 숫자가 많다 보니 결원도 자주 생겨 채용이 자주 있다는 점도 경기도의회를 눈여겨봐야 하는 이유다.

첫째, 경기도의회는 전국 최대, 최고의 광역의회라는 점이다. 규모 면에서 서울시의회보다 훨씬 크다. 의원수가 서울시의회는 112명(정책지원관 56명)인 데 반해 경기도의회는 156명(78명)이나 된다. 예전 서울시 인구가 경기도 인구보다 많을 때는 서울시가 모든 것의 표본이 됐지만, 지금은 인구가 역전돼 경기도는 물론 경기도의회도 서울시를 능가한다고 자

부하고 있다. 이는 관점에 따라, 입장에 따라 평가가 다르겠지만 경기도의회 구성원들은 국내 최고를 지향하고 있고, 자부심 또한 크다. 경기도의회 청사도 신축 건물이라서 구건물인 서울시의회와는 비교가 안 된다.

둘째, 전국 최고의 전문가가 포진해 있다는 점이다. 도의원은 물론 사무처 직원들도 전문성이 매우 높다. 특히 정책지원관 78명은 각 분야에서 내로라하는 전문가들이다. 저자는 의회에서 정책지원관들 중 나이가 네 번째로 많아 '올드보이' 모임 멤버였다. 의회 내 50대 중반의 친목 모임인데, 이야기를 해 보면 겉보기와는 전혀 다른 내공을 느낄 수 있었다. 젊은 정책관들도 모임 등에서 발표할 때 보면 참 똑똑하다는 생각이 많이 들었다. 일례로 저자는 의회 내 정책연구회 초기 창립 멤버였는데, 저자가 그들 수준에 맞추지 못할 것 같아 가입을 망설였던 적이 있다. 부담은 있었지만 그들과 함께하면서 저자 스스로 상향평준화되고 있다는 자부심을 느낄 수 있었다. 이는 인적 네트워크 형성 측면에서도 큰 장점이다.

셋째, 수시로 최고 수준의 각종 전문교육을 제공받을 수 있다. 물론, 우리 동기들이 정책지원관 1기여서 의회 실무에 대해 교육을 더욱 많이 한 측면이 있다. 하지만 의원들의 기대치와 요구 수준이 갈수록 높아지고 있어 전문 교육은 계속 이어지리라고 본다. 이런 교육과 선의의 경쟁관계 속에서 이 분야의 최고 전문가로 성장·발전해 갈 수 있다.

넷째, 최고의 전문가 그룹에서 전문 경험을 쌓은 만큼 다른 지역 의회로 자리를 옮길 때도 전문성을 인정받을 수 있어 유리하다. 경기도의회에서 근무하다 일정 기간이 지나면 자리를 옮겨야 할 날이 올 수 있다. 타 의회로 옮길 때 경기도의회에서의 경력은 면접 과정에서 다른 지원자보다 전문가로 높게 평가받을 가능성이 크다.

가평군청

▲가평군청 전경

1. 지원 계기

경기도의회 일에 별로 흥미를 못 느끼고, 주말부부로서 외로움을 많이 느끼고 있던 차에 2023년 12월 저자의 주소지인 가평군청에서 보도자료 작성 업무로 임기제공무원(7급) 모집공고를 냈다. 그걸 확인하고 설레는 마음에 밤에 잠을 설칠 정도였다. 다음 날 아내에게 "의회를 그만두고 가평군청 임기제공무원에 응시해 볼까 한다."라고 말했다. 그러자 아내는 "의회에서 힘들더라도 2년 정도만 더 있다가 나오는 게 좋겠다. 그 이후에는 내가 준비하는 일 도와주든지, 아니면 당신 하고 싶은 일 마음껏 해라." 하며 반대 의견을 냈다. 그 말을 들으니 의지가 팍 꺾였다. 또한 퇴직 초기에 인터넷신문 기자로 활동하면서 저자의 얼굴이 지역사회에 어느 정도 알려져 있다는 점에서도 신경이 많이 쓰였다. 그래서 결국 응시를 포기했다.

그로부터 약 3개월 후 가평군청에서 보도자료 작성 업무라는 동일한 조건으로 '재공고'가 났다. 의회에 근무하는 것에 갈등을 더욱 크게 하고 있던 차여서 재공고에 응시하는 것을 더욱 깊게 고민했다. 군청 공보팀 담당자에게 재공고 이유를 문의 하니 면접 결과 적격자 즉, 실력 있는 사람이 없어서 재공고를 한 것이라고 했다. 저자 입장에서는 조건이 더욱 좋아진 것이었다. 적격자가 없어 재공고를 한 것이라면 나이를 떠나 무엇보다 실력을 우선시할 것이라는 기대 때문이었다. 그래서 전번에 망설였던 여러 가지 우려에도 불구하고 응시를 하기로 결정하고 서류를 제출했다. 아내는 여전히 경기도의회를 그만두는 것에 대해 탐탁지 않게 생각했다.

2. 면접 에피소드

1차 서류전형 합격 후 2차 면접 날이 다가왔다. 면접 당일 면접자 대기장에서 15분 동안 주제를 주고 즉석에서 보도자료를 작성하라고 했다.

4~5가지 주제 중 하나를 선택해 참고자료도 없는 상태에서 짧은 시간에 보도자료를 작성하라는 것이었다. 저자도 당황했지만 다른 사람들도 "참고자료도 없이 어떻게 하라는 것이냐?" 하며 불만을 나타냈다. 하지만 시험은 시험인지라 그중에서 좀 낯익은 주제를 선택해 급히 답안지를 작성했다. 이런 경우라면 내용보다는 해당 주제를 가지고 제한된 시간에 얼마나 순발력 있게 보도자료를 작성할 수 있는가 하는 능력을 평가하는 것이 주목적인 것이다. 5분 정도 보도자료 주제에 대한 내용과 제목을 정리하고 10분 동안 답안을 작성해 제출했다. 참고자료도 없고 제한시간이 15분인 점을 감안하면 괜찮게 썼다는 생각이 들었다.

2차 면접에서는 여러 가지 실무적인 것을 질문했는데, 모두 내 경험에 비춰 잘 대답할 수 있었다. 그러나 나이가 항상 문제였다. 그래서 마지막으로 30초 정도 발언할 기회를 주자 나이에 대한 입장을 적극적으로 어필했다. 면접관들을 둘러보면서 "제가 나이가 많은 것은 사실이다. 입장을 바꿔 놓고 생각해도 나이 많은 것이 꺼려질 것이라는 것을 충분히 이해한다. 하지만 하남시청에서도, 경기도의회에서도 나이 때문에 문제가 된 적은 단 한 번도 없었다. 오히려 연장자로서 포용력을 갖고 팀 분위기를 좋게 했다. 실력이 부족하다면 몰라도 나이 때문이라면 전혀 걱정 안 해도 될 것이다."라고 강조했다. 그랬더니 시종 깐깐하게 대하던 면접위원장의 표정이 약간 누그러지는 것을 느낄 수 있었.

면접을 본 며칠 후 최종 합격 공고가 떴다. 외부에서 직무교육 중에 합격을 확인했는데, 엄청 기쁘고 의회를 떠날 수 있다는 것이 무척 좋았다. 그리고 나이가 많음에도 불구하고 최종 합격시켜 준 면접위원들과 가평군청에 감사했다. 그런데 막상 합격을 해 놓고, 경기도의회를 그만두려니 또 갈등이 생겼다. 아내가 여전히 시큰둥한 데다, 저자도 그 결정이 옳은지 100% 확신이 서지 않아서였다. 도 단위에서 군 단위 기관으로 옮기는 것, 6급에서 굳이 7급으로 낮춰 가는 것, 또다시 새로운 사람들과 환경에 적응해야 한다는 것 등등. 그래서 주변 사람들에게 많은 의견을 구했는데, 90% 정도가 가평군청으로 가는 것을 권유했다. 나이 들어서는 자기 하고 싶은 일 하는 것이 좋은 것이라고. 경기도의회에는 가평군청에 출근하기 전까지 휴가를 내고 며칠 쉬었다. 즉, 경기도의회 퇴직 일자를 5월 1일로 하고, 가평군청 첫 출근일을 5월 2일로 해서 휴가를 냈다. 공무원들은 똑같은 공무원 신분으로 다른 직장으로 이직할 때에는 퇴직일과 임용 일자를 연결시켜 주는 배려를 해 준다. 그래야 휴가나 각종 수당 등이 단절됨이 없이 계속 인정되기 때문이다.

3. 실제 근무 경험

가평군청에서 2024년 5월 2일 임용장을 받고 곧바로 그날부터 실무를 했다. 전임자가 이미 다른 부서로 발령이 나서 그 자리가 비어 있었기 때문이다. 대면 업무 인수인계도 없었다. 보도자료 작성하는 것이야 문제가 없었지만 기타 업무는 생소해 당황스러웠다. 특히 이곳은 조직이 작다 보니 업무분장이 세분화돼 있지 않았다. 업무 형태로 비유하자면 경기도의회와 하남시청이 대기업이라면 이곳은 중소기업인 셈이었다. 특히 보도자료 작성 업무의 경우 하남시청 공보팀에서 근무할 때 저자는 보도자료만 작성하면 됐고, 그 외 행정 업무는 일반직 공무원이 모두 했다.

하지만 가평군청에서는 '일인다역'을 해야 했다. 보도자료 작성은 기본이고, 여기에 기사 송고, 홈페이지 등재, 기사 게재 결과 보고, 새벽에 언론 스크랩(순번 나눠서), 기타 언론지원 업무 등등. 이렇게 하다 보면 오전시간이 정신없이 갔다. 처음에는 행정적인 일이 익숙하지 않다 보니 본업보다 부업이 더 많다는 생각이 들었다.

▲가평군청 홍보미디어팀과 공보팀 전경

또한 비중 있는 주요 보도자료는 물론, 읍·면 단위에서 올라오거나 비중이 적은 단신성 보도자료 마저도 신경을 안 쓸 수가 없었다. 전문가로 채용이 된 만큼, 모든 보도자료를 꼼꼼히 수정해서 내보냈다. 그랬더니 기자들로부터 가평군청 보도자료가 크게 달라졌다며 반응이 좋았다. 하지만 저자 입장에서는 업무 부하가 많이 걸렸다. 보도자료 작성 외에도 공보 관련 부수적인 일까지 하다 보니 매일 야근을 해야 했다. 더구나 이곳 조직 분위기를 익혀야 했고, 문서 작업이나 행정적인 업무가 서투르다 보니 시간이 많이 걸렸다. 그래서 초기에는 날마다 사무실에 가장 먼저 출근하고 가장 늦게 퇴근하는 일이 다반사였다. 하지만 그런 것들이 그리 싫지는 않았다.

저자가 감당할 수 있는 정도의 스트레스였고, 보도자료도 담당과에서 보내온 초안에 제목을 멋지게 달고 기사로 완성도를 높이면 스스로 뿌듯한 성취감이 들었다. 특히 이 조직에서 내가 꼭 필요한 존재로 인식된다는 것이 큰 보람으로 다가왔다. 더구나 나이가 많음에도 불구하고 나를 받아들여 줬고, 내가 거주하는 곳의 브랜드 가치를 높인다는 점에서 열정을 쏟을 가치가 충분히 있었다. 그래서 지금도 감사한 마음으로 보람을 갖고 일하고 있다.

4. 광역지자체와 시군 단위 기초지자체의 장단점

공무원 조직도 일반기업 등과 같이 규모가 큰 곳과 적은 곳의 차이가 분명히 있다. 광역지자체나 규모가 좀 큰 시 단위 지자체가 대기업이라면, 군 단위는 중소기업과 비슷하다. 우선 업무 면에서 광역지자체로 갈수록 분업화돼 있고 전문화돼 있다. 경기도청과 경기도의회는 업무 전문성 면에서 전국을 대표한다는 자부심을 갖고 있다. 실제 이곳의 공문서나 사업지침은 시군 단위, 즉 기초지자체의 기준이 되는 경우가 많다. 또 광역 단위 지자체에서 공문서 등이 잘못 시달됐을 경우 그 파장이 크기 때문에 업무 면에서 기안자나 검토자 모두 신경을 많이 쓴다.

반면 중소 단위 기초지자체는 그러한 압박감이 덜한 게 사실이다. 물론 기초지자체도 '공문서'의 파급력 때문에 완벽을 기하지만, 분위기면에서 상대적으로 긴장감이 덜하다는 얘기다. 그래서 광역지자체에서 일을 하면 조직문화와 업무 면에서 좀 더 전문적이고 시야를 넓게 볼 수 있는 장점이 있다. 승진도 광역지자체가 좀 더 유리하고, 조직 내에서의 눈치도 좀 덜 볼 수 있다. 조직이 커서 승진 자리가 많고, 다른 곳으로 이동할 기회가 많기 때문이다.

기초지자체의 장점도 물론 있다. 조직문화가 광역에 비해 좀 더 가족적이고, 지방 특유의 전원생활을 누릴 수 있다. 주변에 산과 강이 가까워 퇴근 후 또는 주말에 자연 속에서 워라밸을 즐길 수 있다는 것이다. 출퇴근에 따른 시간절약이 가능하고, 차가 밀리는 일도 거의 없다. 저자는 출퇴근 시간이 승용차로 편도 30분 정도 걸린다. 그런데도 사무실 사람들은 "멀리서 출퇴근하느라 고생이 많다." 하고 걱정해 준다. 서울이나 경기도청 등의 경우 출퇴근 시간이 편도 기준으로 평균 1시간 정도일 텐데, 여기서 그 정도면 크게 놀라는 수준이다.

특히 급여 면에서 광역이나 기초지자체 모두 동일하다는 장점이 있다. 일반기업은 대기업이냐 중소기업이냐에 따라 급여와 복지 수준이 크게 차이가 나고 정년보장 등 근로 여건이 다르다. 하지만, 공무원들은 시군단의 기초지자체도 광역지자체와 월급, 수당, 복지 등이 동일하고 60세 정년보장도 전혀 차이가 없다. 그 때문에 기초지자체가 주거비 등이 덜 들어가 같은 봉급을 받으면서 상대적으로 여유롭게 생활할 수 있다는 장점이 있다. 그래서 젊었을 때는 광역지자체 등 큰물에서 치열하게 경쟁하며 배우는 것이 중요하지만, 어느 정도 나이 들어서는 기초지자체에서 자연과 벗 삼아 여유롭게 지내는 것도 괜찮다고 생각한다.

제5부

임기제공무원 적응 꿀팁

임기제공무원 시험에 합격해서 근무해 보면 알겠지만 처음엔 업무 외적으로 알게 모르게 혼자라는 생각이 든다. 물론, 같은 과 같은 팀에서 이제 한식구로서 따뜻하게 대해 주기는 한다. 하지만, 다 큰 성인이고 전직 직장 경험과 사회 경험 등이 있다고 생각해서인지 공직 생활에 대한 별도의 오리엔테이션이 없다. 휴가, 초과근무수당, 복지카드, 노조 가입, 고용보험 가입, 휴양시설 이용 등 복무관리와 복리후생에 대해 자세히 알려 주는 사람이 없다는 이야기다. 일부 지자체에서는 임기제공무원을 별도로 모아서 안내를 하지만 대부분의 지자체는 오리엔테이션 없이 곧바로 실무에 투입된다. 업무야 자신의 전문 분야니까 인수인계를 받으면 큰 어려움 없이 곧바로 적응할 수 있지만 그 외는 신입사원과 별반 다를 게 없다.

그리고 임기제공무원으로서 같은 날 함께 임용된 다른 직무 분야 공무원들과도 대부분 별로 교류가 없다. 직급과 직무 분야, 근무 부서가 서로 다르고 임시직이라는 생각 때문인지 동기 문화도 찾기 힘들다. 경기도의회 정책지원관의 경우 대규모 동일직군이어서 예외적인 케이스다. 따라서 임기제공무원 합격 후 각종 복지 혜택 등은 본인이 알아서 해야 한다. 누가 떠먹여 주지 않는다.

이 책 제5부에서는 임기제공무원으로서 조기 연착륙을 위한 복무관리와 각종 복지 혜택 등 알아 두면 유용한 꿀팁들을 소개한다.

조직문화 및 근태관리

1. 전반적인 공직사회 분위기

　사회에서 사기업이 '영리' 추구를 목적으로 한다면, 공무원 조직인 중앙정부나 지방정부(지방자치단체)는 업무 자체가 영리를 목적으로 하지 않는다. 국민과 지역민을 위한 관리 또는 공공서비스가 주요 업무다. 따라서 조직문화가 기본적으로 다를 수밖에 없다. 공직사회를 몇 가지 단어로 표현하자면 '규범', '청렴', '원칙', '질서', '봉사' 등이 떠오른다. 즉, 공직사회는 이윤 추구가 목적이 아니라서 복무기강이 사기업에 비해 상대적으로 강하다.

　한 예를 들면 대부분 직장의 점심시간이 12시부터 13시인데, 일반기업은 11시에 나가서 14시에 들어와도 조금 눈치가 보일 뿐 사전에 상사에게 양해를 구하면 큰 문제가 되지 않는다. 하지만 공무원들은 14시에 복귀할 것 같으면 추가 1시간은 개인적인 외출을 달아야 한다. 이는 자신의 연가에서 공제된다. 종종 복무점검을 할 때 인사과에서 청사 출입구에 서서 점심 복귀시간을 점검하기도 한다. 퇴근도 사기업은 일이 있으면 18시 이전에 1~2시간 빨리 하기도 하지만, 공무원들은 자신의 연가(휴가)에서 1~2시간 빼 조퇴를 해야 한다.

저자도 임기제공무원으로 처음 근무할 때 별생각 없이 근무 중에 병원에 갔다가 대기시간이 길어져서 1시간이 넘어가자 부서에서 전화가 왔다. 인사과에서 복무점검 나오면 지적당하니 다음부턴 외출을 달고 가야 한다고….

2. 상명하복 관계, '한식구'라는 가족문화

첫째, 공직사회는 '상명하복' 관계가 민간기업에 비해 강하다. 밖에서 볼 때 공무원의 '과장' 직책이 별것 아닌 것처럼 보일지 모르지만 공직사회 내에서는 꽤 파워가 있다. 과장은 군청·시청 등 기초지자체는 5급, 광역지자체는 4급이고, 정부 중앙부처는 4급 고참 또는 3급이 맡는 경우가 많다. '과(또는 담당관)' 규모는 부서 직원이 적게는 10명, 많게는 30명 내외로 구성돼 있는데, 과장이 이들의 성과 평가 등 각종 '고과'를 좌지우지한다. 그래서 과장이 생각보다 직원들에게 미치는 영향력이 강하다. 과장에게 소위 '찍히면' 승진이나 전보 등에서 상당히 불리하기 때문에 잘 보이려고 꽤 노력하는 분위기다. 따라서 민간기업에 비해 상사에 대한 '의전' 문화가 강하고 '상명하복'의 수직적 조직문화가 자리 잡고 있다. 임기제공무원의 경우 승진이나 인사이동에 신경 쓸 필요가 없어 과장을 깍듯이 모셔야 할 필요는 없다. 하지만 어떤 식으로든 과장 눈 밖에 나면 임기 연장 재계약 등에서 불이익을 볼 수 있으므로 관계를 좋게 가져야 한다.

둘째, 일반직 공무원은 법으로 60세 정년이 보장돼 있어 함께 '끝까지 간다'는 문화가 강하다. 그래서 정년까지 같은 기관(지역)에서 근무할 수밖에 없어 '한식구', '우리'라는 정서가 조직문화에 알게 모르게 배어 있다.

반면, 임기제공무원은 2년, 3년 또는 5년으로 임기가 정해져 있어 일정 기간 근무 후 떠나는 사람으로 인식돼 있다. 처음에는 이것이 매우 서운하게 느껴질 수 있는데, 이는 받아들일 수밖에 없다. 그것이 현실이기는 하지만 대부분 근무하는 기간 동안은 한식구로서 잘해 주는 분위기다. 그리고 공무원들의 업무가 영리추구가 아니어서 조직 내부적으로는 그리 모질지 않고, 정이 많은 편이다. 임기제이기는 하지만 가능하면 뭐라도 하나 더 챙겨 주려는 분위기다.

임기제가 모나게 행동하지 않고, 자기 일을 성심껏 하면 우호적으로 감싸 주려고 한다. 어느 곳에서든지 자기 하기 나름인 것 같다. 저자의 경우 근무 초기에 추석명절을 앞두고 노조에서 노조원들에게 기념품을 나눠 주는데, 본인은 노조원이 아니라서 기념품이 없었다. 그러자 옆에 직원이 미안해하면서 노조에 가입하는 것이 좋다고 권유했다. 가입하겠다고 하니 본인이 가입 서류를 들고 가서 접수하고, 기념품까지 챙겨 왔다. 원칙적으로 저자는 기존 가입자가 아니어서 이번에 기념품 수령 대상자가 아닌데도, 가서 아쉬운 소리 하고 내 것까지 챙겨 온 것이다. 고마운 일이다. 이렇듯 본인만 잘하면 임기제라도 전혀 소외됨이 없이 한식구로서 잘 지낼 수 있다.

따라서 임기제공무원은 그 분야 전문가로서 업무처리도 물론 중요하지만, 상사 및 조직원들과의 인간관계도 매우 중요하다. 어떻게 보면 일단 들어가서 업무 능력이 크게 떨어지지만 않으면, 그다음부터는 조직원들과의 인간관계가 더 중요하고 볼 수 있다. 나중에 임기 연장 등에 대한 평가나 결정도 결국은 '사람'이 한다는 점을 명심해야 한다.

그리고 사정상 그곳을 그만두고 직급, 근무환경 등 조건이 더 좋은 다른 지자체로 이직할 경우에도 현 직장에서의 평판은 매우 중요하다. 가끔 서류접수를 한 다음 면접 전 또는 후에 근무했던 곳에 그 사람에 대해 '평판조회'를 해 오는 경우가 있다. 그때 전화 받은 사람이 자신에 대해 어떻게 말해 주느냐에 따라 합격에 큰 영향을 미칠 수도 있다. 지자체 담당자들은 서로 잘 알거나 업무상 정보를 교류하는 경우가 많다는 점을 유념할 필요가 있다.

3. 임기제공무원에 대한 인식

앞서 언급한 것처럼 대부분의 일반직 공무원들은 임기제공무원의 전문성을 인정해 주고 도와주려고 노력한다. 그러나 일정한 한계는 인정해야 한다. 굳이 구분한다면 신라시대 골품제 계급체계에서 '성골'과 '진골'로 표현할 수 있겠다. 일반직 공무원이 성골이라면, 임기제공무원은 진골로 비유할 수 있다. 큰 차이는 없지만 미묘한 차이는 있다는 이야기다.

그리고 일반임기제의 경우 승진 티오(정원)를 하나 잡아먹고 있는 사람으로 약간 원망의 대상이 될 수도 있다. 일반임기제 7급이나, 6급, 5급은 일반직 공무원들의 승진 티오에 포함되기 때문이다. 예를 들면, 조직 전체에서 일반임기제공무원 6급이 5명 있다면, 일반직 공무원의 6급 자리 티오가 5개만큼 줄어든다는 의미이다. 시간선택제임기제공무원은 '정원 외' 인원이기 때문에 승진 티오와는 관계없다. 이는 그냥 그렇다는 것이고, 실제로 밖으로 표출되는 경우는 거의 없다.

저자가 경기도의회에 근무할 당시 경기도청 직원들의 익명 게시판인 '와글와글'에 "임기제공무원들이 일반직 공무원들의 승진 티오를 잡아먹는다."라는 불만의 글이 가끔 올라오는 것을 봤다. 인사철을 전후해 승진과 관련해서 "승진에서 미끄러지고, 승진이 정체돼 불만이 많다."라는 글이 올라올 때 댓글로 "임기제공무원이 있어 승진 자리가 더욱 줄어든다."라고 올라오는 식이다. 그런데 또 다른 댓글로 "그것이 꼭 임기제들 때문이냐?"라며 반론의 글도 올라온다. 그러니 그리 크게 신경 쓸 일은 아닌 것 같다.

또 임기제공무원은 일반직 공무원들에 비해 연봉이 높다는 것도 질시의 대상이 될 수 있다. 임기제공무원은 임기가 정해져 있고, 그 분야 전문성과 경력을 감안해 연봉이 높게 책정돼 있다는 것을 그들도 안다. 따라서 임기제공무원이 나서서 연봉을 이야기하며 괜히 갈등을 일으킬 필요는 없다고 본다.

결론적으로 조직 내에서 임기제공무원이라고 특별히 차별하는 분위기는 아니지만, '성골'과 '진골'의 차이는 있는 만큼 받아들일 건 받아들이고 조심할 필요는 있다.

끝으로 어느 조직이나 마찬가지겠지만, 최악의 경우 임기제공무원에게 어렵고 곤란한 업무만 몰아줘 힘들게 하는 일도 있다. 그리고 일이 잘되면 본인의 공으로 돌리고, 일이 꼬이면 그 책임을 임기제공무원에게 덮어씌우는 경우도 있다. 하지만 이는 매우 드문 일이다. 업무분장 시에 지나치게 편파적으로 어렵고 곤란한 업무만 몰아주면 채용 당시 공고문에서 제시한 '주요 업무'를 들어 시정을 요구할 수 있다. 그래도 시정이 안 될 경우 참고 일하면서 다른 상사가 오기를 기다리거나 다른 지자체

공모에 눈을 돌려 자리를 옮기는 것도 하나의 방법이다. 임기제라서, 더 좋은 곳에 자리가 나면 쉽게 옮겨 갈 수 있다는 것도 하나의 장점인 것 같다.

4. 공무원 최대 장점 '칼퇴근' 가능한가?

일반인들은 공무원들이 봉급은 적어도 정년이 보장되고 오후 6시 땡 하면 '칼퇴근'할 수 있는 것으로 안다. 물론, 일반 직장에 비해 칼퇴근하는 경우가 많다. 하지만 이는 '케이스 바이 케이스'인 것 같다. 저자가 경기도의회에 근무할 당시 도청 본관이나 경기도의회 본관은 저녁 10시 전후까지도 건물 전체에 불이 환하게 켜져 있는 경우가 많았다. 물론, 불이 켜져 있는 사무실 전체에 모든 직원이 그 늦은 시간까지 근무하는 것은 아닐 것이다. 하지만 절반 이상은 칼퇴근을 못 하고 늦은 시간까지 근무하고 있다고 보면 된다.

특히 다음 연도 예산수립이 시작되는 6월부터 행정사무감사가 끝나는 11월 말까지는 '담당 업무+의회요구 자료 작성'까지 해야 하기 때문에 매우 바쁘다. 따라서 예산철이나 행감 기간 전후에는 거의 대부분이 늦은 시간까지 야근을 한다. 야근을 하는 경우는 두 가지가 복합된 것 같다. 즉, 업무가 밀려 있고, 18시(오전 8시 이전 출근 경우) 이후에는 초과근무수당이 나오므로 '밀린 업무도 하고 수당도 받는' 일석이조의 효과가 있기 때문이다.

이처럼 '야근'은 상급 기관으로 갈수록 많고, 기초지자체로 갈수록 적은 편이다. 또 같은 기관이라도 상대적으로 본청은 야근이 많고, 동사무

소나 면사무소 등은 적다. 결론적으로 공무원들의 '칼퇴근'은 일률적인 것은 아니고, 본인이 소속된 기관이나 업무, 본인의 의지에 따라 천차만별이다. 본청 직원들의 경우 야근은 물론 주말까지 출근하는 경우도 있다. 칼퇴근만 생각하고 공무원에 지원해서는 안 된다.

5. 근무제도

1) 근태 확인

- **차세대 인사랑시스템 초기 화면**

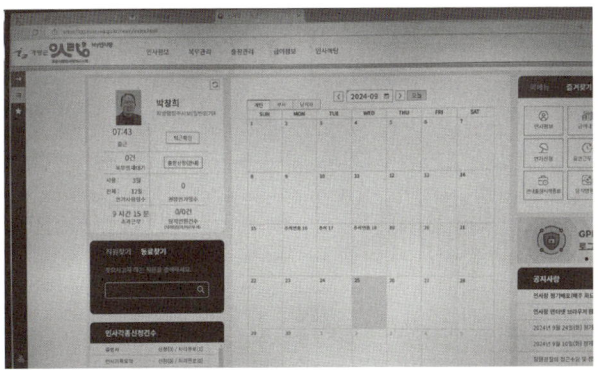

(1) 일반임기제공무원

일반임기제공무원은 시간 외 근무(초과근무)를 하지 않을 경우 출퇴근 체크를 꼭 할 필요는 없다. 다만, 업무가 많아 시간 외 근무를 할 경우에는 반드시 '차세대 인사랑시스템'에 출퇴근 시간을 입력해야 한다.

그런데 차세대 인사랑시스템 접속 시 PC를 켜고 출근 확인을 위한 페이지에 등록하기까지 대략 5분 정도의 시간이 소요된다는 점을 감안해야 한다. 따라서 조기 출근(오전 8시 이전)을 하는 경우라면 목표 시간보다 조금 더 일찍 서둘러야 한다. 조기 출근했는데 '8시 1분'에 출근 확인이 찍히면 '18:00~19:00'까지 1시간이 초과근무에서 날아간다. 즉, 8시 이전에 출근 등록이 되면 '18:00~'부터 초과근무가 시작되지만, 8시 1분으로 등록이 되면 '19:00~'부터 초과근무시간으로 인정된다. 1분 차이로 초과근무 인정 시간 1시간이 왔다 갔다 해서 아침부터 기분이 허탈해지고 왠지 큰 손해를 본 느낌이 든다.

(2) 시간선택제임기제공무원

본인이 유연근무를 하는 시간선택제임기제공무원으로 채용된 경우 시간 외 근무를 하지 않더라도 매일매일 출퇴근 체크를 해야 한다. 채용 시 대부분의 시간선택제임기제공무원은 주 35시간 적용을 받는다. 일반임기제공무원이 주 40시간 근무하는 것에 비해 하루 1시간씩 적게 근무한다. 시간선택제임기제공무원의 경우 유연근무 형태를 본인이 선택할 수 있다.

즉, 본인이 출퇴근 시간을
△[A형태] 월~금 매일 09:00~17:00=총 주 35시간
△[B형태] 월~목 매일 09:00~18:00(32시간), 금 09:00~12:00(3시간)=총 주 35시간
등으로 정할 수 있다.

이때 가능하면 [B형태]를 선택하는 것이 좋다. 왜냐하면 일을 하다 보면 매일 17시에 퇴근하기가 어렵기 때문이다.

첫 번째 이유는 보통 문서 결재(전결)권자가 과장인데, 과장은 이런저런 회의나 보고, 행사 참석 등으로 17시 이후에 결재를 하는 경우가 많다. 특히 처리 기한 등이 정해져 있어 그날까지 반드시 처리해야 하는 업무라면 과장을 기다리느라 17시에 퇴근을 못 하게 될 수도 있다. 두 번째 이유는 다른 직원들은 18시까지 근무는 물론 야근도 하는데 혼자 17시에 퇴근하는 것이 눈치가 많이 보인다. 그래서 하루, 이틀 퇴근을 미루다 보면 자연스럽게 18시까지 근무하게 되는 경우가 많다.

따라서 [B형태]로 군무하게 되면 월~목요일까지 같은 과 직원들과 보조를 맞춰 일하게 되고, 금요일은 정오 퇴근이 가능해 일주일이 즐겁게 된다.

2) 당직 근무

(1) 개요

당직은 '일직'(공휴일, 정상 근무일의 근무시간)과 '숙직'(정상 근무시간 또는 일직 근무시간이 종료된 때로부터 다음 날의 정상 근무 또는 일직 근무가 개시될 때까지 근무)으로 구분한다.

(2) 임무

민원 전화 안내, 방범 기타 보안 상태의 점검 등

(3) 당직 수당

당직 근무자에 대하여는 지자체별로 예산의 범위 안에서 식비 등의 실비를 고려해 정한 당직 수당을 지급(가평군, 경기도의회의 경우 1회 6만 원)

(4) 대체 휴무

- 부여 기준: 정규 근무시간이 아닌 시간에 8시간 이상 근무한 공무원에 대해 그다음 정상 근무일에 휴무
- 사용: 대체 휴무는 1일(8시간) 단위로만 사용해야 하며, 업무 사정 등 그 밖의 부득이한 사유가 있는 경우에는 그 사유가 종료된 날로부터 6주일 이내의 정상 근무일에 사용할 수 있음. 통상 '당직' 다음 날 대체 휴무를 사용한다.
- 일반임기제공무원은 일반직 공무원과 동일하게 당직 조에 편성되어 일직, 숙식 근무를 한다. 하지만 시간선택제임기제공무원은 숙직 근무는 하지 않으나, 기관에 따라 일직 근무는 해야 하는 경우도 있다.

6. 겸직 금지

1) 개요

공무원이 직무에 전념할 수 있도록 하기 위해 공무 이외의 다른 직무에 종사하는 것을 규제하고 있다.

2) 영리 업무의 금지

(1) 개념
영리 업무란 계속적으로 재산상의 이득을 취하는 행위를 말한다.

(2) 금지요건
- 상업·공업·금융업 그 밖의 영리적인 업무를 스스로 경영하거나 상업·

공업·금융업 또는 그 밖에 영리를 목적으로 하는 사기업체의 이사·감사 업무를 집행하는 무한책임사원·지배인·발기인 또는 그 밖의 임원이 되는 것
- 본인의 직무와 관련이 있는 타인의 기업에 투자하거나 그 밖에 계속적으로 재산상 이득을 목적으로 하는 업무
- 공무원의 직무 능률을 저해할 우려가 있는 경우
- 공무에 대하여 부당한 영향을 줄 우려가 있는 경우
- 해당 지방자치단체의 이익과 상반되는 이익을 취득할 우려가 있거나 불명예스러운 영향을 끼칠 우려가 있는 경우 등

3) 겸직 허가

(1) 요건

영리 업무가 금지요건에 해당되지 않는 경우에는 겸직 허가를 받아 그 업무에 종사할 수 있다.

(2) 유효기한

- 겸직 허가일로부터 최대 2년
- 참고로 1회적인 저술·번역 등의 행위는 겸직 허가 대상 업무에 해당하지 않는다. 따라서 업무에 지장이 없는 한도에서 관심 분야에 대한 서적 출판도 가능하다. 저자도 처음엔 책을 출판하는 것이 겸직 금지에 해당되는 것으로 알고 망설인 적이 있었지만, 1회적인 것은 허용이 된다. 하지만 책을 내게 되면 직장에서 알게 되는 경우가 많으므로 출판 전후 상사에게 미리 이야기하는 것이 좋겠다.

임용 및 임기 연장

　임기제공무원에 최종 합격하면 건강검진을 하고 소정의 서류를 갖춰 임용 등록을 하게 된다. 이후 신원조회를 하고 3주쯤 후에 정식 임용 일자를 통보받게 된다. 임기제공무원 채용 시험을 준비하면서 가장 기쁜 일은 합격자 발표에서 처음 본인의 수험번호를 확인하는 순간이다. 이후 건강검진과 신원조회를 거치게 되는데, 두 번째로 기쁜 날이 바로 출근 날짜를 통보받는 것이다. 이때 비로소 임용을 위한 모든 공식 절차가 끝나고 '최종 합격'으로 인정되기 때문이다.

　건강검진은 당일 또는 다음 날 결과가 나오고 거의 합격해 별문제가 없다. 하지만 신원조회는 특별한 잘못이 없어도 결과가 나오기까지 꽤히 불안하다. 출근 날짜를 통보받았다는 것은 이러한 신원조회까지 모두 통과해 남은 미지수가 하나도 없다는 것이어서 두 번째 기쁨이 되는 것이다. 이후 함께 합격한 다른 직렬의 임기제공무원들과 함께 단체장으로부터 임용식 때 임용장을 수령하고 그날부터 소속 부서에서 근무하게 된다.

　보통의 경우 앞으로 근무하게 될 부서의 팀장이나 고참 직원이 임용식장에 와서 기다리고 있다가 임용식이 끝나면 부서로 데리고 간다. 이후 부서에서 간단한 인사와 업무 소개를 받고 일하다 점심시간이 되면 과장이나 팀장 등과 함께 밖에서 식사를 하는 수순이다. 물론 사정이 있으면 구내식당에서 함께 식사하고 나중에 환영 회식 등을 하기도 한다.

1. 임용약정서 및 연봉협상

임용장에는 성명과 직급, 임용기간 등이 표기돼 있다. 이후 일주일쯤 뒤에 임용약정서가 도착한다. 원래는 임용약정서에 서명하기 전에 연봉협상을 할 수 있다. 하지만 대부분 이런 과정 없이 직급별 연봉 하한선에 맞춰 연봉이 표기돼 있고, 거기에 서명하는 방식이다. 채용공고에 "연봉은 하한선에 맞추되 필요에 의해 협의할 수 있다."라고 표기돼 있는 점을 감안하면 좀 일방적인 측면이 있다.

여담인데, 저자가 경기도의회에 합격 후 근무 초기에 연봉산정을 한다며 경력증명서 등 이것저것 추가로 요구하는 서류가 많았다. 그래서 내심 '기본연봉(5,281만 원)+a'에 큰 기대를 했다. 6급 연봉 상한액인 7,925만 원은 아니더라도 기본연봉에서 500만 원 이상 더 받지 않을까 하는 행복한 상상을 했다. 그런데 최종 결과는 기본연봉(5,281만 원)에 맞춰졌다. 이는 저자뿐만 아니라 78명 동기들 모두 연봉 상향 조정 없이 기본연봉으로 결정됐다(혹시 1~2명은 있을지 모르겠다). 공무원 근무경력이 많아 연봉 인상 기대가 컸던 동기들도 마찬가지여서 "이럴 거면 왜 그렇게 많은 자료를 요구하고 기대감을 줬는지 모르겠다."라며 불평했던 기억이 난다. 이런 것들을 비춰 볼 때 '연봉협상을 할 수 있다'는 것은 그냥 '희망고문'이고, 1차 임기 때에는 사실상 없는 것으로 보면 될 것 같다. 1차 임기가 끝나고 2차 임기 연장 재계약 시에는 연봉 인상 협상에 성공한 케이스도 있다고 한다. '연봉협상'에 대한 희망의 끈을 놓지는 말자.

2. 근무기간 및 임기 재연장

임기제공무원은 채용공고에 1차 근무기간이 명시돼 있어 그 기간 동안 안정적으로 근무할 수 있다. 그리고 지방공무원 임용령 제21조의4에 의해 일반(시간선택제)임기제공무원은 최대 5년의 범위에서 연장할 수 있도록 하고 있다. 따라서 업무성과가 좋고 해당 사업이 계속되는 경우 최장 5년 동안 임기 재연장을 통해 계속 근무할 수 있다. 임기 연장은 기관(지자체) 내부 방침에 따라 '1년-2년-2년', '2년-2년-1년' 등 다양한 형태로 운영되고 있다.

임기제공무원으로 한 기관에서 5년을 훌쩍 넘겨 근무하고 있는 사람들도 적지 않다. 열심히 성실하게 근무하고, 성과가 탁월한 경우 총 근무기간 5년을 초과하여 5년의 범위에서 근무기간을 재연장할 수 있기 때문이다(「지방공무원 인사제도 운영지침」 제111조). 따라서 장기근무에 대한 희망도 가져 보기 바란다.

3. 임기제공무원의 평가

1) 근무실적 평가

(1) 평가 기준

임용약정 시 작성한 성과계획서를 「지방공무원 인사제도 운영지침(성과목표평가서)」을 기준으로 목표 달성도에 따라 점수제로 평가한다. 예외적으로 임용 후 2개월이 경과하지 않았거나 임용약정기간이 1년 미만인 임기제공무원의 경우에는 정기 평가를 생략할 수 있다.

(2) 정기 평가

매년 말일(12월 31일) 기준으로 임기제공무원이 달성한 전년도의 근무실적에 대해 정기 평가를 실시하되, 기관에 따라 상·하반기로 나눠 정기 평가를 실시하기도 한다.

(3) 최종 평가

임용약정기간이 정기 평가일로부터 6개월 경과한 시점에 종료하는 경우에는 임용약정의 종료 또는 근무기간의 연장을 하기 전에 최종 평가를 실시한다.

2) 성과계획서 작성

(1) 성과계획서

임용약정서 작성 시 임용약정기간 동안 수행하여야 할 업무성과목표를 설정한 성과계획서를 작성한다.

(2) 성과목표 가중치 부여

성과목표가 결정되면 목표의 중요성·난이도 등을 감안해 가중치를 부여하고, 여러 개의 단위목표를 추진하는 경우에는 단위목표별로 가중치와 업무 비중을 설정한다.

※ 참고로 성과목표는 가능하면 달성 가능한 목표치보다 약간 낮게 잡는 것이 좋다. 나중에 실제 평가 시 임용약정 체결 당시 작성한 성과계획서를 토대로 전년도 근무실

적에 대해 본인이 목표 달성도(0~100%)를 평가하기 때문이다. 처음에 낮게 잡아 성과를 많이 내면 목표 달성도가 상대적으로 높게 올라가지만, 처음부터 높게 잡아 놓으면 달성 못 할 경우 '목표 달성 미달'이 될 수 있다.

3) 실제 평가

(1) 본인 평가

임기제공무원은 평가 시기가 도래하면 임용약정 체결 시 작성한 성과계획서를 토대로 전년도 근무실적에 대해 단위목표별 목표 달성도를 본인이 평가해 부서장(과장)에게 제출한다.

(2) 부서장 평가

부서장은 임기제공무원이 성과목표평가서를 작성·제출하면 단위목표별 목표 달성도(0~100%)를 평가해 근무실적평가위원회에 제출한다.

(3) 평가등급

평가점수에 따라 S(탁월), A(우수), B(보통), C(미흡), D(부진)의 5개 등급으로 구분해 평가한다. 특별한 하자가 없으면 S, A, B중 하나를 받는다. 다만, 임기 첫해에는 아무리 업무성과가 좋아도 S를 받기 힘들다.

임기제공무원도 '근무경력'이 평가에 큰 영향을 미쳐 임용 초기에는 먼저 임용된 동일 직급의 다른 임기제공무원보다 좋은 등급을 받기 어렵다.

저자의 경우 하남시 근무 당시 2021년 8월에 임용돼 첫해 근무에 대한 평가를 받았는데, A등급을 받았다. 담당과장이 성과등급 결과를 이메일로 보내면서 "일을 열심히 잘해 줘서 S등급으로 올렸지만, 첫해 근무 기간이 5개월로 짧아 A등급으로 결정 났다."라고 알려 왔다.

(4) 평가 결과의 반영

업무성과 평가 결과는 성과연봉 지급, 임용약정기간 연장 등에 반영한다. 근무실적 평가 대상 공무원은 근무실적 평가 결과에 이의가 있는 경우, 부서장에게 이의를 신청할 수 있다. 평가 결과가 C나 D등급인 경우 차후 임기 연장 등에 영향을 미치기 때문에 이의를 제기하기도 한다. 하지만 일반직 공무원들은 성과 평가가 꼭 업무성적을 반영하는 것은 아니고, 성과상여금 지급을 위한 '나눠 먹기식'인 경우가 많다. 즉, 그해에 승진을 한 사람은 승진 혜택을 입어 B등급으로 양보하는 식이다.

4. 근무기간 연장

1) 최장 근무기간

임기제공무원의 근무기간은 횟수에 관계없이 총 근무기간이 5년을 넘지 않는 범위 안에서 연장할 수 있다. 연장된 근무기간은 종전의 근무기간과 연속된다.

2) 총 5년 기간 종료 후 추가 연장

총 근무기간이 5년에 이른 임기제공무원의 성과가 탁월한 경우 다시 총 5년의 범위에서 근무기간을 연장할 수 있다. 이 경우 외부 공고를 생략할 수 있다. 따라서 근무성적이 탁월한 경우 외부 공고 없이 내부 결정에 의해 총 10년간 근무할 수 있다. '임기제공무원 연장 한도 예외(5년 초과) 제도'는 2018년 '지방공무원 임용령' 개정을 통해 도입됐다. 하지만 이런 경우는 흔치 않다. 현재 같은 지자체에서 5년을 초과해서 근무하고 있는 대다수의 임기제공무원들은 근무기간 만료 후 '재임용' 형태인 경우가 대부분이다.

3) 근무기간 만료 후 '재임용'

총 근무기간 5년이 만료된 일반임기제공무원, 전문임기제공무원과 시간선택제임기제공무원은 외부 공고를 통한 신규 임용 절차에 따라 임용 가능하다. 이에 따라 재임용된 경우에는 공무원임용령 제22조의5에 따라 5년의 범위 내에서 다시 근무기간을 연장할 수 있다.

4) 임용기간 연장 및 해지 통보

근무기간 연장 등은 해당 공무원에게 늦어도 근무기간 만료 30일 전까지 서면으로 통보해야 한다. 또한 임기제공무원이 근무기간 만료 전에 임용약정을 해지하고자 할 경우에도 최소한 근무기간 만료 30일 전까지 임용권자에게 임용약정 해지 신청을 해야 한다. 이는 후임자 채용 과정이 1개월 정도 소요되기 때문이다.

현실적으로 임기제공무원 본인이 임기 만료 전에 다른 지자체에 합격해 이직할 경우 반드시 1달 전에 통보해 줘야 하는 것은 아니다. 다른 지자체에 더 좋은 근무 조건으로 합격한 경우 합격자 발표를 보자마자 현재 근무처에 이직을 통보하는 것을 성급한 처사다. 사람의 앞일은 100% 장담할 수 없어 무슨 변수가 생길지 모른다. 따라서 최대한 임용이 확정된 다음에 현재 근무지 인사담당자에게 통보해 줘도 늦지 않다.

5) 임용약정 만료 전에 할 일

보통 임기제공무원은 임용약정기간 만료 2개월쯤 전에 임용약정기간 갱신에 관한 절차를 진행한다. 임기제공무원도 일종의 계약제 직원이기 때문에 임기 만료가 도래하면 자신의 가치를 더욱 높여 보여 줄 필요가 있다. 평상시에도 열심히 일해야 하지만, 임기 만료 전에는 더 열심히 일해 자신의 존재감을 높여야 한다는 이야기다. 특히 이 기간에는 업무상 실수나 조직 내에서 불미스러운 일을 만들지 않도록 주의한다.

그리고 담당 팀장이나 과장 등에게 기간 연장이 될 수 있도록 직간접적으로 어필하는 것이 좋다. 특히 가능하면 재계약 약정기간을 1년 단위가 아니라 2년 단위로 늘려 달라고 적극적으로 이야기해야 한다. 최악의 경우 '1-1-1-1-1'로 연장해 5년을 근무하게 될 수도 있다. 이런 경우 매년 임기 연장으로 마음이 조마조마하게 된다.

연봉 및 각종 수당

1. 기본연봉

1) 임기제공무원의 연봉

(1) 성과급적 연봉

임기제공무원은 성과급적 연봉제 적용 대상으로 연봉은 '기본연봉+제수당+성과연봉'으로 구성된다.

(2) 기본연봉

임용 직급별로 상한액과 하한액이 정해져 있는데, 대부분 하한액 적용을 받는다.

(3) 임기제공무원 기본연봉 협상

일반(시간선택제)임기제공무원의 연봉은 대상자의 경력, 임용 전 보수 수준, 업무 중요도 및 난이도 등에 따라 협상해 120% 범위에서 상향 조정할 수 있다. 이는 지원자가 변호사·의사 등 탁월한 경력과 희소가치가 있어 '갑'의 위치에 있을 때 가능한 일이다. 경쟁을 통해 채용되는 '을'의 입장에서는 쉽지 않은 일이다. 그러나 채용이 된 후 탁월한 업무성과를 보여 재연장 계약을 할 때는 연봉협상을 다시 할 수도 있다. 이는 자신의 업무성과가 탁월하다면 충분히 시도해 볼 만하다고 본다.

(4) 제수당

가족수당, 정액급식비, 직급보조비, 특수직무수당, 초과수당, 연가보상비 등이 있다.

(5) 성과연봉

전년도 업무성과(임용 첫해는 성과연봉 없음)에 대한 평가 결과에 따라 등급별(S, A, B, C등급)로 차등해 당해 지급되는 금액이다. 다음 연도 기본연봉 산정에 반영(성과연봉 가산액)되기 때문에 차후 연봉 인상률 산정에 누적 반영된다.

① 성과연봉의 지급
- 지급 원칙: 결정된 성과연봉을 1/12하여 연봉월액으로 지급하며, 성과연봉 결정 이전까지의 기간에 대해서는 소급해 일시금으로 지급 (3월말에 1~3월분 소급 지급, 4월부터는 매월 안분해서 지급).
- 지급 제외: 지급기준일 현재 실제로 근무한 기간(휴가, 휴직 등 제외)이 2개월 미만인자.

② 임기제공무원의 연봉 상승

임기제공무원의 성과연봉은 연봉 상승에 '누적' 반영된다. '누적'의 효과가 본격적으로 반영되는 시기는 '성과연봉의 일부'가 기본연봉 인상분에 포함되면서 '전년도 업무성과 평가에 대한 성과연봉이 추가 지급'되는

3년 차부터다. 따라서 임기제공무원 3년 차 이후부터는 체감되는 연봉 상승을 기대할 수 있다.

(6) 연봉 인상

기본연봉액 산정:

당해 연도 기본연봉=[전년도 기본연봉]+[기본급 인상분(=공무원 임금 인상률)]+[전년도 성과연봉 가산액]

2. 임기제공무원(일반·전문·시간선택제)의 각종 수당

1) 가족수당

(1) 대상

주민등록표상 세대(실제 생계)를 같이하는 부양가족에 대해 지급

(2) 금액(월)

- 배우자(사실혼 제외): 40,000원
- 자녀: 첫째 30,000원/둘째 70,000원/셋째 이후 월 110,000원
- 배우자 및 자녀를 제외한 직계존속(만 60세, 여자인 경우 만 55세 이상자) 및 직계비속(만 19세 미만 또는 장애가 있는 만 19세 이상자): 1인당 20,000원

(3) 지급 제한
- 부부가 공무원인 경우: 1명에게만 지급

2) 특수직무수당
- 각종 행정기관에 설치된 민원실 근무자, 사서직 공무원, 보건진료소 및 농업기술센터 등에 근무하는 6급(상당) 이하 일반직(별정직) 공무원 등…
- 시간선택제임기제공무원의 특수직무수당: 시간선택제임기제공무원은 성과급적 연봉제 적용 대상으로 시간제가 아닌 통상적인 공무원으로 근무할 경우 받게 될 연봉월액(성과연봉 제외)의 78%를 기준으로 특수직무수당 금액이 산정된다.
- 특수직무수당은 일반임기제공무원에게는 지급되지 않는다.

3) 직급보조비
- 대상: 모든 공무원

※ 지방직 임기제공무원 직급보조비(2024년 기준)

구분	5급	6급	7급	8급	9급
금액	400,000	250,000	185,000	180,000	175,000

※ 성과급적 연봉제 공무원에게 지급되지 않는 수당: 정근수당, 정근수당 가산금, 관리업무 수당, 성과상여금 및 명절휴가비

4) 시간 외 근무수당(초과근무수당)

(1) 기본 수당 지급

정규 근무일 기준 월간 출근(출장) 근무 일수가 15일 이상인 공무원에 대해 월 10시간 분을 정액으로 지급. 15일 미만인 경우 15일에 미달하는 매 1일마다 1/15를 감액하여 지급한다.

(2) 기본수당 외의 시간 외 근무시간(초과근무): 사전 신청 원칙

- 조정: 매 1일 단위의 시간 외 근무시간은 분 단위까지 합산해 산정하되, 월 단위 정산 시 '1시간 미만'은 절사한다. 즉, 이번 달 시간 외 근무시간 누적이 10시간 59분이라면, 59분은 없어지고 10시간 분만 수당이 지급된다. 따라서 매월 말 시간 외 근무시간 실적을 스스로 체크해서 10시간 59분이라면 1분만 더 근무해서 11시간 분을 인정받도록 하자. 인사랑시스템에 누적 초과근무시간이 매일 기록되니 그것을 참고하면 된다.

(3) 시간 외 근무시간 산정 시 공제

- 원칙: 평일 정규 근무시간 이후 초과근무시간 산정 시 1시간(18:00~19:00)을 공제함. 다만, 토요일 및 휴일 근무에 대해서는 공제시간 없이 모두 인정하나 최대 4시간만 인정한다.
- 예외(조기 출근): 1시간 이상 조기 출근(08:00 이전)한 경우
① 07:58분 출근: 시간 외 인정은 07:58~08:00, 18:00 이후부터 인정(08:01~09:00까지 1시간만 공제)
② 08:01분 출근: 시간 외 인정은 19:00 이후부터 인정(08:01~09:00

까지 59분+18:00~19:00까지 1시간=1시간 59분 공제)

따라서 초과근무를 해야 한다면 조기 출근하는 것이 이득이다.

정상 출근(09시까지) 후 초과근무를 한다면, 저녁식사 1시간을 초과근무로 인정받지 못한다(야근 시 저녁식사는 시켜 먹는데 08:00 이전에 출근하면 밥 먹는 시간도 초과근무에 포함돼 이득임).

(4) 시간 외 근무시간 상한

시간 외 근무명령은 1일 4시간, 월 최대 57시간이다.

- 7급의 경우 초과근무수당은 1시간 당 11,600원이다. 월 최대 57시간을 채울 경우 기본수당(10시간 11만 6,000원) 외에도 66만 1,200원이나 된다. 매월 초과근무를 만근할 경우 1년이면 기본수당(10시간)을 제외하고도 793만 4,400원이나 된다.

5) 정액급식비

(1) 대상: 모든 공무원
(2) 금액(월): 140,000원

6) 육아휴직수당

(1) 대상: 만 8세(초등학교 2학년)이하 자녀를 양육하기 위해 30일 이상 휴직한 공무원

(2) 금액: 육아휴직 시작일로부터 12개월까지 월 연봉액의 80% 지급. 성과급적 연봉 대상 공무원은 성과연봉을 제외한 연봉월액의 78%(단 150만 원 초과 시 150만 원, 70만 원 미만일 경우에는 70만 원으로 함)

7) 연가보상비

공무원이 사용하지 않은 연가에 대해 지급되는 보상으로, 부여 받은 연가를 모두 사용하지 않았을 경우 예산의 범위에서 지급한다.
 (1) 금액: 연봉월액(성과연봉을 제외한 금액)의 78%*1/30*연가보상 일수
 (2) 연가보상 일수 한도: 20일 이내

3. 각종 공제 항목

1) 기여금

임기제공무원도 공무원연금 가입 대상자로 세전 보수금액의 9%를 공무원연금 기여금으로 원천공제한다.

2) 건강보험(노인장기요양보험)

세전 보수월액의 3.545%를 건강보험료로, 건강보험료의 6.405%를 장기요양보험료로 원천공제(2023년 기준)한다.

3) 고용보험

고용보험 가입 시 세전 보수월액의 0.9%를 원천공제한다.

4) 소득세

관련 법령에 따라 소득세와 지방소득세를 원천공제한다.

5) 행정공제회비(가입한 경우)

행정공제 가입 후 본인이 설정한 금액을 매월 보수에서 원천공제한다.

6) 식대

구내식당에서 해당 월에 먹은 횟수만큼 원천공제한다. 식대는 지자체나 기관별로 다르다(구내식당 점심 한 끼 식대: 경기도의회 및 가평군청 4,000원).

휴가

1. 연가(휴가)

공무원 생활을 하면서 느낀 것은 공무원들은 휴가를 자주 쓴다는 것이었다. 저자의 경우에도 신문사 근무 시 연차가 높아짐에 따라 연차휴가 20여 일에 인정휴가(연가보상 없음) 6일로 적지 않았다. 하지만 연차휴가는 보상비가 높아 의무 사용 외에는 거의 안 쓰고, 연가보상이 안 되는 인정휴가를 중심으로 사용했다. 그러다 보니 1년 휴가 사용이 의무 사용 연차휴가 일수(직급에 따라 차등)와 인정휴가를 합쳐 10일 내외였다. 그런데 공무원은 휴가 보상비(7급의 경우 1일 10만 원 정도)가 낮아서인지 많이들 사용했다. 물론 업무가 바빠서 사용하지 못하는 경우도 많지만….

임기제공무원으로 근무할 때 사용할 수 있는 각종 휴가를 알아본다.

1) 재직기간에 따른 연가 허용 일수(일반임기제공무원)

재직기간	연가 일수
1개월 이상 1년 미만	11
1년 이상 2년 미만	12
2년 이상 3년 미만	14
3년 이상 4년 미만	15
4년 이상 5년 미만	17
5년 이상 6년 미만	20
6년 이상	21

※ 시간선택제임기제공무원의 연가 일수는 일반직 공무원의 주당 근무시간(주 40시간)에 비례산정해서 '시간' 단위로 부여함.

2) 연가 미리 당겨쓰기

공무원(연도 중 휴직·퇴직 예정인 자 제외)에게 연가 일수가 없는 경우 또는 당해 재직기간의 잔여 연가 일수를 초과하는 휴가 사유가 발생한 경우 그다음 재직기간의 연가 일수를 미리 사용하게 할 수 있다. 미리 사용한 연가 일수는 다음 재직기간의 연가 일수에서 공제한다.

3) 연가 저축

- 연가보상비 지급대상인 연가 일수 중 사용하지 않고 남은 연가 일수를 그해의 마지막 날을 기준으로 이월·저축해서 사용할 수 있다.
- 자동 저축: 연가보상비 지급대상인 연가 일수 중 8시간 미만의 연가 잔여분에 대해서는 연가보상비를 지급하지 않고 이월·저축한다.

2. 병가

1) 일반 병가

질병 또는 부상으로 인해 직무를 수행할 수 없는 경우 연간 60일의 범위에서 사용 가능하다.

2) 공무상 병가

공무상 질병 또는 부상으로 직무를 수행할 수 없거나 요양할 경우 연간 180일의 범위 안에서 사용 가능하다.

3) 병가의 사용

연간 누계 6일까지는 진단서 제출 없이도 병가를 사용할 수 있다. 진단서 없이도 병가가 가능해 아프지 않은데도 이를 악용하는 사례가 있다. 그러나 7일 이상 연속되는 병가와 병가의 연간 누계가 6일을 초과하게 되는 경우에는 진단서를 제출해야 한다.

3. 출산휴가

임신하거나 출산한 공무원은 출산 전과 출산 후를 통해 90일(다자녀 임신은 120일)의 출산휴가를 갈 수 있다.

4. 육아휴직

1) 요건

만 8세 이하 또는 초등학교 2학년 이하의 자녀를 양육하기 위하여 필요하거나 여성 공무원이 임신 또는 출산하게 되었을 때 사용 가능하다.

2) 기간

자녀 1명에 대해 3년 이내(쌍생아의 경우 각각의 자녀에 대해 별도)

각종 복리후생

　임기제공무원으로 근무하면 적지 않은 연봉 외에 공무원으로서 누릴 수 있는 각종 복리후생제도가 있어서 좋다. 일류 대기업에는 못 미치겠지만, 중견기업 이상으로 꽤 잘돼 있다. 아래에 소개하는 복지후생제도 외에도 중간중간에 제공되는 이벤트들이 많이 있다. 저자의 경우 경기도의회 재직 시 국내 30만 원 상당의 호텔·콘도·휴양시설 이용권에 당첨돼 이용한 경험이 있다. 신청하면 추첨을 통해 2년에 한 번 꼴로 당첨된다. 기관에 따라 기본적인 복리후생 외에도 다양한 이벤트들이 있으니 잘 활용하기 바란다. 정규 복리후생제도 외의 이벤트들은 새올 게시판이나 문서로 시행이 되니 참고하면 된다.

1. 복지 포인트

　복지 포인트는 상대적으로 낮은 공무원들의 보수를 보전해 주기 위해 운영되고 있는 제도이다.

1) 지급액

복지 포인트(지급액)는 '기본점수+근속점수+부양가족 점수'를 기본으로 산정된다. 부여 기준과 점수는 소속 기관에 따라 재량으로 정해진다. 경기도 지자체는 기본 130만 원 상당의 포인트와 근속, 부양가족 수 등에 따른 가산 포인트를 지급한다.

2) 환산기준

1포인트=1,000원

3) 지급

해당 연도 1월 1일을 기준으로 개인별 포인트를 산정해 1월 중순 이후에 지급한다.

4) 사용처

사행 및 유흥업종을 제외한 모든 곳에서 사용 가능하다.
- 온라인 사용: 복지 포인트 업무를 대행하는 업체 홈페이지나 앱을 통해 사용할 수 있다. 미리 회원 가입을 해야 한다.
- 오프라인 사용: 오프라인에서 복지 포인트를 쓰기 위해서는 '공무원복지카드'가 있어야 한다. '공무원복지카드'는 소속 기관과 제휴하는 금융기관(보통 농협은행)에서 발급받을 수 있다. 대형마트 등에서 '공무원복지카드'로 결제하면 소속 기관 회계담당자가 그 내역을 확인하고 승인해 주는 방식이다.

5) 사용기한과 소멸

예산운영상 해당 연도의 11월 말 또는 12월 초까지 사용해야 하므로 신경 써야 한다. 사용하지 않은 포인트는 이월되지 않고 소멸된다. 하지만 연도 하반기에 회계 담당자가 남은 포인트를 빨리 사용하라고 독촉하니 그때까지 잊지 않고 사용하면 된다. 참고로 꼭 남은 포인트에 정확히 맞춰서 사용해야 하는 것은 아니고, 포인트 사용을 초과하면 반납하면 된다. 예를 들면, 복지 포인트 금액이 30만 원 남아 있는데, 40만 원짜리 물건을 구입하게 되면 초과 10만 원을 토해 내는 식이다.

2. 법인콘도 등 휴양 지원

소속 기관에서 구입한 콘도, 리조트 회원권으로 직원들에게 휴양시설을 상대적으로 저렴한 가격에 지원하거나 휴양 포인트와 같이 지원금을 지급한다. 법인콘도의 경우, 여름과 겨울철 성수기는 경쟁이 매우 치열하기 때문에 당첨되기 쉽지 않으나 그 외에는 어렵지 않게 예약이 가능하다.

3. 건강검진 지원

인근 지역 병원과 MOU를 통해 다양한 항목에 대한 검진을 지원한다. 지원 시기는 기관의 운영방침에 따라 다르며 격년 또는 매년 지원한다. 건강검진 하는 날은 '공가' 사용이 가능하다. 건강검진비는 지자체에 따라 조금씩 다른데, 보통 30~40만 원이 지원된다.

4. 상조서비스 등

 기관별로 경조사 발생 시 상조 회비 등으로 근조기, 각종 장례물품 등의 상조서비스를 지원한다. 상조서비스 이용 대신 그에 상당하는 비용으로 지원받을 수도 있다. 또한 경조사 발생 시 기관에서 별도로 정한 경조사비를 신청해서 지급받을 수 있다. 이는 잘 모를 경우 옆 동료나 서무에게 문의하면 잘 알려 준다.

5. 단체보험

 소속 직원을 피보험자로 하는 단체보험에 가입해 사고, 질병 등 발생 시 개인이 가입하지 않은 항목에 대한 진료비, 치료비 등에 대한 보험금 청구가 가능하다.

6. 직장동호회

 직원 간 친목도모를 위한 직장동호회 운영 경비를 지원한다. 이는 개인에게 지원하는 것이 아니라 동호회에 지원한다. 요건을 충족해서 본인이 만들어도 된다. 동호회는 규모가 큰 기관일수록 다양하고 활성화돼 있다. 경기도의회의 경우 다양한 취미 동호회가 있고, 학습동아리도 10명 이상이 되면 행사비와 활동비 등을 지원해 준다.

 저자의 경우 탁구동호회와 AI 관련 학습동아리에 가입해 활동했다. 의회 일이 힘들긴 했지만, 이러한 다양한 여가활동 및 자기계발 기회가 있다는 점은 큰 매력이었다. 동호회 활동은 취미생활은 물론 다른 부서 직원들과 교류하고 친목을 도모하면서 직장 내 인간관계를 넓혀 가는 아주 좋은 기회다. 임기제라 언제 그만둘지 몰라서, 또는 차별할까 두려워 망설이지 말고 평소 관심 있는 동호회가 있다면 적극 가입해 활동하기 바란다.

고용보험·연금 등

1. 실업급여 수급을 위한 '고용보험'

고용보험 가입은 본인의 자유다. 하지만 퇴사 후 실업급여를 받기 위해서는 가입하는 것이 좋다. 고용보험 가입을 원하는 임기제공무원은 임용된 날부터 3개월 이내에 고용보험 가입을 신청해야 한다. 이는 인사부서에서 가입 여부 의사를 물어보니 그때 가입 신청서를 작성해 가입하면 된다. 신청한 날의 다음 날 피보험자격을 취득하고 고용보험료 중 실업급여 보험료율만 적용받아(0.9%) 임기제공무원과 소속 기관이 동일한 비율로 보험료를 부담한다.

고용보험 탈퇴는 탈퇴 신청으로 가능하지만 탈퇴한 이후에 그 기관에서 임기제공무원으로 계속 재직하는 동안에는 고용보험에 다시 가입할 수 없다. 당연히 고용보험에서 탈퇴한 이후에는 실업(구직)급여 등의 수급자격이 인정되지 않는다.

2. 시중 금융권보다 높은 복리 이율 '행정공제회'

행정공제회는 '대한지방행정공제회법'에 근거해 운영되는 공직유관 단체이다.

• 행정공제회 홈페이지

행정공제회의 대표적인 상품은 퇴직급여와 한아름 목돈(예금) 등이 있다. 금융상품 외에도 출산축하금, 재해위로금 등 각종 경조사 지원금과 제휴 리조트 등 숙박이나 쇼핑, 문화생활 등 다양한 복지서비스 제도를 운영하고 있다.

1) 장점

첫째, 행정공제회는 기본적으로 공무원들로부터 징수한 회비를 운용하여 얻는 수익으로 운영된다. 운용손실이 발생하더라도 근거법령에 따라 부족분에 대해 정부재원으로 보조받을 수 있기에 원금이나 이자를 못 받을 걱정이 없다.

둘째, 복리와 세제혜택이 있다. 행정공제회는 시중 금융권보다 높은 복리 이율로 내 돈을 안정적으로 불려 준다. 또한 복리에 더해 최대 3.58%(시중 금융권 15.4%)의 낮은 세율을 적용 받는다. 거기에 금융소득종합과세에서도 제외되기 때문에 퇴직급여를 월 지급식으로 받으면 노후에 큰 힘이 될 수 있다.

셋째, 행정공제회에서 받은 대출은 금융권에서 조회되지 않아 금융대출을 많이 받아야 하는 경우 유리하다. 그리고 결혼, 출산, 장례 시 복지급여를 지급받을 수 있다.

3. 공무원 퇴직연금

공무원 퇴직연금은 10년 이상 재직하고, 연금 지급 조건이 되어 퇴직한 때 또는 퇴직 후 연금 지급 조건에 도달한 때에는 사망 시까지 매월 연금을 지급하는 제도이다.

1) 퇴직일시금
10년 미만 재직하고 퇴직한 때 일시금으로 지급한다.

2) 퇴직수당
공무원연금이 '공무원 개인이 불입한 기여금+기관의 납입액'이 합산되는 것과 달리 퇴직수당은 공무원의 재직기간별로 정해진 금액을 기관 예산으로 지급하는 것이다. 공무원이 1년 이상 재직하고 퇴직(사망) 시 기준소득월액의 6.5~39%를 지급한다.

주의할 점은 공무원의 퇴직수당은 공적연금연계제도에 따른 합산 대상이 아니기 때문에 공무원 퇴직 시 바로 청구해야 한다. 소멸시효가 5년이어서 이후에는 청구할 수 없다.

- **공무원연금공단 홈페이지**

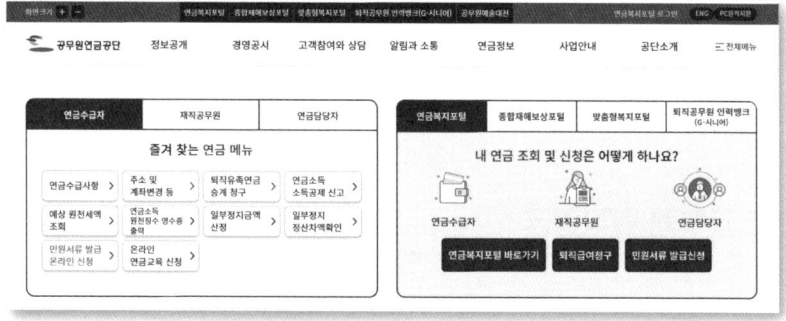

4. 공적연금연계제도

공적연금연계제도는 국민연금과 직역연금의 연금을 수령하기 위한 최소 가입 기간을 채우지 못하고 이동하는 경우 종전에는 각각 일시금으로만 받던 것을 연계를 통해 연금을 받을 수 있도록 하여 국민의 노후생활을 보장하고자 하는 제도이다.

우리나라의 공적연금은 국민연금과 특수직역연금(공무원연금, 군인연금, 사학연금, 우체국연금)이 있다. 군인연금(20년 이상)을 제외한 나머지 공적연금은 가입 또는 재직기간이 10년 이상이어야만 연금을 수령할 수 있다. 따라서 국민연금과 공적연금을 동시에 가입한 경우 문제가 발생할 수 있다. 군인연금을 제외한 공적연금은 각각 최소 10년을 납입해야 연금을 수령할 수 있어 각 연금에서 10년을 충족하지 못하면 연금 수령이 어려웠다.

이러한 문제를 해결하기 위해 도입한 것이 공적연금연계제도이다. 이로 인해 연계기간의 합산이 10년 이상이면 각 연금 지급기관이 해당하는 기간의 연금을 지급한다. 이를 통해 여러 공적연금을 가입한 경우에도 누적된 기간을 고려하여 연금을 받을 수 있게 됐다.

공적연금연계 신청 등은 공적연금연계제도 홈페이지에서 공적연금연계 신청과 예상연금액 조회, 연계 관련 상담, 모의계산 등을 할 수 있다.

에필로그

임기제공무원으로서
힘찬 날갯짓을 응원하며…

　공직문화는 확실히 사기업하고는 많이 다른 것 같다. 동적이기보다는 정적이고, 융통성보다는 원칙적이고, 가볍기보다는 약간 무겁고, 개방적이기보다는 상대적으로 폐쇄적이고…. 이런 것들을 반드시 나쁘다고 볼 수만은 없다. 하나의 거대한 자치단체를 움직이고 불특정다수의 지역민들에게 공평한 공공서비스를 제공하기 위해서는 일정 부분 이러한 원칙과 '항상성'이 필요하다고 본다. 물론 복지부동과 무책임성은 비난받아야겠지만.

　공직사회의 이 같은 특성 때문에 공무원들은 조직에서 '튀는 것'을 별로 좋아하지 않는다. 임기제공무원으로 '어공'이 돼 들어오면 처음에 '늘공'들에게 관심의 대상이 될 수 있다. 따라서 '어공'이 기존 조직에 적응하고 맞춰 가는 게 좋다고 본다. 튀지 않고, 조직에 순응하면서 동화돼 가려고 노력하면 어느샌가 한식구가 돼 있다는 것을 느끼게 될 것이다.

　저자도 임기제공무원 초기에는 이것저것 새로운 것을 시도해 보려 하고, 구태의연한 것은 개선해 보려고 했다. 그런데 그러한 '선한 의지'는 별로 환영받지 못했다. 기존 시스템에서 무언가를 바꾼다는 것은 그들에게 일단 낯설고 피곤하기 때문이다. 없던 일이 새로 생기는 것에 대해 부담스러워하기도 한다.

따라서 전문가로서 무언가를 획기적으로 바꿔 이전과 다른 것을 보여주고 싶고, 자신의 존재감을 드러내고 싶더라도 조금 참았으면 한다. 그렇다고 구태를 답습해 복지부동하라는 것은 절대 아니다. 변화를 시도하더라도 처음부터 성급하게 하지 말고 서서히 하라는 것이다. 임기제공무원이 오래 버틸 수 있는 것은 본인의 전문성을 발휘하되 기존 조직의 룰을 존중하고 융화하려는 노력이 아닌가 한다.

특히 어공은 승진에 신경을 안 써도 되니 너무 성과에 급급하지 말고, 늘공들에게 양보하는 미덕도 필요하다. 어공은 평균적인 성과를 내고 조직에서 필요한 사람으로 인정받아 계약이 계속 연장되면 소기의 목적 달성이 된 것 아니겠는가. '과유불급'이라고 지나치게 의욕을 보여도 좋지 않다. 그 분야 전문가로서 맡은 일에 최선을 다하고, 나머지는 여유 있게 베풀고 양보하면 그것이 결국 자신에게 돌아온다. 어공이 좋은 것은 승진에 목매달지 않아도 되고, '사내정치'에 크게 신경 쓰지 않아도 된다는 점인 것 같다.

예전에 일선기자로 과천 정부종합청사 출입기자로 활동할 때 경험담이다. 평소 잘 아는 고참 사무관과 이런저런 이야기를 나누는데, 옆 사무관이 난처한 일이 있다며 그 사무관에게 조언을 구했다. 요지는 '잘 아는 단체에서 A사업에 사업 참여 신청을 하려고 문의를 하는데 요건이 안 맞아서 도와줄 수가 없다'는 것이었다. 그 단체가 사업 역량도 있고 발전가능성도 높아 적격자라고 보는데 A사업에 신청요건이 안 맞는다는 것이다. 그러자 고참 사무관이 한참 생각하더니 "그럼, B라는 사업으로 전환해서 신청하면 되겠네."라고 말하는 것이었다. B사업은 신청요건에 조금만 맞추면 가능했기 때문이다. 조언을 구했던 사무관도 무릎을 치면서 "그러면 되겠네." 했다.

그때 느꼈던 것은 '공무원이 일을 되게 하려면 이렇게 방법을 찾아서라도 되게 해 주려 노력하는구나.' 하는 것이었다. 공무원 조직도 사람의 집단이다. 일도 물론 잘해야겠지만, 인간관계도 그만큼 중요하다는 것이다.

임기제공무원으로서 자신의 전문성을 적극 살리고, 조직에 기여하며 보람도 찾는 멋진 '어공'이 되기 바란다.

2024. 11.
박창희

■ 참고 도서 등

- 『공공기관·대기업 면접의 정석』(박창희 등 공저, 브레인플랫폼, 2020.)
- 『박규현의 공기업 NCS면접』(박규현, 겟잡컨설팅, 2023.)
- 『임기제 공무원 공직생활 가이드』(크몽 전자책, 노사해설위원)
- 행정안전부「정책지원 전문인력 운영 가이드라인(개정판)」
- 경기도의회「정책지원 전문인력(정책지원관) 운영 매뉴얼(2023)」
- 고용노동부 워크넷 홈페이지